習江同臺閱兵
中國亂局升級

作者／王淨文 零達

前言

2015年9月3日，已被內控調查的江澤民突然出現在天安門城樓上，與習近平同台並肩閱兵。一時間輿論譁然：莫非習要放江一馬，反腐到此結束？江派趁機大肆反撲。

2015年6月26日下午，中共中央政治局進行第24次集體學習，習近平在會上稱，中共「18大」以來當局「以刮骨療毒、壯士斷腕的勇氣」開展反腐敗鬥爭，取得了「階段性」的成效，但當前反腐敗鬥爭形勢依然嚴峻複雜，「開弓沒有回頭箭，反腐沒有休止符」。習還放話，對「違規違紀」要堅決查處，不以權勢大而破規，不以問題小而姑息，不留「暗門」、不開「天窗」。此前一月，習近平在一內部會議上也稱，「反腐是一場生或死的政治鬥爭」，並強調「任何人都不得阻止」、「絕不妥協」。

早在2014年8月4日，中共長白山市委機關報《長白山日報》刊登了習近平在一年前6月26日同一天的政治局講話，習稱「腐敗和反腐敗兩軍對壘，呈膠著狀態」，並表示：「與腐敗作鬥爭，個人生死，個人毀譽，無所謂。」儘管該文隨後被刪除，但習的宣示已被外界所知曉。

在習近平上台的前三年中，僅副部級或副軍級及以上的中共高官，就有121人被查，兩個軍委副主席被抓，一個政治局前常委被判刑，幾個政治局委員也在囚室裡關著。這在中共歷史上是前所未有的，以至於人們戲稱習時代是「官不聊生」的時代。

這和江澤民時代形成了巨大反差。有的外國學者一直沒搞懂，無德無能的江澤民為何能在危機四伏的北京官場，穩坐了十年的頭號交椅，甚至退休後其在中央軍委八一大樓裡的江辦，還在胡錦濤的眼皮外運行了近十年？江靠什麼執掌了中國 20 年？「三個代表」那只是御用文人編出的鬼話，江澤民的「治國祕招」，是在香港有線電視台女記者張寶華的不斷追問，江惱羞成怒下自己暴露出來的。

那就是「江氏五字潛規則」：「悶聲發大財」。

據現場錄像顯示，2000 年 10 月 27 日，香港特首董建華赴北京述職。就在會面剛開始攝影記者們拍照時，模樣秀麗俊俏的張寶華就用其帶有很強港味的普通話不緊不慢地大聲詢問道，「江主席，你覺得董先生連任好不好？」江隨口就說：「好啊！」「中央也支持他嗎？」江回頭說：「當然啦！」也許是沒想到江怎麼這麼不老練，當眾把中共的祕密提前兩年公布於世了，被同事稱為「寶娃娃」的張寶華好心地提醒江說：「歐盟最近發表了一個報告，說北京會通過一些渠道去影響、干預香港的法治，你對這個看法有什麼回應呢？」江轉頭和旁邊的說嘟囔了一句，「沒聽過呢」，「是彭定康說的」，江馬上轉開話題教訓起人來：「你們媒體千萬要注意，不要見著風就是雨，完全無中生有的事，你幫他說一遍，你等於⋯⋯，你也是有責任了。」

哪知張寶華還是不放棄，繼續問：「現在這麼早，你就說支持董先生，會不會給人一個感覺，說是內定、欽點董先生？」這時江好像明白過來了，開始雙手舉起來擺官腔說：「我沒有任何意思，就是按照香港基本法⋯⋯」江為了給自己辯解，開始走過來激動地對記者說，「……你們畢竟還是 too young（太年輕），……too simple（太膚淺），啊，sometimes naïve！（很傻很天真；「圖樣圖森破」）……中國有句話叫做『悶聲發大財』，你們知不知道？這句話是最好的！」凡是看過現場錄像的人都能看出來，圖樣圖森破的是江澤民，而不是張寶華，如今張已經是上市公司寰亞傳媒集團高級副總裁和知名作家。

從那以後，人們常說：中國共產黨就兩句話，毛澤東說，槍桿子裡面出政權。江澤民說，悶聲發大財。

這個「悶聲發大財」取代了中國人自古以來的「尊崇道德、捨身取義」的正統理念，成了當今變異中國人的生活準則。為了錢可以無惡不作，可以去當二奶當妓女，為了錢，什麼法制、道義全都拋在腦後了，於是，中國開始出現毒大米、毒奶粉等，人心被毒化了，才有了佛山「小悅悅」倒在地上、18 個路人視而不見的事，才有了老人摔倒後誣陷幫助者的彭宇案，才有了活摘法輪功學員器官等喪盡天良的事持續發生。

1999 年中國有一億人修煉法輪功，見修煉者人數比中共黨員還多，踏著「六四」鮮血上位的江澤民極度恐懼。為了鞏固自己的權力，在曾慶紅的出謀劃策下，江澤民決定鎮壓法輪功群眾，他以為只要三個月就能鎮壓下法輪功，從而學毛澤東搞「文革」那樣，給自己樹立起說一不二的權威。從 1999 年 4 月 25 日萬名法輪功學員中南海上訪後，江就不顧當時中央其他所有政治局常委的反對，發動了對上億中國善良主流社會人群的鎮壓。

辦事能力不及一個科長的江澤民，不顧國家利益和民族前途，開始利用利益來誘惑官員：只要誰跟隨我鎮壓法輪功，我就給你更多的特權，讓你悶聲發大財。於是，薄熙來、周永康、徐才厚之流就順勢而上，充當了鎮壓法輪功的急先鋒。江澤民為了鎮壓法輪功，特別成立了一個類似毛澤東的文革小組的「610」小組，徹底破壞了法制，用利益威逼利誘把整個政法系統變成了比土匪流氓還要邪惡的系統，並由此擴散到各行各業。從那以後，中共官場就更加黑暗，只要自己能暫時弄到錢，什麼惡事都敢幹，中共的整個官場都被這個江氏五字潛規則給徹底葬送了。

江澤民曾給「610」下密令說，對法輪功要「名譽上搞臭、經濟上搞垮、肉體上消滅」，隨後電視台、電台、報紙、傳媒充斥各類假消息，鋪天蓋地誣陷法輪功。在過去 16 年中，江澤民直接和間接地投入到鎮壓法輪功的費用，超過四分之一國民生產總值（有些年份甚至四分之三國民生產總值），並不斷用印鈔票來掩蓋其經濟黑洞。

由於下令活摘法輪功學員器官，江澤民早已被告上國際法庭。深恐步入被百姓送上斷頭台的齊奧塞斯庫後塵，江澤民一直不敢移交權力，於是胡錦濤和習近平，都成了江眼裡的敵人，江澤民不斷搞暗殺、搞奪權、搞架空，胡錦濤幾次差點喪命，最後被逼急了也開始反抗江，習近平從一開始就成為江派急欲推翻的對象，在薄熙來、周永康政變的背後，都有江澤民的暗中策劃和指使。

如今中共政局的主線就是習江鬥，被習以反腐名義打落馬的大多數都是江派血債幫的成員，習江鬥的核心問題就是法輪功。

本書是新紀元暢銷書 No24《習江上次生死大戰》、No29《習近平南京公開決戰江澤民》、No32《江澤民逼習近平反目成仇》和 No34《逮捕江澤民》的續集。

在強勢拿下薄熙來、周永康、徐才厚、令計劃之後，順理成章的就輪到「新四人幫」背後的總後台：江澤民和曾慶紅，於是，習近平、王岐山、李克強的反腐戰車直往前衝，眼看已經內部控制江曾二人了，這時突然發生了天津大爆炸。這場人類歷史上從來沒有過的最大的化學品爆炸，讓習兩天沒睡著，因為這絕不是簡簡單單的安全事故，而是政治謀殺：江澤民不惜搞出驚天動地的爆炸案，也要逼迫習同意他上天安門城樓閱兵，江派不惜以「魚死網破」的方式來逼迫習屈服。這時江派在海內外的「智庫」、媒體等也叫囂「和解、寬恕」，要讓習放下弓箭、握手言和。

這時的習近平，除了承受政治壓力外，更多的還有經濟難題。由於過去 20 多年來中國的經濟命脈都掌控在江派集團手中，儘管中共商界政界真正想置習近平於死地的只有少數那幾個血債幫成員，但絕大多數中共原有官員都是江澤民「悶聲發大財」潛規則的受益者，他們都貪吃、貪拿、貪要了法制不允許他們擁有的特權，大多是靠出賣良知而爬上來。如今習李王搞改革，革去了所有當官者的好處，他們都心懷不滿，雖然不敢搞政變，但消極怠工、無所事事者占了絕大多數，致使中國經濟陷入前所未有的停滯階段。

經濟上沒有動力了，加上江派在股市、人民幣上的暗動手腳，中國的經濟真的出現了巨大危機，GDP 增長連 6％都保不住了。在此背景下，習近平再次尋求暫時的妥協，於是人們看到 9 月 3 日的閱兵城樓上，江澤民和習近平並肩同台出現了。

不過，這也只是政治博弈上的一時妥協。習陣營在高喊反腐不停步的同時，已經悄悄變換了跑道——從「反腐」轉到「法制」這條軌道上來了。有跡象顯示，習陣營開始推進另外一條解決方案，那是很多人做夢都想不到的驚心動魄的大舉動。

目錄

第一章

北戴河前夕
江曾被全面圍剿

2015 年北戴河會議前夕，江澤民軍中心腹、前軍委副主席郭伯雄被開除黨籍、移送司法，財新網迅速發文起底郭伯雄，直指江澤民；曾慶紅也屢屢被黨媒及財新網發文影射、針對。江澤民、曾慶紅及其家族被全面圍剿，成下輪「打虎」目標。

2015 年北戴河會議前夕，江澤民、曾慶紅及其家族被全面圍剿，成下輪「打虎」目標。（大紀元合成圖）

第一節

習王分四步圍剿江曾

　　2015 年 4 月，習近平、王岐山反腐「打虎」逼近「終極老虎」江澤民和「大老虎」曾慶紅之際，江派頑固勢力圍繞著王岐山的暗殺行動也在密集展開。隨著反腐「打虎」的級別越來越高，習陣營與江集團的爭鬥也就越來越尖銳，鬥爭的形勢也就越來越嚴峻、越來越險惡。這顯示江澤民、曾慶紅正在垂死掙扎。

　　外媒相繼報導了王岐山不斷遭到暗殺的情形。2015 年 2 月下旬至 3 月初，王岐山等人在山西考察期間，在王岐山考察路線的必經路段布署有專業槍手，伺機暗殺王岐山；3 月 27 日至 28 日，王岐山赴河南省調研，在做了周密保衛工作的情況下，王岐山仍遭遇有內線的暗殺行動；2015 年中共「兩會」前夕，王岐山抵天津調研天津開發資金的流失、負債近三萬億的問題，3 名攜帶著「子彈上了膛」的手槍的「上訪人員」，選擇傍晚混入市委後，伺機對王岐山下手。這一連串的暗殺行動均被王岐山的保衛人員提前獲悉，使王岐山躲過一劫又一劫。

　　據港媒統計報導，2013 年以來，中紀委主要官員在工作期間遭遇暴力攻擊、暗殺等事件 40 餘次。據列為一級防擴散數據顯示：在這 40 餘次的此類事件中，其中針對王岐山的有 12 次以上。隨著習王反腐「打虎」越來越逼近「終極老虎」江澤民和「大老虎」曾慶紅，對「打虎總指揮」王岐山的暗殺也變得愈發頻繁起來。從 2 月底以來王岐山連續出外考察的那段時間看，似乎王岐山的身影出現在哪，暗殺便尾隨到哪。「在做了周密保衛工作的情況下，王岐山仍遭遇有內線的暗殺行動」。這顯示了習陣營與江集團的鬥爭十分尖銳、險惡、複雜。

　　外界普遍認為，2015 年是習近平反腐「打虎」的關鍵時期。跨入 2015 年，習王「打虎」的步伐明顯加快了起來，勢頭也突然變得猛烈了起來。一系列跡象顯示，習王「打虎」的目標直奔江派大本營。評論員冉紅州分析說，習近平、王岐山主要分四個步驟合圍江派大本營：

　　第一，拿江澤民的長子江綿恆直接開刀，然後中紀委進駐上海，直搗江的老巢，拿下江綿恆的馬仔。這一系列動作，劍指江澤民的意味十分明顯。

　　剛剛進入 2015 年，88 歲的江澤民在海南省東山嶺詭異露面，被外界解讀為意在發出「東山再起」的挑戰信號。作為習陣營的回擊，繼江澤民的心腹、南京市委書記楊衛澤應聲倒下之後，緊接著 1 月 8 日，再曝出江澤民長子江綿恆的中科院上海分院院長職務被撤下的消息。此後，中紀委圍繞著江綿恆的一系列動作密集展開，江綿恆的馬仔接連落馬，繼中國電信的高管接連落馬之後，中共公安部科技信息化局原副局長、總工程師馬曉東被捕；

已退休 5 年的中國電信集團公司原副總經理、黨組副書記冷榮泉被公布調查。江綿恆中科院上海分院院長職務被撤以及其馬仔接連落馬，自然是習王明白無誤地警告江澤民，倒江的號角吹響了，首先從打擊江澤民家族的主要成員、有著「中國第一貪」稱號的江綿恆開始。

從江澤民剛在海南東山嶺詭異露面，習王就快速作出回應，罷了江綿恆中科院上海分院院長的職務，這一點表面，習王對倒江、對江派成員如何實施打擊早有計畫和步驟，只等江一露頭，習王就立刻還以顏色。換句話說，即便江澤民不表示「東山再起」，習王一樣會罷免江綿恆中科院上海分院院長的職務。打擊江綿恆是倒江的必然步驟。

第二，黨媒拿「慶親王」說事，財新網拿曾慶紅的祕書施芝鴻尋開心，財新傳媒總編輯胡舒立起底中國商人、政泉老闆郭文貴，都是圍繞著一個目標展開的攻勢，那便是曾慶紅。

曾慶紅是江澤民集團的二號大人物，雖然他聽命於江澤民，但據外媒報料，很多情況下他可直接代江發號施令，所以他和江澤民同在一個大本營指揮作戰，在最後的堡壘中同江澤民一起作垂死抵抗。2 月 25 日，中共中紀委監察部網站刊登《大清「裸官」慶親王的作風問題》一文，稱慶親王三大問題：一是將麻將引入宮中，「還不時讓他的一個小老婆進宮」陪慈禧玩樂，從而官運亨通；二是大搞買官賣官，在洋銀行裡存款達 712.5 萬英鎊之巨；三是對社會的敗壞影響，帶火了餐飲業、澡堂子、戲園子、茶樓、青樓的生意等等。中紀委監察部網站文章藉「三大問題」映射曾慶紅。

中共兩會期間，政協發言人呂新華在回應有傳言說近期有更大的「老虎」落馬，怎麼理解「更大的老虎」時稱，套用網路熱詞，就是「大家都很任性」，並稱，反腐中沒有不受查處的「鐵帽子王」。呂新華的回答變相承認曾慶紅是下一個「打虎」目標。

而曾慶紅的祕書施芝鴻藉參加兩會為曾慶紅辯護，在大批記者包圍的情況下，取出一份幾頁紙的列印檔案，開始大聲朗讀，稱媒體抓住中紀委網站一篇文章點名某一個清朝親王的名字大做文章，競相猜謎，愈猜愈離譜，明明是無中生有，又非要說得好像煞有介事，云云。隨後，財新網將他「此地無銀」的講話錄音資料發到了網上，使大陸網民更加確信，「慶親王」就是習王下一個要放倒的曾慶紅。

3月24日，騰訊稜鏡率先出手，刊發長篇報導起底郭文貴。緊接著，胡舒立治下的財新網祭出「特稿」，將郭文貴再一次來了個兜底翻轉大曝光。在胡舒立與郭文貴的激烈對陣中，不斷涉及了郭背後的人物——特務馬健和中共特務總教頭曾慶紅。郭企圖抹黑、要挾王岐山，並否認認識曾慶紅，再一次暴露出曾慶紅藉郭文貴向王岐山反撲，卻反被財新網等大陸媒體輪番「晾曬」和「燒烤」。

這期間的3月18日，據香港《動向》雜誌報導，前中共政治局常委曾慶紅因多次公開違反中共黨內規定、拒絕申報家族資產而被立案調查。報導還稱，中紀委官員還轉達中紀委書記王岐山的三點「忠告」。但消息未經中共黨媒證實。

從黨媒拿「慶親王」說事，到財新網拿施芝鴻尋開心，再到胡舒立拿郭文貴起底，都是習近平、王岐山為以後正式逮捕曾慶紅而精心布局的一部分。

第三，中共黨媒宣布公訴周永康，媒體解讀周永康「三宗罪」，周「故意洩露國家祕密」和「扶持其 20 年一路升遷的大後台」最是引人關注。

4 月 3 日，天津檢察機關對周永康「涉嫌受賄、濫用職權、故意洩露國家祕密」一案提起了公訴。圍繞周永康的「三宗罪」，外界譁然，各媒體競相作出解讀。解讀的結果是，北京當局雖然對公訴周永康變得比較低調，但實際上將周永康的罪惡概括為「三宗罪」充滿了玄機。此前中共公開的周永康涉及的六個方面的罪行，現在全部涵在所公布的三宗罪中了。其中，周永康「故意洩露國家機密」罪最為顯眼。周永康到底洩露的是什麼機密？引發外界持續猜測，有媒體還歸結流傳出有關周永康洩密的九個版本。

天津市檢察院第一分院起訴書指控稱：被告人周永康在擔任中國石油天然氣總公司副總經理、中共四川省委書記、中共中央政治局委員、公安部部長、國務委員和中共中央政治局常委、中央政法委書記等職務期間，「利用職務上的便利，為他人謀取利益，非法收受他人巨額財物」；「濫用職權」，致使中共利益遭受重大損失；「違反保守國家祕密法的規定，故意洩露國家祕密，情節特別嚴重。」於是，誰是「扶持其 20 年一路升遷的大後台」被中共媒體提了出來。習近平、王岐山反腐「打虎」的最終目標再一次指向了江澤民與曾慶紅。

第四，拿下中共前軍委副主席郭伯雄之子郭正鋼，同時將另外 13 名軍級以上軍官打落下馬，並將郭伯雄的祕書和舊部相繼免職，這一系列動作顯示，郭伯雄即將被放倒。

事實上，當時郭伯雄被查的消息盛傳已久，雖然消息一直未見中共黨媒證實，但外界相信，繼中共前軍委副主席徐才厚被查之後，郭伯雄是習近平當局調查的「另一隻軍中大老虎」。有關中共軍中「大老虎」郭伯雄及其家族的問題，一直都是通過外媒或港媒釋放消息。對處理郭伯雄的案件，習近平似乎表現的比較小心。習近平為何要小心？有港媒引述一名在北京退休的大校稱，郭伯雄歷來被外界認為他的關係網盤根錯節，其影響力更勝徐才厚。徐才厚主管政治教育和軍隊人事，而郭伯雄在 1999 年成為中央軍委副主席時，就已經控制軍隊作戰和訓練任務超過 10 年。許多現任司令員都曾經接受他的訓練和提拔，為了避免反對意見和「意外」，該大校認為，中央軍委必須在向公眾公布之前，清除郭伯雄的政治影響。

可見，當時未對外公開郭伯雄被查的消息，是因為還不到火候。但有關郭伯雄被查的消息卻在軍中緊鑼密鼓地逐級傳達。香港《南華早報》在當時的報導中稱，一名接近中共軍方高層的消息人士透露，中共軍隊七大軍區的司令和政委 4 月 9 日受命赴京參會，會上一份內部文件顯示，中共軍委和軍隊紀檢部門已經決定調查郭伯雄及其家族。

對習陣營來說，清除郭伯雄在軍中的政治影響，不只關係到放倒郭伯雄，還關聯到對周永康的審判，甚至關聯到放倒曾慶紅，直至最後關聯到「打虎」的終極目標江澤民。放倒郭伯雄，具有統攝全域的作用。而一旦公開放倒郭伯雄的時機成熟，審判周永康的日子也將來臨，那麼，捕曾倒江的程式也就正式擺上了桌面。

習近平、王岐山分四個步驟合圍江派大本營，猶如舞台上的音樂四重奏，此起彼伏，交相呼應。與欣賞音樂不同的是，這個過程只讓一部分人感覺享受，卻讓另一部分人感覺痛苦。

百度驚現「下一個大老虎是江澤民」

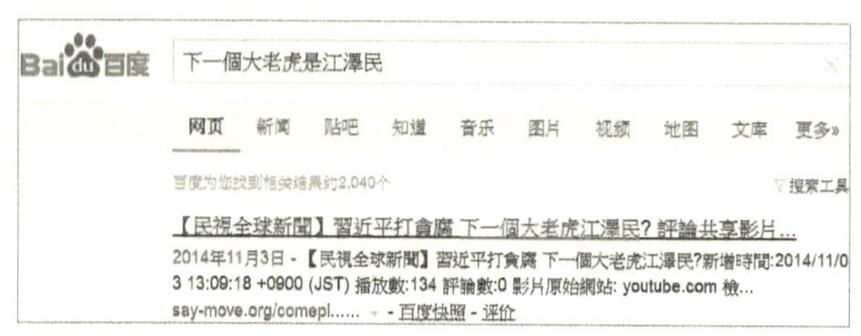

2015年7月中共北戴河會議前夕，習近平陣營與江澤民集團在股災、郭伯雄案等事件上博弈更為激烈。就在此時，大陸最大搜尋引擎百度驚現「下一個大老虎是江澤民」等諸多相關信息。而大陸360好搜網搜索也出現「訴江大潮」等信息。有分析認為，大陸網站在敏感時刻解禁江澤民的相關消息，這不僅震懾江派，也預示習陣營或加速處理江澤民，中國政局或出現變化。

7月13日上午9點，《大紀元》記者用「下一個大老虎是江澤民」相關詞在百度上進行檢索，搜索結果發現，第一條是台灣電視媒體報導的《習近平打貪腐 下一個大老虎江澤民？》的影片新聞，報導內容包括江澤民的親信周永康、薄熙來、徐才厚等落馬的消息。

再往下搜索顯示，有海外新唐人電視台報導的《【禁聞】步步逼近 江澤民呼之欲出》的影片新聞。

還有《太子黨紅二代突然「齊露面」習王硬後台再現》的文章，導語內容顯示是中紀委巡視鎖定江澤民老巢上海、老家江蘇以及發跡地一汽集團等，顯示中南海正對「終極大老虎」江澤民展開圍剿。

此外，還搜索到《18大 江澤民在主席台公開出洋相》的文章。

內容是 2012 年 11 月 8 日，江被人攙扶著出現在中共「18 大」開幕式上，被媒體再次拍到年邁的江好色本性不改，仍雙眼緊盯美女服務員的照片，成為大陸網民的笑料。

而在 7 月 12 日，在大陸網站 360 好搜網搜索「訴江大潮」，搜索結果顯示有「全球訴江大潮」，還有「近日中國發起了一股訴江大潮」、「良知是共識的基礎：6 萬人，訴江大潮勢不可擋！」、「逾 6 萬人控告江澤民一周激增 1.6 萬」等消息。

控告江澤民大潮 直接衝擊中國政局核心問題

江澤民一直恐懼因迫害法輪功而遭到清算，因此長期安排其親信掌控中共核心權力。在薄熙來事件後，中共內部公開分裂。習陣營為「執政」不得不推出改革措施，但勢必衝擊到江派最核心利益，雙方展開「你死我活」的博弈。

中共「18 大」習近平上台後，王岐山反腐「打虎」拿下逾百名中共黨政軍高官，其中大多是江派高官。這期間，江澤民、曾慶紅的勢力對習、王的反腐極力攪局。

此前，圍繞薄熙來案、周永康案，習江鬥關鍵時刻，江澤民集團政變以及活摘法輪功學員器官等核心罪行多次在大陸百度等網站短暫解禁。

在江派迫害法輪功的元凶、「610」頭目李東生、周永康被抓後，百度出現「立即逮捕法辦羅干、曾慶紅、江澤民」，「江澤民、羅干、周永康、李東生等已被全世界幾十個國家和地區以『反人類罪』、『群體滅絕罪』起訴」等字樣。

2015 年北戴河會議前夕的敏感時刻，中國出現股災，其背後隱現習、江對決；7月30日，江澤民軍中心腹、前軍委副主席郭伯雄案被開除黨籍，並移送軍事檢察機關；江澤民、曾慶紅及其家族已成為下一輪「打虎」目標。

而控告江澤民浪潮直接衝擊到中國政局最核心——迫害法輪功的問題。自5月份開始，大陸法輪功學員公開控告江澤民之後，中國政局已發生急劇變化。

與此同時，股市暴跌折射習、江的激烈博弈已蔓延到金融領域。在此背景下，360網站解禁訴江新聞和百度解禁「下一個大老虎是江澤民」的新聞。

從5月底到9月22日，明慧網已收到總數18萬2379名（15萬3853案例）法輪功學員及家人遞交給中共最高檢察院、最高法院等相關部門的訴訟狀副本。8月22日至9月22日一月內，超過2萬3068人（2萬504案例）遞交訴狀控告江澤民。由於網路封鎖和信息傳輸的不便，實際數字不止於此。

與此同時，海內外聲援大陸法輪功學員控告江澤民的聲音越來越大。到9月22日有來自28個國家和地區的2054名法輪功學員向中共最高司法部門投遞了訴江狀。

時政評論員夏小強認為，大陸網站敏感時刻解禁江澤民的消息，再度證實習近平陣營與江澤民集團博弈背後的核心是迫害法輪功問題；釋放的信息也顯示，控告江澤民是巨大民意的展示。

時政評論員謝天奇曾撰文分析，控告江澤民浪潮一旦成為北戴河會議議題，將不僅震懾江澤民集團高層人物，使其不敢肆無忌憚在其他議題橫生事端；習近平也可藉此獲得更多高層表態支持拿下江澤民。2015年北戴河會議，中南海高層很有可能就拿下江澤民達成協議。

郭伯雄落馬 財新網點名江澤民

中共前軍委副主席郭伯雄落馬，預示清算江澤民的大門打開。（大紀元合成圖）

2015 年 7 月 30 日，官媒通報中共前軍委主席郭伯雄被開除黨籍、移送司法。通報中稱政治局會議強調要把反腐敗鬥爭引向深入。隨即，官媒評論稱，反腐不是「權宜之計」，也不搞「適可而止」，而是「除惡務盡」。

與習近平當局關係密切的財新網迅速發表長文起底郭伯雄發跡史，並直接點名江澤民。時政評論人士分析，習近平當局這一系列舉動，釋放「打虎」鎖定郭伯雄後台江澤民的信號。

此前，周永康、令計劃案通報後，官媒也接連釋放信號，將「打虎」目標指向曾慶紅、江澤民。

郭伯雄落馬 官媒：除惡務盡

7 月 30 日晚間 10 時，中共官媒新華網通報，中共中央政治局會議當天決定開除郭伯雄黨籍，對其「涉嫌嚴重受賄犯罪問題及線索」移送最高檢察院授權軍事檢察機關。

通報稱，郭伯雄利用職務便利，為他人謀取職務晉升等方面利益，直接或通過家人收受賄賂，涉嫌「受賄犯罪，情節嚴重，影響惡劣」。

通報中還宣稱，查處郭伯雄「嚴重違紀涉嫌違法犯罪」問題，體現了習近平當局的反腐決心。政治局會議還聲稱，要把反腐敗鬥爭引向深入。任何人不論權力大小、職務高低，只要觸犯「黨紀國法」，都要嚴肅查處，絕不姑息，絕不手軟。

7 月 31 日凌晨 12 時 17 分，新華網轉載《人民日報》評論員文章稱，查處郭伯雄，體現了習近平的反腐決心。反腐不是「權宜之計」，也不搞「適可而止」。「絕不姑息、絕不手軟，誰都不能心存僥倖心理，誰都不要指望法外開恩。」

文章還稱，反腐敗鬥爭形勢依然嚴峻複雜，是一場輸不起的攻堅戰，越到緊要關頭越不能「一篙鬆勁」，越是膠著狀態越要持續發力。「反腐敗無禁區、全覆蓋、零容忍，堅持猛藥去痾、除惡務盡。」

財新起底郭伯雄發跡史 點名江澤民

官媒通報郭伯雄落馬一個小時後，7 月 30 日晚間 11 時 11 分，大陸財新網發表長文《郭伯雄沉浮》。文章稱，該來的總是要來。在中共軍委原副主席徐才厚落馬一年後，他的同僚郭伯雄也難逃法網。

文章起底郭伯雄自 47 軍發跡的歷史。報導稱，1990 年 7 月，郭伯雄任陸軍第 47 集團軍軍長。第一站來到號稱是蘭州軍區第一團的步兵第 139 師第 415 團。郭伯雄對全團 200 多名將官講話，整整講了四個多小時。「他說要把 415 團的紅一連建成時任軍委主席江澤民五句話統領的免建團。」

文章還寫到，郭伯雄任軍長後，組織這個團所有連隊進行軍事訓練，把部隊拉到 3000 多公里外的戈壁灘拉練、演習。之後不久，《解放軍報》頭版頭條刊登郭伯雄寫的長篇通訊《蘭州軍區屢出奇招 紅軍部隊連遭失敗——一場敗仗打醒了某部四級指揮員》。這一做法得到了「中央軍委的肯定，時任總政治部主任對其也是讚賞有加」。

這之後郭伯雄的晉升之路一馬平川，在 47 軍任軍長 3 年，1993 年 12 月升任北京軍區副司令員，列名大軍區領導；1997 年，任蘭州軍區司令員，並在 1997 年的中共 15 大上被選為中共中央委員。

1999 年，郭伯雄再次奉調進京，任總參謀部常務副總參謀長，並在 1999 年 9 月的中共 15 屆四中全會增補為中央軍事委員會委員。當年 9 月，郭伯雄被授上將軍銜。2002 年，郭伯雄跳過總參謀長一職，成為中央政治局委員、中央軍委副主席。

文章詳細披露了郭伯雄在江澤民任軍委主席期間被一路提拔的細節，並罕見直接點明郭伯雄向江澤民效忠的細節。

關於郭伯雄的發跡，據《江澤民其人》一書記載：1992 年郭伯雄還是 47 軍軍長，少將軍銜。90 年代初，有一天江到陝西視察，順便去了 47 軍。江中午飽餐後要睡個午覺，郭伯雄一看機會難得，趕緊把戰士轟走，親自在門外站崗。江澤民這一覺睡了兩個鐘頭，郭伯雄在外面百無聊賴，但連廁所也不敢去，怕江隨時醒來，就功虧一簣了。江澤民到哪個軍也沒享受過軍長站崗的待遇，對郭頓生好感。

於是郭伯雄從 47 軍軍長，調到了北京軍區任副司令員，隨後連升三級，當了中央軍委的副主席，也混了一副上將的肩章。

也有傳言指，當年江澤民帶著宋祖英前往西北采風，郭伯雄曾以司令員身分為江澤民站崗值守。郭伯雄鞍前馬後的伺候，因宋祖英一句客套打賞話，而得到了江的賞識，遂升遷。

此前，外界曾曝光郭伯雄大肆賣官、倒賣軍火斂財。另外，郭伯雄在中共 16 大曾助江澤民發動「軍事政變」，使江得以留任中共中央軍委主席。

2004 年，江澤民卸任軍委主席後，通過郭伯雄和徐才厚等長期把持軍權，架空胡錦濤。

習近平當局鎖定郭伯雄後台江澤民

時政評論員謝天奇認為，徐才厚落馬後，郭伯雄出事傳聞便一直不斷，早已是一隻「死老虎」。官媒通報中，亮點在於披露政治局會議的細節，強調要把反腐敗鬥爭引向深入，「打虎」不姑息任何人，不論權力大小、職務高低。隨後的官媒評論，點明反腐不是「權宜之計」，也不搞「適可而止」；「除惡務盡」。習近平當局釋放進一步「打虎」的信號。

謝天奇還表示，親習近平陣營的財新網迅速推出起底郭伯雄的長文，顯然是有備而來。其中最大的信號是披露郭伯雄拍馬江澤民而獲得一路高升的細節；並直接點名江澤民。這暗示習近平當局已鎖定郭伯雄後台江澤民。

周案令案後 官媒鎖定曾慶紅江澤民

2015 年 7 月 20 日，北京當局通報令計劃被「雙開」，中共最高檢察院隨即公布對令計劃以「涉嫌受賄罪立案偵查」。

7 月 20 日晚間 11 時 28 分，新華網轉載光明網評論文章稱，從周永康、徐才厚、蘇榮到令計劃等「大老虎」被查處表明，反腐敗沒有禁區、特區、盲區，沒有「鐵帽子王」。文章還稱，反腐敗的形勢依然嚴峻，腐敗和反腐敗正兩軍對壘，呈「膠著狀態」。

7 月 23 日，官媒報導《慶親王「從零開始」政壇火箭竄升》。時政評論人士分析，這篇揭「慶親王」政壇竄升內幕文章中多處影射曾慶紅「陰謀家」、「黑面殺手」、「政變主謀」角色。

此前，6 月 11 日，北京當局通報周永康已被祕密審判並判無期徒刑後，中共黨媒《人民日報》迅速發表評論文章說，「無論權力大小、職務高低，沒人能當『鐵帽子王』」，並強調稱，「一定能打贏這場攻堅戰、持久戰」。

6 月 12 日，陸媒報導傳記《慶親王》出版，封面還寫上「你懂的」。

外界一直解讀中紀委之前發表「慶親王」的文章是影射中共前常委曾慶紅。

辛子陵：中國處在政治大變局前夜

中共軍事學院出版社社長辛子陵 2015 年 6 月 24 日接受澳洲廣播電台（SBS）記者周驪第五次訪談。7 月 8 日，SBS 播發訪談錄音。

辛子陵訪談中否定周永康被輕判無期徒刑是「打虎」尾聲。他表示，在中國，最希望判周永康死刑的是江澤民。因為鎮壓法輪功以及活摘人體器官的很多指令，都是江澤民直接向周永康下達的。讓周永康活下來就是保留江澤民反人類罪的活證據。這在未來的決戰中是有大用場的。周案了結，不是反貪打虎的尾聲，而是反貪打虎壓軸大戲的序幕。

辛子陵訪談中還特別提到 2015 年 5 月份開始的大陸法輪功修煉者控告江澤民的浪潮。而 15 年前有位名叫王傑的法輪功修煉者狀告江澤民，立馬被捕，收監迫害而死。

辛子陵訪談最後表示，今昔對比，中國確實處在政治大變局的前夜；有可能是今年（2015 年）下半年解決曾慶紅，明年（2016年）解決江澤民問題。

與辛子陵訪談相呼應的是，大陸百度與 360 好搜網近期公開解禁「訴江大潮」、「下一個大老虎是江澤民」等真相信息。

第三節

谷俊山被判死緩
官媒直指江澤民

　　2015 年 8 月，「軍老虎」、中共前總後勤部副部長谷俊山一審被判處死緩，軍報及官方媒體不斷發表評論，指問其背後的更大靠山。日前，又有官方網站發表評論文章，措辭嚴厲的指谷俊山之流是「披著人皮的狼」，並直指不挖出徐才厚、郭伯雄的靠山，反腐敗算不上成功，文章還點明，應該敢於把手伸向「太上皇」。

官媒：誰提拔了徐才厚、郭伯雄？

　　8 月 10 日，谷俊山被認定犯有貪污罪、受賄罪、挪用公款罪、行賄罪、濫用職權罪，被判處死刑，緩期二年執行，並被處沒收個人全部財產，追繳贓款贓物，剝奪中將軍銜。

　　谷俊山被判處死緩之後，中共軍網發了一篇評論《嚴正的審判 深刻的警示》，其中說道：谷俊山作為總後勤部原副部長，官至中將，位高權重，自認為是座「山」，背後還有更大的「山」，沒人扳得倒他。在谷俊山案查處問題上，習近平當局排除干擾、一查到底，打開了軍隊反腐肅貪的突破口。

8月12日，官方背景的中國江蘇網發表「天涯海角客」的評論文章《谷俊山背後還有更大的「靠山」？》，文章說，在軍隊除了谷俊山等人落馬後，就沒有軍官腐敗存在嗎？這個恐怕就很難說了。為何谷俊山在位期間為所欲為，無人可管呢？谷俊山在軍隊裡能得到提拔，絕非是那麼容易的事，而是有一幫人在幫著他升官，而谷俊山的提拔可能跟徐才厚等人有關，但徐才厚和郭伯雄又是誰提拔，這些問題都是環環相扣的。所以追究谷俊山的背後的「大靠山」是軍隊反腐的根本。

文章繼續點明：能當徐才厚和谷俊山的靠山，能有幾人，在中國也是屈指可數。軍報要展示反腐力度，一查到底，並不是只查到谷俊山這樣就結束，更應該去挖掘谷俊山背後的「靠山」，否則，反腐敗算不上成功，因為對中國來講，歷朝歷代，反對到宰相為止，而更往上，把手伸向皇帝和太上皇就不敢了。因為他們擁有至高無上的權力。

由於嗜權如命的江澤民退而不休，干政不斷，因此有部分海外媒譏諷其為「太上皇」。自習近平上台以來，強勢反腐「打虎」，將江澤民的鐵桿心腹周永康、徐才厚、郭伯雄等悉數拿下，因此外界評論說，習近平反腐的目標就是打垮江澤民干政的架構。

分析：習近平會抓江澤民

7月30日，前中共中央軍委副主席郭伯雄落馬，其涉嫌犯罪部分被移交到軍事司法機關。一年前的 6 月 30 日，前中央軍委副主席徐才厚案被公開，隨後中共軍報稱之為「國妖」。至此，江澤民培植起來的兩名軍中代理人全部落入法網。

早前，網上曾流傳一封稱為軍方將領給習近平當局的公開信，質疑誰提拔徐、郭兩人，矛頭直指前中共黨魁江澤民。徐、郭兩人在江提拔下升至軍中高位，兩人亦「效忠」江澤民，在 2002 年中共「18 大」力挺江澤民在卸任中共總書記和中共國家主席後，繼續留任中央軍委主席，直到 2004 年，胡錦濤才出任軍委主席。

江澤民雖卸任中央軍委主席，但已提拔徐、郭兩人為其在軍中的代理人，架空胡錦濤。

北京時政觀察員華頗表示，兩個軍委副主席雙雙落馬，說明整個軍隊的體系已糜爛不堪，需要追究更上級的領導責任，「這就不得不涉及到江澤民了」。

時政評論員李林一表示，查辦郭伯雄表明習近平顯然已經撕破了面子，不再顧忌。加上近期海外媒體披露中共國防大學戰略教研部教授馬駿曾說「現在習近平出來，可謂恰逢其時，他是真正的第三代領導核心」，這個風放出來，江澤民曾經的所謂第三代領導核心的稱號將被剝奪，那麼江澤民將面臨全面清算。

香港媒體前資深記者姜維平也發表的文章表示，拿下郭伯雄，是習、王宣誓從嚴治軍的決心。當郭伯雄倒下之後，老百姓想的是，他的上級江澤民收了銀子沒有？如沒有，為何要帶病提拔他們？

姜維平曾在此前的文章中表示，如果江澤民不貪財好色，下級官員不會爛得如此深入骨髓，說得直白一些，徐才厚和郭伯雄作為江的「哼哈二將」都是大貪，難道他們接受下級的錢財沒轉手給老江，怎麼可能呢？

因此，面對習、王反腐的力度越來越大，海內外輿論的期待越來越高，江澤民是中共多年來貪腐的總根子，毫無疑問，一點都不要客氣，一定要抓他。

如果不從根子上剷除腐敗，習近平永遠留一個「反腐不徹底」的罵名。所以，這是最後的時刻，他必須殺出一條血路，從江澤民和曾慶紅身上踩過去，奔向下一個征程。

就在這個關鍵時刻，中國經濟也出現大問題，股市、樓市、人民幣都處在危險境地，令習陣營焦頭爛額。

第四節

樓市如股市飄綠
一線藍籌股也不保

　　大陸樓市跌跌不休，儘管此前一線城市樓市明顯回暖，但仍未能扭轉形勢。隨著經濟不斷下行，加上股市震盪，當前樓市風險盡顯。除西安、成都等二線城市樓盤陷入停工潮外，一線城市廣州、深圳樓市也開始回落，甚至出現退訂潮。

　　2015 年 8 月，中原監測資料顯示，中國 40 個典型城市 7 月新建住宅成交面積環比下降 5％，一線城市、二線城市及三、四線城市降幅分別為 3％、7％、1％。

　　如果把中國樓市比作股市，那麼三、四線城市樓市就是小仙股，二線城市為二線股，而藍籌股就是一線城市。

西安 110 億專案停工 開發商跑路

　　當下市場情況是，小仙股已無升值可能，就是一個存量沉放在帳號裡，且無跡象何時能見「天明」；二線股風險已開始爆發，例如西安、成都等城市的樓盤不斷出事，除專案陷停工潮外，開發商跑路的事情也時有發生。

投資 110 億元的西安城東最大城市綜合體項目佳誠長安集目前已停工。在過去 3 年裡，開發商陝西佳誠房地產有限責任公司（以下簡稱陝西佳誠）已陸續售出 1000 多套房源，收款逾 6 億元，公司董事長杜旭強疑捲款跑路。

據了解，上述項目覆蓋有住宅、商業、寫字樓、酒店等多類型物業，總占地約 545 畝，總建築面積近 170 萬平方米，規劃有 33 棟樓，規劃總戶數達 9998 戶。不過，在這龐大的樓盤中，僅看到 3 棟建至 10 層的樓房，其餘一片廢墟。

當地知情人士表示，佳誠長安集專案停工、開發商失聯，除引發數千購房者維權外，還引發該項目內部員工討要工錢等事件。當地政府人士表示，初步估計長安集、幸福說兩大樓盤已售 1400 多套，涉及房款近 6 億元。

有購房者表示，佳誠長安集及幸福說這兩個項目大約有 1000 多戶業主分別以 40% 或全款形式共支付了 6 億多元購房款；開發商承諾於 2015 年 8 月底和 12 月底交房；然而，眼看交房日期臨近，工地上還是一片廢墟，隨後聯繫該開發商才得知其已跑路。而安置樓也停工 3 個多月，1600 多戶村民等待 4 年，至今無法回遷。

成都多樓盤爛尾 很難再現好時機

除西安最大樓盤出事外，成都市的項目也頻頻出問題。位於成都天府二街和益州大道口的華惠·嘉悅匯當下已停工。據了解，開發該專案的成都嘉華美實業旗下三個以華惠為案名的樓盤均已處於停工狀態。

當地調查機構統計資料顯示，目前成都房地產市場包含五龍山嶼府、麥迪森廣場等在內，停工、半停工的商業地產或住宅已超過 30 個項目。

一家香港房地產顧問公司分析師表示，成都房地產市場已經進入了轉捩點，資金鏈條的繃緊甚至斷裂、市場消費不足與嚴重過剩，已經成為壓倒房地產市場的三座大山，而且很難再現 2004 年之後爛尾樓憑藉市場利好翻轉的機會了。

廣深樓市出現下降

值得留意的是，此次危機已蔓延至藍籌股，部分一線城市樓市成交已開始下行，深圳、上海更是發生退房現象。

深圳市房地產研究中心發布報告顯示，7 月深圳樓市成交量已出現近 4 個月首次回落，新建商品住宅成交面積為 67.43 萬平方米，較 6 月下降 12.3％。

深圳市規劃和國土資源委員會公布資料顯示，7 月深圳一手住宅成交套數 6414 套，成交量環比下降 14.4％。

中原地產資料顯示，截至 7 月底，深圳二手住宅成交面積為 107 萬平方米，較 6 月同期下降了 10％，成交套數環比下跌 11％。

深圳中原研究中心認為，近期深圳二手房市場繼續被大幅看跌，經理指數和報價指數雙雙加速下滑，說明樓市的調整期已經展開。房價持續近 3 個月的高速上漲期或已結束。

　　此外，廣州樓市也開始下滑。資料顯示，截至 8 月 2 日，廣州市的一手房成交量已經連續 3 周處於低位，周均簽約在 1500 套左右；而在 6 月 29 日至 7 月 5 日這周，廣州一手房簽約成交量一度達到 2446 套；6 月也成為 2015 年以來成交量最高的月份，達到 9723 套。

　　中原地產首席分析師張大偉預計 8 月份房價漲幅將收窄，主要城市的二手住宅成交節奏也將逐步放緩。

多地現退房現象　入房市需謹慎

　　值得留意的是，在股市暴跌後，深圳等城市甚至出現退訂潮。7 月，深圳龍華、龍崗、南山等區域逐漸放出一些特殊的房源，如業主股市虧損急賣筍盤，通常比市場價低數十萬左右。而萬科、中海、招商地產部分專案及華僑城片區樓盤，近期有不少已交付訂金的客戶要求退房。

　　據仲介人員反映，有因股市暴跌而虧掉首付的購房者，也有因股市暴跌需要賣房套現的賣房者出現，導致部分區域的部分房源報價下降。

　　事實上，除深圳外，多地也出現了退房現象。某上市券商房地產資管人士透露，目前在上海、重慶、成都均出現了退房現象。此外，東莞也有類似的情況。7 月深圳客撤離東莞，樓市成交迅速下滑，部分主打深圳客市場的樓盤成交量下降過半，到訪量下降 50 ～ 70%。

　　分析人士認為，大陸樓市持續不景氣，供應嚴重過剩，房地產已經成為中國經濟的最大風險。2014 年至今，中共當局不斷出台「救市」政策，這表明中共對日漸逼近的樓市危機感到擔憂不已。

　　當下的樓市如股市，風險高積，藍籌股也不例外，入市需謹慎。

第五節

經濟支撐不住
人民幣大幅貶值

2015 年 8 月 11 日，中共央行下調人民幣中間價超過 1000 點，為此，離岸人民幣匯率應聲大跌。中國經濟持續下滑，迫使中共政治局會議重心轉到經濟問題。在股市救市未果下，中國經濟需要救火的範圍正在擴大。分析認為，相對於樓市、股市和債市，救人民幣才是當務之急。

人民幣中間價暴跌千點

中共央行自 8 月 11 日起以「完善人民幣兌美元匯率中間價報價」為由、讓人民幣重貶之後，11 日、12 日人民幣兌美元匯率中間價分別比上一日出現了接近 2% 的貶值，報 6.2298 元，為歷史最大降幅。

此舉將人民幣中間價下調了 1136 點，創下中間價歷史最大單日降幅，香港離岸人民幣匯率應聲大跌。

英國《金融時報》報導認為，在眾多花樣翻新的提振經濟和股市的手段都不大奏效的時候，北京當局只好讓貨幣貶值。這一重大舉措表明，在最新數據顯示 2015 年 7 月貿易同比下降 8.3％後，央行希望提振出口這一中國經濟的關鍵引擎。

8 月 10 日，高盛研報表示，中國出口連續放緩很可能拖累 7 月工業產品增速，人民幣將承受更大下行壓力。然而，是否允許人民幣走低，還要看官方的態度。

投資者已經看空人民幣

2015 年 2 月 23 日，《華爾街日報》以《投資者準備迎接人民幣貶值前景》為題報導說，為了吸引資金流入、推動經濟上漲，中共政府多年來一直引導人民幣匯率走高。然而，人民幣出現的疲弱徵兆，迫使那些機構投資者不得不考慮北京方面可能會讓人民幣貶值來應對經濟增速放緩的問題。

報導稱，從 2015 年初到 2 月下旬，人民幣貶值大約 0.8％，2104 年全年下跌了 2.4％，創下 2005 年以來人民幣最大的單年跌幅。

法國資產管理公司Carmignac中國分析師Haiyan Li Labbe稱，作為持有 A 股頭寸的投資者，他們需要考慮人民幣貶值的風險。

該公司預計，人民幣兌美元 2015 年將下跌 3％，正在考慮購買外匯期權來對沖投資組合所面臨的人民幣進一步貶值的風險。

鋒裕投資（Pioneer Investments）駐波士頓的外匯策略主管烏帕德亞雅（Paresh Upadhyaya）對人民幣前景表達了看跌觀點。

　　烏帕德亞雅說，自 2005 年 7 月，中國取消事實上的釘住匯率制以來，2014 年是人民幣兌美元首次出現年度下跌的年份。這標誌著人民幣走勢的一個重大轉折點。

　　他表示，中國收支帳戶出現創紀錄的外流，加大了人民幣匯率的下行壓力。

資金外流形勢嚴峻

　　從跨境資本流動的變化可以觀察人民幣貶值的壓力。

　　中國國際收支表上的國際儲備變動額在 2012 年第四季度至 2014 年第二季度連續 7 個季度為負，儘管該指標在 2014 年下半年為正，但在 2015 年第一季度再度減少 802 億美元。

　　此外，從外匯占款增量來看，2015 年 1 月至 4 月，外匯占款增量累計為負 1891 億元人民幣，表明金融機構在淨出售外幣，這表明居民與企業存在人民幣貶值預期。

　　從 2014 年第二季度起，中國已經出現持續的資本與金融帳戶逆差以及短期資本淨流出。2014 年第二季度至第四季度的短期資本淨流出分別達到 555 億美元、536 億美元與 1016 億美元。這說明從 2014 年第四季度起，短期資本正在加速流出中國。更需關注的是，中國國際收支平衡表中的淨誤差與遺漏的不斷增加，反映出隱性資金外流增多。

　　中國國際收支平衡表中用以保持收支平衡的淨誤差與遺漏項目自 2010 年以來已累計達到負 3000 億美元以上，而 2014 年第三季度則創下了負 630 億美元的紀錄。這種資金外流有進一步加速的趨勢，這類資金外流很難用監管手段加以控制。

經濟能否保 7 成疑問

目前，經濟成為中共高層最關切的問題。中共政治局 2015 年中會議轉變了以往偏重政治的取向，對經濟下行壓力加大和金融風險上升的憂慮明顯加重，與此前「緩中趨穩、穩中向好」的樂觀表述形成反差。

中國國家信息中心經濟預測部主任祝寶良表示，會議定調出現一些變化，主要是擔心經濟下行和金融風險，尤其是擔心股市成為一個金融風險的引爆點。中國國際經濟交流中心研究員王軍表示，從會議傳達的信息不難看出高層對 2015 年中國經濟增長底限 7% 可能守不住的憂慮。

救人民幣是當務之急

陸媒《第一財經日報》特約主筆張庭賓 8 月 11 日撰文表示，隨著 A 股暴跌，拯救股市以來，中國經濟須拯救的範圍更廣了。

文章認為，人民幣基礎貨幣的超常規大幅增長，意味著人民幣面臨越來越大的貶值壓力。2015 年以來，外匯占款多月出現了負數，說明國際熱錢和外商直接投資在加速流出中國。

文章分析，外匯資產出現負值缺口的原因，可能是部分熱錢攜帶投資、利差和匯率三種利潤外流、外商投資在 2005 年前後形成相對壟斷後的利潤不斷外流，以及權貴資本外流。這三種資本外流已經基本上把中國這些年來的物質財富換來的美元外幣貿易順差吃光了。

相對於救樓市、股市、債市，救人民幣才是當務之急。

第二章

天津大爆炸
與張高麗貪腐

天津爆炸事件原因撲朔迷離，但可以確定的是中共政治局常委張高麗是涉足其中的一關鍵人物。除了爆炸涉事企業瑞海國際被指是由其親家在背後操控外，張高麗過往利用濱海新區和天津搞募集資金牟利等貪腐事例也被一一曝光。

2015 年 8 月 12 日的天津爆炸事件原因撲朔迷離，但可以確定的是張高麗是涉足其中的一關鍵人物。（大紀元合成圖）

第一節

張高麗是天津爆炸案關鍵人物

天津爆炸死傷人數遭質疑

2015 年 8 月 12 日 23 時 30 分左右，天津濱海新區開發區突發大爆炸。爆炸共發生兩次，中共官方自稱，第一次爆炸相當於 3 噸 TNT 炸藥，30 秒後再次發生劇烈爆炸，當時現場騰起蘑菇雲。陸媒報導說，據測算，爆炸破壞力相當於 24 噸 TNT 炸藥當量，兩次爆炸威力相當於 53 個戰斧巡航導彈。

截止 8 月 23 日 15 時，中共官方自己公布的最新數字稱，確定這次爆炸有 123 人死亡（公安消防人員 20 人，天津港消防人員 50 人，民警 7 人，其他人員 46 人）；50 人失蹤（公安消防人員 4 人，天津港消防人員 30 人，民警 4 人，其他人員 12 人）；624 人住院治療，危重症 12 人，重症 30 人，累計出院 169 人。這一數字與海外媒體的報導相差甚遠。

爆炸發生後，大陸官方報導的死亡人數不斷遭到外界的質疑，民間估算及外媒報導認為死亡人數超過千人。

海外媒體 8 月 15 日引述來自中共武警高層的消息顯示，武警消防從現場以及第一線醫院得到的數字，截至 15 日中午，確認因大爆炸死亡已達 1400 多人，失蹤 700 多人。消息人士表示，這個數字還不包括現場防化部隊處理屍體的數字，以及遠離現場的醫院接收的不治身亡者的人數。

8 月 14 日也曾爆出中共高層內部通報，當時的爆炸死亡人數已達 300 人，也遠高出官方公開的數字。

據天津港公安局內部人士透露，「我們有一份內部統計的失聯和確認犧牲的人數名單，但沒辦法說。」

更令人震驚的是，海外媒體從接近中共高層的可靠人士處獲悉，當局內部有一個數字，至少 600 多人消失得無蹤影，懷疑是在瞬間爆炸的超高溫及化學作用下被「蒸汽化」，即人間蒸發，但有關判斷不敢對外透露。有關此消息，目前無法核實。

死亡、失蹤人數一直是天津大爆炸最具爭議、也是最敏感的信息。中共官方公布的死亡人數，引起了眾多下落不明者家屬的憤怒。15 日上午，天津市政府召開第四次新聞發布會時，遭到天津港公安局港務消防四中隊、五中隊憤怒的家屬們的衝擊，不得不中斷。

「頭七」當日有大批失蹤者家人吶喊哭訴，要求當局尋找他們在爆炸中失蹤了的親人，「活要見人死要見屍」，但中共始終不回應。

與 2012 年薊縣大火一樣封鎖信息

與此同時，中共國家互聯網信息辦公室會同有關部門查處了車伕網、美行網、軍事中國網、新鮮軍事網等 50 家、據稱傳播「涉天津港火災爆炸事故的網站」。中共近日還查處了 360 多個傳播涉天津爆炸「謠言」信息的微博、微信帳號，有關帳號被關停。

中共指責一些網站，在天津大爆炸事故發生後，隨意編發「天津大爆炸死亡人數至少 1000 人」、「方圓 1 公里無活口」等「謠言」，或任由網站用戶上傳來自微博、微信的相關「謠言」。

天津爆炸事件後，中共中宣部要求大陸媒體統一口徑。之後，社交媒體上的抨擊、質疑帖文也被迅速刪除。

8 月 12 日爆炸事發 8 小時後，天津衛視繼續播放韓劇，引發外界強烈不滿。天津市政府的文宣系統對危機的反應之緩慢、被動，也引發大量質疑。

8 月 13 日，新浪專欄刊文《塘沽大爆炸，天津依然是座沒有新聞的城市》，作者湯嘉琛說：「遇到這種突發事件，第一時間要求公布死傷者人數、事故原因等，有些過於苛刻。但通過微博、網站動態發布最新信息，避免因信息不透明而出現謠言，減少民眾的恐慌情緒，這樣的要求並不過分。從 3 年前的薊縣大火，到如今的塘沽爆炸，沒有絲毫進步。」

文章表示，新聞業內有一種說法：天津是一座沒有新聞的城市。這一次，似乎依然沒有新聞。

「這次爆炸，能炸醒一直『裝睡』的天津嗎？」湯嘉琛在文章結尾時質問。

湯嘉琛的擔心不無道理，如將時光倒轉回三年前的天津，可以見到依稀相像的往事。

2012 年 6 月底，天津薊縣萊德商廈也曾發生重大火災，天津官方只報 10 人死亡，16 人受傷，引起輿論譁然；網路上傳出至少 200 人死亡，此外還有 385 人死亡的說法，官方披露的數字，與現場民眾的感受相差懸殊。

當時有消息引述知情者的話說，時任天津市委書記張高麗下禁言令，不但對本地媒體封口，甚至對中央喉舌媒體也設置人為障礙，阻止採訪。

當地人對官方所報導的死亡人數和事件原因根本不相信。由於相關消息遭政府方面死死封鎖甚至「追查」，很多目睹火災過程的民眾，只能通過網路揭露被隱瞞的死亡人數。

有消息說，火災後，張高麗一再強調，天津全體黨員幹部要高度統一口徑，一致對外，「講大局、保民生、促穩定、求和諧」。張高麗下禁言令：不允許任何人談論這場火災死人話題，不準參加悼念儀式，否則以「黨紀國法」論處。

有人痛斥說，天津緊鄰首都，出事地更與北京市交界，發生特大傷亡事件，勢必對天津市領導人，說白了，就是對天津市委書記張高麗的仕途產生影響。因此，其為保仕途，死命隱瞞火災死亡人數，採取慣用的強力高壓手段，嚴控媒體，並抓捕多位發布消息的民眾。

此後沒多久，同年 11 月 4 日，天津薊縣繁華地區文昌街的森馬服飾專賣店突發火災，天津政府再起恐慌，仍是採用管控手法，不僅下令禁止採訪、傳播和議論此事，還在城區再次實行戒嚴。

無情的大火似乎總是纏繞天津，2013 年 3 月 4 日，中共兩會期間，天津又一次發生特大火災。天津市華苑產業區鑫茂科技園一座 20 多層高的大廈被大火吞噬。然而，事故的消息再次被死死封鎖。

有爆料稱，天津媒體收到「一把手」的禁令，而且發生火災地區的民眾受到警告，不敢談論該事件。未經證實的消息稱，火災造成至少百人死亡。此前民眾大量上傳到網路的火災現場的圖片和視頻，也被不斷刪除。

天津市委得到張高麗的「真傳」

2015 年 8 月 19 日，中共天津代理市委書記、市長黃興國首次現身天津爆炸案的新聞發布會。會上黃表示，自己對天津大爆炸「負有不可推卸責任」。

《新京報》微信公號「政事兒」當天報導梳理黃興國應負有四大責任。此前陸媒還暗示，黃興國代理市委書記、市長的職位不會長久。

時事評論員石久天分析說，從這次天津市委處理爆炸事件的做法來看，似乎得到張高麗當年的「真傳」，市委書記在前九次新聞發布會上根本不露面，底下官員最初也以「不知道」、「不清楚」、「不掌握」來回應公眾的問題。

在 8 月 16 日上午開的第六場新聞發布會上，天津市委宣傳部副部長龔建生在回答財新記者有關此次爆炸事故救援是由哪個領導牽頭的、是如何組織指揮的提問時，稱「這個問題下來以後我再詳細了解下」。財新記者繼續追問：「你宣傳部長你不了解？」龔所答非所問地說：謝謝。

網上的評論文章表示，難以置信！總指揮都沒有嗎？這麼具體的一個問題都沒有答案。第六場發布會只來了個宣傳部副部長，都沒資格知道救災總指揮是什麼人，也算是個官場奇聞了。

8月17日上午11點，天津當局召開了第七次新聞發布會，首次有天津市級官員出現。主管安全生產的副市長何樹山在回應記者的敏感問題時，依然語焉不詳，最後倉促離開，被媒體人形容為「落荒而逃」。

8月18日第八次新聞發布會上，指揮部的問題終於得到了解答，天津方面稱，天津爆炸事故次日凌晨，天津成立指揮部，市委代書記黃興國任總指揮。

雖然總指揮是誰已經確定，但是民眾對天津政府的刻意隱瞞信息的怒氣絲毫未減：難道救災總指揮是誰也是機密，也需要隱藏那麼長時間才能公布嗎？！

當公眾的注意力投向黃興國的時候，誰又能想到，他或許正在替張高麗背上天津最大的黑鍋呢？

張主政時「發展」濱海的台前幕後

美國《時代》雜誌報導說，此次相當於2.9級地震的爆炸發生在天津濱海新區，這個巨大的經濟開發區曾經被標榜為中國資本主義——共產主義雜交經濟的櫥窗。濱海迅猛的發展跟張高麗聯繫在一起，他從2007年開始擔任天津市委書記5年，現在升任政治局常委。中共官媒報導稱，雖然中國經濟在這個期間放緩，但是天津卻連續5年GDP增長16.5％。

據天津網友披露，張高麗之前的天津書記張立昌，把天津弄成了「城市農村化，街道鄉村化，領導沒文化，百姓很聽話！」

張高麗上台之後，天津的經濟發展又走上另一個極端。

2007 年 5 月，剛上任天津市委書記不久的張高麗即大力推動了濱海新區開發。當時濱海新區開發開放領導小組組長是張高麗，副組長除了戴相龍，還有楊棟梁和黃興國。

張曾在當年 5 月 29 日舉行的中共天津市第九次代表大會上，向大會做了一個題為「進一步加快濱海新區開發開放」的報告，要求把加快濱海新區開發開放作為全市工作的重中之重。此後，張將「進一步加快濱海新區開發開放」放在天津兩次黨代會報告的主題之中。

那時，中共就已經有了規劃，確立了以北京—天津—濱海新區為發展軸心，以京津冀為核心區，以遼東、山東半島為兩翼的環渤海灣經濟圈發展戰略。

據悉，張高麗大力推動濱海新區開發卻留下了無數爛尾項目，砸下 600 億興建的濱海新區總部經濟的核心區——響螺灣商務區，被環球網形容「到處是空房如鬼城」，承擔開發建設的天津濱海新區建設投資集團已背負巨額債務，原天津泰達投資公司董事長劉惠文於 2014 年 4 月自殺。2014 年 2 月，中共副總理汪洋在國務院部委主要負責人會議上稱，天津市已欠下 5 萬多億債務，實際已破產，如今要追究也已經晚了。

通過這次爆炸，人們可以確確實實看到的是，天津在追求自身的發展過程中，所付出的環境的代價。例如爆炸點離開居民區只有 500 多米，標準卻至少要求 1000 米。

這些都只是張高麗的表面行為。

張高麗 90 年代任深圳市委書記，把養女張曉燕嫁給李賢義的長子李聖潑。此後，李賢義一躍成為縱橫玻璃工業、汽車配件、橡塑化工、太陽能光伏、建築材料、房地產、金融股票、信息科技、連鎖超市等眾多行業的紅頂商人，旗下玻璃工業規模全球第三，從窮小子變成「玻璃大王」。在2009年福布斯中國富豪榜上，李賢義以52.2億財富排名第118位。

李賢義還成為中共全國政協委員、福建省政協常委等，2010年當選為「影響深圳30年的港商領袖」。李賢義長子李聖潑本人不但是信義玻璃的大股東，他還是香港17家上市公司的董事，現任信義（中國）投資集團董事長等。

有消息稱，張高麗主政深圳時所修的濱海大道，賺了幾個億。濱海大道兩邊的石頭都是自他老家採購的——張高麗老家在福建晉江東石潘徑村，當地出產石材。信義集團在深圳、福建等地擁有土地60多萬平方米，已投資6.4億多元開發多個項目。

張高麗2007年任天津市委書記前，信義集團已經在2004年成立了信義玻璃天津分公司。隨著張主政天津，2007年1月設立信義玻璃天津基地，占地約9萬平方米。2010年天津基地二期動工，占地約66萬平方米，投資總額30億元，建築面積35萬平方米，位於天津新技術產業園區。李賢義還開設了信義汽車部件（天津）公司、信義光伏產業公司天津分公司等。

其女婿家族據稱在天津壟斷了部分建材生意，李賢義旗下公司還曾涉及製售假冒偽劣商品。2014年11月10日，天津市市場和質量監督管理委員會官網公布了信義玻璃（天津）有限公司以不合格產品冒充合格產品的平板玻璃案行政處罰情況，被處罰公司法定代表人正是李賢義，責令停止生產、銷售，並處罰款。

百度百科的解釋稱，普通平板玻璃即窗玻璃。

這次天津大爆炸發生後，有很多傷員是被瞬間爆破的玻璃劃傷、刺傷的。一位不願意透露姓名的房地產行業內部人士告訴《海峽攝影時報》記者，這次事故暴露出了國內開發商在產品設計上的一項「潛規則」。

他說，按照有關規定，2004 年以後新建使用的住宅都必須使用安全玻璃。而德國早在 20 年前就已經開始執行這項規定，「但是據我了解，很多開發商都不會真的使用安全玻璃，而是偷工減料繼續使用造價低廉的普通玻璃，甚至包括一些樓盤宣傳的雙層玻璃、真空玻璃也都是假的。這是行業內心照不宣的潛規則」。

該內部人士稱，或許在天津爆炸案中，一些玻璃受損的建築物建於 2004 年之前。但是作為 2005 年才被列為國家重點支持開發開放的國家級新區的天津濱海新區，有理由相信，一定有大量的樓宇建設方並沒有按要求合法合規地使用安全玻璃。

報導稱，安全玻璃與普通玻璃的差別在於，在關鍵時刻安全玻璃能救人一命，而普通玻璃則能傷及性命。

陸媒沒有點出的是，天津城建的玻璃供應商到底有哪些呢？

2015 年 6 月 15 日《濱海時報》報導，天津市委常委、濱海新區區委書記宗國英會見以第 12 屆中共全國政協委員、信義玻璃控股有限公司主席、信義光能控股有限公司主席李賢義等為代表的香港工商總會企業家代表團一行，代表團參觀考察了濱海新區東疆保稅港區聯檢服務中心、太平洋國際集裝箱碼頭等地。

此外，張高麗還涉嫌利用濱海新區進行詐騙，涉及資金數千億。早在 2008 年 5 月，中共發改委發布了《關於在天津濱海新區先行先試股權投資基金有關改革問題的覆函》，支持天津市加快發展股權投資基金。2009 年，天津市出台政策，對於在天津註冊的股權投資基金，在稅收、房租、人才落戶等方面給予優惠，鼓勵各類型的股權投資基金落戶。

當年，在張高麗的鼓吹下，各路私募股權基金在天津全面開花，而從 2010 年初至 2012 年，有數十家公司被查封，給幾十萬家庭帶來災難。中國各地不斷有受害者到天津上訪、報案，甚至打出「張高麗還錢！」的口號。受害者透露，詐騙的贓款大部分被江澤民、周永康、張高麗一夥斂去。

有網友爆料說：「天津主要的私募公司很多人去樓空，受害人達百萬之眾，被騙金額高達上千億，全國各地的老百姓因投資天津私募股權，被騙得傾家蕩產或家破人亡的為數不少。」

張主政天津期間曾大力發展地產投資，令天津房地產業投資進入瘋狂增長時期，成為目前城建領域腐敗嚴重的根源。然而，張氏多名舊部在習近平的「打虎」行動中紛紛落馬，如 2015 年 4 月 24 日落馬的天津市人大常委會原委員張家星，濱海新區中心商務區原黨組書記、副主任王政山，濱海新區規劃和國土資源管理局黨組書記、副局長彭博。

張高麗主政天津期間，天津公安隊伍腐敗成為市民熱議話題，天津有民謠：「窯子全是公安開，賭場打的警察牌。」天津網友說：「高麗書記讓天津的夜總會、洗浴中心、商務會所、商務 KTV 等成為了公安局三產。」天津公安鎮壓維權訪民、法輪功學員更是肆無忌憚。2014 年 7 月，張高麗治下的政法大總管、天津市公安局長武長順落馬，2014 年 2 月被移送司法處理。

張高麗與瑞海國際的糾葛傳聞

2015 年 8 月 14 日，海外博聞社消息說，涉及大爆炸的瑞海公司危險品倉庫所屬公司法人董事長等，表面上都是一些普通的自然人，但真正掌控者是張高麗的親家。張高麗主政天津期間，其親家獲得在該區設立化工品倉庫的許可，而該許可繞開了環保部門的審評安監，它是由時任天津市委副書記、濱海新區書記何立峰親自批發的，而何立峰的弟弟一直在天津承建工程項目。

8月18日，香港上市公司信義玻璃及信義光能通過《北京青年報》發表聲明稱，大股東李賢義及公司與倉庫爆炸的瑞海國際物流公司絕無任何直接及間接關係，更沒有任何業務上的往來。

8月21日，據有關部門的知情人士對《環球時報》記者證實，曾經服務三任省委書記的、江蘇省原常委趙少麟因涉嫌行賄受賄被立案接受調查。其子趙晉在天津濱海開發區的違法行為正在被嚴查，是否與天津爆炸案有「或多或少的牽連」，目前有關方面仍在調查過程中。

陸媒曾經刊出多篇獨家報導，挖出趙晉在南京、北京、天津、濟南等地的房地產生意黑幕，目前已知的違法行為包括偷逃土地出讓金和土地增值稅等。

海外媒體引用接近中紀委的消息人士透露，趙少麟父子被扣押之後自知罪責難逃，幾乎全盤招供，提供了大量其幕後金主張高麗的直接罪證。

2014年10月12日，新華網微博發表署名「閻兆偉」的文章，文章標題為「江蘇『老老虎』趙少麟為啥能在天津『撲食』？」。文章說，隨著趙少麟被調查，有理由相信，趙少麟在天津編織的關係網也會被「破網」，中紀委在天津也能逮到「大老虎」。

新華網的評論文章所提到的「大老虎」，讓一些分析人士認為指的是原天津市委書記、現任國務院副總理張高麗。2014年7

月底，張高麗主政天津時的城建大總管、天津市水務局原副局長、原天津城投董事長馬白玉，因涉嫌濫用職權罪被立案偵查。其實不只是在天津一地，趙少麟的兒子在張高麗曾任省委書記的山東濟南也為非作歹、劣跡斑斑。

8 月 23 日的《蘋果日報》引用北京消息人士的話說，習近平當晚（8 月 12 日）通宵召開常委會議，涉案的瑞海國際物流有「特堅」保護傘。中辦主任栗戰書等要搞清楚此事有沒有針對習近平的「特殊政治意圖」。

張高麗涉天津爆炸案似被港媒證實。

攻擊李克強 張高麗顯露江澤民爪牙本色

中共 18 大後，江派在中共黨內最高權力機構政治局常委會的最高代理人就是劉雲山、張德江和張高麗。這三人一直通過各種方式對抗習、李。近期隨著江澤民越來越處於危機之中，張高麗也開始顯露出江澤民爪牙的本色。

《動向》雜誌 2015 年 8 月號披露，中共 19 大的籌備工作啟動，黨內各派系聞風而動。被列為帶病晉升的劉雲山任期還剩兩年多，擔心任期滿後是否被追究，劉雲山藉自我檢查，分別在 6 月、7 月的政治局和政治局常委的會議上向習近平發難。7 月初，在政治局學習會上，劉雲山作了「體會和反思」，自問自答地提出「九個為什麼」，攻擊習近平的意圖一目了然。

據悉，在劉雲山發難的同時，張高麗則「配合」劉雲山，在國務院會議上提出「五個亂」，攻擊李克強的施政。

6 月 26 日，習近平主持召開政治局會議，審議通過《關於推進領導幹部能上能下的若干規定（試行）》。此後有海外媒體報導，當局的重點要藉此拿下那些已經上位、無才無能、礙手礙腳者，特別是身居高位的庸官。在習近平的「能上能下」的絕密名單中，「能下」的高層有一大串。其中包括多名現任政治局委員，以及一名現任政治局常委，其靠為前任總書記「抬轎」上位，實際能力不行。

上述報導雖未點出那名現任政治局常委的名字，但從為前任總書記「抬轎」上位的信息來看，張高麗或為所指之人。

張高麗的仕途上一路都有江澤民的扶持和提拔，從深圳市委書記到廣東省委副書記、山東省長、山東省委書記、天津市委書記，再到中共中央政治局常委。張也對江大拍馬屁，極力回報。

江退位後，2006 年 5 月 1 日，在主政山東的張高麗陪同下上泰山，張下令封山，並指令 8 人抬著為江澤民特備的大轎上山，自己則緊跟其後「護駕」。據悉，張高麗是陪江澤民到泰山策劃和指揮刺殺當時的中共總書記胡錦濤。

張高麗靠迫害法輪功往上爬　請江「放寬心」

張高麗靠著拍馬江澤民，並緊隨其參與殘酷迫害法輪功而發跡。

2015 年 6 月 24 日，追查迫害法輪功國際組織（追查國際）調查員以江澤民辦公室祕書的身分，就江澤民下令活摘法輪功學員器官的罪行，對正在哈薩克斯坦訪問的張高麗調查取證。

張高麗面對以江澤民祕書的名義提出的「江澤民下令摘取法輪功學員器官」這一點，沒有否認，也沒有任何因不知情而驚訝；

而且對江要求他「在政治局討論的時候一定要阻止追究這件事」的要求，積極承諾「我一定」，並請江「放寬心」。

追查國際調查指出，張高麗的回答證實了是江澤民下令活摘法輪功學員器官，張也是活摘器官罪行的主要參與者之一。其次，張高麗承諾的對「剩下的法輪功學員習煉者也得處理好」，證實了關押大量法輪功學員的活人器官庫時至今日還存在，還有法輪功學員隨時面臨被活摘器官的危險。

此外，張高麗的言辭還表明：海內外上萬法輪功學員控告江澤民，已對中共高層造成了相當大的壓力。張高麗作為江澤民的台前死黨，正積極利用手中的權力掩蓋罪行，保護江派殘餘勢力，做最後的頑抗。

第二節

張高麗的老部下楊棟梁
在爆炸後被抓

8月18日，天津爆炸「頭七」，中共安監總局局長楊棟梁應聲落馬。（大紀元資料室）

張高麗與楊棟梁的關係

2015 年 8 月 18 日是天津爆炸罹難者的「頭七」。

當日下午 3 時許，官方發布消息，安監總局局長楊棟梁「涉嫌嚴重違紀違法」，正在接受調查。

爆炸發生後，楊棟梁以國家安監總局局長、黨組書記身分，率工作組連夜趕赴事故現場，他是第一批趕到現場的官員。沒想到，這一去，最終落了馬。

這名落馬的安監總局局長，從 2001 年開始到 2012 年，一直在天津任副市長、市委常委、常務副市長；期間兼任過國資委主任，後任市委常委。依照天津市政府的內部分工，楊棟梁主要分管發展改革、物價、統計、服務業、行政審批、監察、公務員、國資、應急管理等。2012 年，上調北京任國家安全生產監督管理總局局長、黨組書記。

楊棟梁在網路的簡歷上，顯示楊在 2005 年成為了天津市委常委。但是，《人民日報》海外版微信公眾號「俠客島」在其名為「楊棟梁在台上的最後 7 天」一文中稱，楊棟梁是在 2007 年升任的天津市委常委。

也有大陸網民在微博透露，楊在張高麗主政天津時很受張的重用，張一手將楊從副市長提到市委常委。

而張高麗接手天津市委書記的職務，正是 2007 年。張還擔任濱海新區開發領導小組的組長。當時濱海新區開發開放領導小組組長是張高麗，副組長除了戴相龍，還有楊棟梁和黃興國。

戴相龍傳聞已經被抓，楊棟梁已落馬。

據熟悉天津政壇的相關人士介紹，濱海新區開發開放從地方戰略上升為中共國家戰略之後，利用中共給予的「先行先試」的優惠政策，天津從國家相關部門爭取到了很多大項目，如大乙烯、大石化、大火箭等，而這些項目能夠拿下來，尤其是國家級的石化項目能落地天津，跟他的努力有很大關係，很多都是他「親自跑下來的」。由於楊本人早年在石化行業浸淫日久，所以，當他以地方官員身分再與中石化、中石油這樣的央企巨頭洽談合作時，顯得駕輕就熟，「很多數據都清楚」。

用微信公眾號「政知圈」的話來說，「天津、石化、安全生產，每一條都跟楊棟梁密切相關。」

在天津主管石油石化國資時期，總投資高達 183 億的百萬噸乙烯及配套項目，就是楊棟梁「大手筆」的典型代表。

2005 年 12 月，中共中央有關部委正式核准中石化天津煉油化工一體化項目。當時，該項目頭頂兩大頭銜，一是「中國最大石化項目」，二是「天津市 1949 年來最大工業項目」，但這個項目拖了近 4 年才上路。

2009 年 11 月，中石化與沙特基礎工業公司才舉行中沙（天津）石化有限公司揭牌儀式。雙方按 50 比 50 合資，總投資高達 183 億元（人民幣，下同）。該項目一期工程總投資大約 110 億，2012 年 1 月獲得發改委核准。

2012 年 4 月，二期工程在濱海新區奠基開工，楊棟梁為開工儀式站台。

楊棟梁在天津時期的另一個值得注意的項目，是 2001 年，天津與中海油合作引進液態天然氣及應用工程的項目。

該項目也與被帶走調查的楊棟梁之子楊暉有關。《新京報》引述多個可靠信源證實，楊暉被帶走時正在天津出差。其任職的中海油在天津有多個項目。有知情人士稱，楊暉在天津關係深厚。

楊暉被帶走前，係中海石油氣電集團有限責任公司思想政治部總經理。《新京報》引述多個內部信源證實，楊暉出現在中海油氣電集團的時間大約在 2011 年前後。不到 30 歲的他起初任團委書記一職。期間時任天津常務副市長的楊棟梁與時任中海油副總經理的吳振芳合作密切，而氣電集團當時正是由吳分管。

2015 年 4 月 2 日，曾與楊棟梁有過合作的吳振芳因「涉嫌嚴重違紀」，接受調查。

公開報導顯示，2011 年，楊棟梁以天津市委常委、常務副市長的身分與中國海洋石油總公司副總經理吳振芳簽署「天津市引進液化天然氣及應用工程項目合作協議」。

　　2012 年 2 月 29 日，在調任國家安監總局局長之前，中海油浮式 LNG 接收終端項目在南疆港奠基，楊棟梁再次以天津市領導身分出席。

　　中海油一直被認為是前中共國家副主席曾慶紅的地盤。張高麗也曾經長期在石油系統工作。

　　一名天津紀檢系統人士稱，楊這個人私心很重，在當天津副市長的時候，就有很多人舉報他，不乏天津的一些已退休的高官，典型的帶病提拔。對楊的祕密調查已有半年之多，爆炸這個事只是「契機」。

　　正是這麼一個「帶病提拔」的人，在張高麗的天津書記 5 年任期之末，即 2012 年 5 月，以天津市委常委、常務副市長身分離開天津，任國家安全生產監督管理總局局長。

　　一名接近安監總局的消息人士表示，楊棟梁有濃郁的「天津情結」，就任國家安監總局局長之後，3 年多時間裡，楊棟梁兩任祕書都來自天津市政府辦公廳，而總局為他配的專職祕書，卻一直是「徒有其名」，從未被安排實質性祕書工作。

　　中石油系統一位關鍵人士對《中國經營報》記者明確表示，2012 年，系統內部就曾傳言楊棟梁會重新回到中石油，並擔任一把手。從公開的報導中可以看到，近年來楊棟梁與中石油、中石化、中海油諸多高層頻頻接觸，從工作範圍而言與其老本行關係密切。2010 年 9 月，時任天津常務副市長的楊棟梁還陪同時任中石油集團總經理蔣潔敏到屬於中石油旗下的大港油田調研。公開信息還顯示，楊棟梁因為工作關係，與中石油總經理廖永遠、中石化總經理王天普等石油系統高層接觸頻繁。廖永遠、王天普等高層，目前均已因為貪腐問題落馬。其中，中石化總經理王天普是在 2015 年 4 月 27 日落馬。在天津近年來推動的石化項目中，中石化舉足輕重。

楊棟梁是否因為石油系統腐敗案而受牽連呢？相關人士稱，楊棟梁不是蔣潔敏他們這條線的，在石油系統工作期間職位不高，與蔣潔敏等人的認識應是始於天津市任職期間。他說，楊棟梁管了天津工業、國資這麼多年，推動了許多大項目進行，在天津爆炸案的敏感時期落馬，很可能還是與天津的事情有關。

楊棟梁修改法規後 瑞海國際成立

2012 年 5 月，楊棟梁出任國家安監總局局長，隨即簽署《危險化學品經營許可證管理辦法》，規定取得港口經營許可證的港口經營人在港區內從事危險化學品倉儲經營，不需危險化學品經營許可證。

有關規定包括，（一）依法取得危險化學品安全生產許可證的危險化學品生產企業在其廠區範圍內銷售本企業生產的危險化學品的；（二）依法取得港口經營許可證的港口經營人在港區內從事危險化學品倉儲經營的。

瑞海國際物流成立時間在 2012 年 11 月。此時，由楊棟梁簽署的《危險化學品許可證管理辦法》剛剛施行 2 個月。

瑞海國際 2015 年 6 月才擁有港口經營許可（津）港經證（ZC-543-03）號。

《南華早報》18 日的報導稱，此處可能涉及一個行政管理體制的漏洞，即擁有港口經營許可的瑞海國際，或可以逃過危化品存儲經營的審批。

　　但是，2012 年 12 月 11 日由中共交通運輸部發的《港口危險貨物安全管理規定》中顯示，從危險貨物的安全評價審批到監管，需要經過「港口行政管理部門」。

　　從事實來看，瑞海國際走的路，就是先從天津市交通部門獲得了危化物臨時許可，再拿到了港口經營的許可證。

　　工商登記信息顯示，涉事企業瑞海公司於 2012 年 11 月註冊成立，成立初期的經營許可項目明確表明「危化品除外」。2014 年 4 月，瑞海公司才首次獲得天津市交通部門批覆的危化品試經營資質，有效期至 2014 年 10 月 16 日。而該公司正式獲得港口經營許可證是在 2015 年 6 月。

瑞海國際的控制人

　　從現在陸媒的報導來看，在瑞海國際前台持股的，都是一些「小螞蟻」。真正在背後操作的，第一個人叫董社軒（又名董濛濛），其父為天津港公安局原局長董培軍，據稱董培軍與已經落馬的原天津公安局長武長順關係密切。

　　據介面新聞報導，在瑞海國際的 5 名董事和 1 名監事中，至少有兩人曾經在中化集團工作，而真正創辦瑞海國際的，還有一名並未出現在股東名單上的關鍵人物，于學偉。

　　于學偉曾經擔任中化天津濱海物流有限公司的總經理，一度擔任中化天津副總。

　　瑞海國際的董事曹海軍、董事總經理只峰、監事陳雅佺，都曾是于學偉的直接下屬。于學偉跟天津港務局和海事局關係密切，瑞海能以民營企業的身分獲得危化品儲運的資質，主要就是靠于學偉出面溝通。

　　多年來，中化一直獨享天津港危險品存儲資質。天津港和中化合資成立的天津港中化危險品物流有限公司，也獲得了這一資質。

　　瑞海國際官網顯示，該公司可以存儲除了第一類和第七類以外的所有危險品。

　　天津當地危險品進出口行業一位資深人士向澎湃網表示，在北疆海事局管轄的五家危險品倉儲企業中，有兩家規模較小，而且只能作業危險性較小的第八、九類危險品，另外三家就是中化天津物流事業部所屬濱海物流公司、津港中化物流公司，以及瑞海國際。

　　該名人士並稱，第一類爆炸品和第七類放射性物品，天津所有危險品倉儲企業都沒有資質存儲。

　　直到瑞海出現，天津港才有了第一家民營危化品出口的港口物流公司。作為一家民企，瑞海國際可以存儲其餘七類危險品，實屬不易。在北疆海事局管轄的 3 家擁有這七類資質企業中，只有瑞海是民企。

　　一位物流業人士說，最近三年，普通企業連第九類危險品都不允許做，但瑞海就這麼在各單位眼皮底下的一塊地上硬是擠了進來，「沒學會爬，就開始走了」。

　　一位在天津港經營物流多年的企業主表示，央企中儲一度想做危險品物流，跟港務局申請，但「資質沒有拿下來」。

瑞海物流成立過程中的權力鏈

　　網路一篇《津門官場形勢分析》的文章，分析了瑞海國際背後的權力鏈。以下是幾節摘選：

「2013 年 1 月 24 日，天津市交通運輸和港口管理局給瑞海物流打開方便之門，批准了《關於天津東疆保稅港區瑞海國際物流有限公司港口經營資質的批覆》，『同意規劃建設，允許幾類危險品……』

要知道，天津市交通運輸和港口管理局可不是好打交道的主，瑞海物流能把它給攻下來，可見能量之大。連濱海新區副區長都抱怨，天津港是市管國企，但實際架子跟央企一樣大。地方政府對天津港的實際控制力很弱，人事權也沒有，實際上管不了。

天津市交通運輸和港口管理局屬於天津市交通委員會（前身天津市口岸管理委員會）。2003 年，天津港務局實行政企分開，行政職能轉交天津市交通委員會，天津港務局轉制為天津港（集團）有限公司。

現任天津市交通運輸委員會主任曾任天津市交通運輸和港口管理局局長。

瑞海國際不去辦理《危險化學品經營許可證》，而去辦理《港口經營許可證》，這一點就很微妙，這說明瑞海物流的人脈網能在交通運輸部門發揮作用。

天津市安監局副局長高懷友證實了這一點，危化企業的安全生產許可由交通部部門發放。

2013 年 5 月 4 日，天津市交通運輸和港口管理局第二次給瑞海物流開綠燈。允許瑞海物流可以建設 1.8 萬平方米的危化品倉庫。

2013 年 9 月，天津市交通運輸和港口管理局第三次給瑞海物流開綠燈，在它批覆的一份文件中聲明，瑞海物流危化品倉庫的工程安全預評價報告和安全條件論證報告基本符合國家和交通運輸部有關編制規定，根據專家組意見，同意備案。

而天津環保部門也給瑞海物流第一次開了綠燈。根據天津市環境工程評估中心為瑞海物流出具的環評報告，『該項目建設內容符合國家產業政策，選址符合地區總體發展規劃。施工期對環境的影響較小……本項目建設具備環境可行性。』（編者註：資料顯示，這份報告落款日期為 2013 年 5 月 24 日。）

從程序上說，瑞海物流的危險品倉庫項目立項後，就要向天津發改委進行立項申報，然後進入安評環節。

顯然，天津發改委給這個項目立項了。因為，瑞海物流在 2014 年 5 月通過安全評估，取得了全國甲級安全評價機構安全條件審查報告，具備了從事危化品的倉儲資質。

如果天津發改委不在立項上放行，就不可能進入安評環節，瑞海物流通過安評，恰恰說明，它獲得了天津發改委的立項同意。（編者註：可能作者沒有查到相關報導，2013 年 8 月，瑞海取得天津市發改委的項目核准通知書。）

給瑞海物流做安評的是天津市中濱海盛安全評價監測有限公司，天津市安全生產監督管理局在收到天津市中濱海盛安全評價監測有限公司的安評報告後，立即給予放行通過。」

天津交港局觸審批「紅線」

《新京報》在調查瑞海經營資質的過程中，得到了一份與瑞海無證經營危化品倉儲有關的文件。那是 2014 年 5 月 4 日，天津市交通運輸和港口管理局批覆瑞海國際可以「試運營」危化品的文件。

2014 年，天津市交通運輸和港口管理局與其他單位合併，成為天津市交通委。

這份《關於天津東疆保稅港區瑞海國際物流有限公司試運營期間港口經營資質的批覆文件》顯示，同意瑞海國際在試營業期間（2014 年 4 月 16 日至 2014 年 10 月 16 日），從事港口倉儲業務經營，同意瑞海國際在集裝箱堆場重箱區（包括裝箱區），面積 1 萬 8000 平方米，儲存包括壓縮氣體 2 類危險品、易燃液體 3 類危險品等 9 種危險品貨物。

重慶市交通委港口管理處一名長期負責辦理港口經營管理許可證的工作人員表示，從未見過類似的行政許可。

這名工作人員表示，審核一家企業是否有在港口經營危化品的資質，《港口經營許可證》和《港口危險品貨物作業附證》缺一不可，「沒有兩證，在港口作業化學危險品都屬於違法」。

再談張高麗與瑞海的傳聞

2015 年 8 月 14 日，海外博聞社引用知情者的話稱，發生爆炸的天津濱海新區瑞海公司危險品倉庫，所屬公司法人董事長等，表面上都是一些普通的自然人，但真正掌控者是中共政治局常委、常務副總理張高麗的親家。張高麗主政天津期間，其親家獲得在該區設立化工品倉庫的許可，而該許可不但繞開了環保部門的審評監管，甚至連環保部門置喙的可能性都沒有，因為它是由時任天津市政府高層親自批准的。

消息指，大陸微信自媒體「俠島客」13 日刊出的一篇文章——

《天津爆炸的涉事企業到底什麼來頭？》已經點到了事件的要害，但是沒敢捅破真相。表面上，那家公司的法人董事長並無高深背景，而真相是，發生爆炸的是天津濱海新區瑞海公司危險品倉庫，背後老闆是張高麗的親家。

時事評論員石久天表示，從現在陸媒的報導來看，瑞海國際的成立到運營，涉及到天津交通委員會、天津發改委、天津安監局、環保局、公安局、海事局和天津海關等天津的地方政府部門和中央直屬機構。如果說，沒有天津高層的權力參與此中的運作，那是不可想像的。

石久天說：「官方在案發後急速控制了所有瑞海國際的高管，說好聽點是防止逃跑，說難聽點是第一時間控制證人，不讓他們亂說話。最後發出所謂起底瑞海國際人脈關係獨家報導的，也只是新華社的記者。」

財經網在 8 月 20 日的《瑞海「中國合夥人」背後的迷團與荒誕》一文中，不無深意地說，「如果瑞海公司的實際背景即是目前由新華社一文所定論，那麼，該公司其實並無太大太深厚背景。」

第三章

被掩蓋的爆炸真相
與後患

天津大爆炸發生多時，人們關心的爆炸原因、罹難人數、環境污染影響、經濟損失等仍被官方層層封鎖，更別提令官方隱諱的爆炸所涉及的中南海角門，是政治暗殺？是恐怖襲擊威脅？以及爆炸後政治動盪加劇，都是北京噤聲的信息。

天津大爆炸事件發生多時，人們關心的爆炸原因、罹難人數、環境污染影響、經濟損失等信息仍被官方層層封鎖。（AFP）

第一節

天津大爆炸是事故
還是被惡意引爆？

在「北戴河會議」接近尾聲之時，
2015 年 8 月 12 日天津大爆炸非比尋
常。（大紀元資料室）

　　在 2015 年 8 月 12 日這場天津爆炸事故中，除了事發中心瑞海公司堆場被夷為平地，旁邊原本氣派的躍進路派出所大樓也成廢墟；300 米外的進口車場裡，數千輛轎車被炸毀，輪轂上的鋁融化成水；稍遠處的萬科海港城（清水港灣）、萬科金域藍灣、萬科雙子座、萬通新城國際、泰達時尚旺角、啟航嘉園等居民小區，高樓滿目瘡痍。

　　趕到現場的財新記者發回手記：「一路幾無人煙，空氣中越來越濃的是從未聞過的怪味，有點像橡膠燒焦但又大不相同。到爆炸點附近的吉運一道，寂無人聲活物，一幅世界末日景象。」

上面的描述來自大陸《財新周刊》2015 年第 33 期的封面故事——《天津爆炸人禍始末》。8 月 15 日，財新傳媒總編胡舒立通過微博稱此次天津爆炸是「人禍＋人禍！痛心之至！」

但是，這個人禍到底是哪種類型的人禍，其中又有無政治的因素？這些是大陸媒體暫時不敢揭露的。

江藉爆炸表達兩個「願望」 習兩晚沒睡著

8 月 15 日，《大紀元》從中南海的知情人士處獲悉，8 月 12 日天津大爆炸後，習近平兩晚沒睡著，聽到消息後大怒，已經對江澤民及其兩個兒子採取行動，暫時限制其行動自由，曾慶紅也被控制在家。

此外，《大紀元》還獲悉，江澤民集團利用這個爆炸事件向習當局表達了兩個「願望」，藉以討價還價：

一、江澤民要在 9 月 3 日的閱兵上露面；

二、要習近平停止清算、抓捕江澤民集團的人，尤其是江澤民本人。

據悉，習本打算（2015 年）下半年處理經濟和股市的問題，但天津大爆炸是個轉折點，把習、江矛盾公開了，雙方你死我活，現在江逼習近平下手。知情人士表示，習擔心的是，如果不這麼做，下半年還不知道會發生什麼恐怖的事情。打「老虎」，習本來想一個一個地打，一步一步地做，現在要加快速度。習近平可能跳過曾慶紅，直接抓捕江澤民。

天津爆炸案當天恰逢習近平執政 1000 天

　　在爆炸剛剛發生的第二天，即 8 月 13 日，海外茉莉花網站發表署名劉剛的文章《天津大爆炸是針對習近平的恐怖襲擊》。文章稱，根據陰謀論，天津大爆炸也必定就是中共權鬥的副產品，是中共在野一方所製造的人間慘禍，其目的就是向中共當權者進行威脅、恫嚇及製造危機麻煩，進而要挾習近平妥協、就範，甚至是以此災禍來彈劾習近平。

　　文章表示，中國接連不斷地發生的這一系列天災人禍慘案，都是中南海內部各派勢力相互廝殺而造成的人間慘禍，是中南海各個集團以中國人民當人質，來向敵對方討價還價，是中國百姓容忍中共獨裁政權所付出的沉重代價。

　　8 月 12 日當天早 7 點多，中共官媒《人民日報》發表評論文章《習近平治國理政 1000 天》。文章說，「18 大」以來，截至 2015 年 8 月 12 日，習近平擔任中共中央總書記已經整 1000 天。

　　話音剛落，當天晚上天津發生了震驚中外的特大爆炸事件。

　　旅美的大陸作家溫雲超說，據國內消息 8 月 12 日正好是習近平執政 1000 天，天津發生了這麼慘烈的事件，難道這是巧合？

　　事前，香港《動向》2015 年 7 月號曾披露：「……今年不太可能有以往的北戴河會議，一部分高規格、保密性極強的會議可能會在天津濱海新區召開。」文章還稱，這可能是王岐山「最難熬的夏天」。

　　這個當時並沒有太多人注意的消息，在天津爆炸事件發生後，成為各媒體轉載報導的熱點，就是因為其中四個關鍵的字「濱海新區」。

濱海新區一直是江派主控牟利的地盤

本書此前已經敘述了，2007 年之後，濱海迅猛地發展跟張高麗聯繫在一起。張從 2007 年起開始擔任天津市委書記五年，現在升任政治局常委。中共官媒報導稱，雖然中國經濟在這個期間放緩，但是天津卻連續五年 GDP 增長 16.5％。同時，張高麗也被指和瑞海國際關係密切。

在張高麗主政天津之前，原天津市委常委、濱海新區工委書記皮黔生掌控濱海新區。2008 年底皮黔生因經濟問題被調查。他成為當年迫害法輪功的「天津幫」繼天津市原檢察長李寶金、天津市原政協主席宋平順之後，第三個落馬的省部級官員。

當年皮黔生主管天津濱海新區的建設。濱海新區是天津的「招牌」，天津市的機場、天津港和許多大型製造業均分布在濱海新區內，其中包括空中客車 A320 的組裝線。

上世紀 90 年代初，皮黔生在開發區管委會主任助理期間，一度集開發區規劃建設、土地管理、房地產管理、環境保護四個局長職位於一身，由此得「皮四局」綽號。2000 年 9 月，身為天津市委常委的皮黔生，出任濱海新區工委書記、管委會主任，集濱海新區黨政大權於一身。

2010 年，新華社報導稱，皮黔生被判處死緩，罪名是「利用職務上的便利，為他人謀取利益，收受巨額錢款；濫用職權，造成巨額國有資產損失」。

除了皮黔生之外，原天津市長戴相龍的女婿車峰也涉足濱海新區。

2007 年 5 月，剛上任天津市委書記不久的張高麗即大力推動濱海新區開發。當時濱海新區開發開放領導小組組長是張高麗，副組長有戴相龍、楊棟梁和黃興國。當時因為胡錦濤當局在調查「天津幫」，皮黔生已經被邊緣化。

除了張高麗利用濱海新區和天津搞募集資金牟利外，戴相龍的女婿車峰的發跡也得益於濱海新區。據悉，車峰早在 2006 年就介入上述的港股市場。2006 年 3 月底，Ever Union 斥資 9636 萬元（人民幣，下同），以每股 1.46 元購入高陽科技 6600 萬股；一個多月後，高陽股份隨即宣布將股份一拆四。到 2006 年 12 月下旬，車峰出售手上三分之二的高陽股份，套現 3.36 億元，減去成本，他不足 9 個月便賺得 2.4 億元。交易後，車峰手上仍然持有拆細後的 9000 萬股。

2007 年 8 月，中共國家外匯管理局宣布以天津濱海新區作試點，批准大陸居民直接投資港股，即「港股直通車」，中國銀行天津分行隨後宣布擬推出個人投資港股業務。當時的天津市長，正是車峰的岳父戴相龍。戴相龍於 2002 年 12 月起歷任天津市副市長、代市長、市長以及市委副書記，直到 2008 年 1 月執掌全國社會保障基金理事會。

當年港股直通車的消息一經公布，港股便強勢反彈，一日內暴升逾 1200 點，恆指同年 10 月升穿 3 萬 1900 點創歷史新高。車峰持有的高陽科技股價一度攀升至 3.5 元。在持有一年半之後，高陽科技實質累升超過 8 倍。直至 2007 年 11 月，時任國務院總理溫家寶「叫停」港股直通車之後，港股那一波的升勢才告終。而車峰之後再趁低吸納高陽科技股份，現持有 12.04％ 的高陽股權。

爆炸案發生後，有港民發現江派香港特首梁振英在 2013 年曾訪問天津，稱香港土地規劃可以借鑒當地，又揚言自己 90 年代起已擔任天津市的顧問，引起熱議。

上任後被指頻頻搞「內交」的特首梁振英，在今次發生天津大爆炸後，被香港網民翻舊帳，指他曾稱天津的發展及建設令其「與有榮焉」，要香港借鑒天津的經驗。梁振英上任被批評頻頻「內交朝共」，其到訪之處大都是江派勢力。

香港網民翻出了 2013 年梁振英上任特首一職不久訪問天津之行，3 月 19 日第一站是參觀當地的規劃展覽館，他在嘉賓名冊上，寫上「溫故知新，與有榮焉」。當時他解釋說，自己 90 年代起已擔任天津市的顧問，見證著天津城市發展，覺得目前的香港可以借鑒天津經驗。梁振英並率領特區政府官員與天津市領導會面，時任天津市委書記孫春蘭形容，與梁是「老朋友」。今次大爆炸後，有網民質疑天津的土地規劃有什麼值得香港參考的，「是否將危險品倉庫放在 5000 民居的 700 米內？」

爆炸的「特殊政治意圖」

天津爆炸後，一些時政人士也談了自己對爆炸事件的看法。

政治分析人士陳破空在美國之音《焦點對話》節目中表示，就像前段時間的股災一樣，不排除背後有政治原因，比如，圍繞 2015 年夏的北戴河，有會、無會，信息雜亂，傳言紛紛。習近平與江澤民兩派，正拉高鬥爭調門。會不會有人為放火、製造爆炸與混亂，轉移視線？值得懷疑。

北京時政評論人華頗 17 日也發表了自己的看法，並從兩個方面進行論證。

　　華頗認為濱海新區不會有「特別會議」。這是因為如果有所謂的「特別會議」，濱海新區不是最佳開會地點。這種會議召開的地點需要兩個具備條件，一是安全、二是保密，而濱海新區是一個港口城市，區域小人口密度大，而且人員流動頻繁，在這裡開會很難保證安全和保密，所以濱海新區是最不適合召開「特別會議」的地點。

　　另外，華頗認為「8・12 爆炸是想暗殺習近平」的猜測未免有些荒唐可笑了，這是因為即使習近平在濱海新區，那麼這種暗殺手法也太不專業了。要知道暗殺領導人是一項非常危險、非常專業的工作，暗殺者事先要進行周密的策劃，要確保十拿九穩、萬無一失，否則失敗暗殺者的下場是十分悲慘的。

　　不過，在他看來，此次的爆炸的確非比尋常，在「北戴河會議」接近尾聲之時發生如此嚴重的事件說它是巧合、偶然、意外很難令人接受，但是真相到底如何還要繼續觀察。

　　對於，港媒 7 月份報導的濱海有會，時政評論員橫河的看法是：「那篇文章裡面，是 7 月份的，就提到『重要的祕密會議到濱海新區去開』，這個也可能是故意放風。但是不管怎麼說，他提到了這個地點，偏偏這個地點真的出事了。」

　　橫河分析「習近平、王岐山首先應該考慮到的就是，是不是一個陰謀？他不會去很簡單地想，這就是一個事故。他有很多選項，但他們寧可相信有，不能相信無。」

　　先排除該事件是否隱藏「暗殺」動機，有一點可以肯定的是以上幾位時政分析人士大多認為，天津爆炸這把火絕非意外事故那麼簡單。

　　這個分析也被《蘋果日報》的消息所證實。8 月 24 日，該報引用北京消息說，習近平當晚（8月12日）通宵召開常委會議，中辦主任栗戰書等要搞清楚此事有沒有針對習近平的「特殊政治意圖」。

爆炸的導火索是因為卡車被引爆？

直到現在，中共官媒仍然沒有給出爆炸的真正原因。

8月14日的《解放日報》消息稱，12日發生爆炸的當晚22時50分，天津消防119指揮中心接到報警，天津開發區疑似一輛汽車失火，隨後多個電話報警稱天津港內起火。

據報，天津消防總隊9個中隊和港務局碼頭3個專職隊趕赴現場撲救。

第一批滅火力量到場，發現多個集裝箱起火，屬於猛烈燃燒階段，天津港公安局消防支隊迅速先期處置。23時30分現場發生接連爆炸。

8月14日，海外博聞社引述知情人士的消息透露：「這次引爆這座倉庫使用的是一輛裝載引爆物的卡車。當天深夜，乘值班人員疲憊交困的時候，卡車很準確地停靠在相對倉庫內存放火工物品最近的位置，人員迅速離開現場，大約十幾分鐘以後引爆卡車，導致倉庫發生連環爆炸。」

從上述報導來看，一輛汽車失火（爆炸）或許是整個事件的關鍵點，但是至今當局的調查結果沒有公布。

對於後續爆炸的發生，陸媒屢有猜測和分析。

8月17日，騰訊財經援引一位中國核生化救援部隊士兵的消息稱，爆炸原因基本確認是因倉庫內金屬鈉遇到水後引發爆炸。

但是文章又提了一句：迄今似乎也沒有排除人為破壞或過失著火的可能。

8 月 18 日晚，新華社報導稱，據當晚在現場的員工彙報，他們看見運抵區放的三類危化品的集裝罐在著火。一位事發時在辦公室睡覺的瑞海公司高管回憶，他先是被一個小的爆炸聲震醒，然後趕緊打開窗戶向外看，發現運抵區西南角已經著火了。起火位置大約有二、三十個硝酸鹽類集裝箱，每個 20 噸。硝酸銨有十來個集裝箱，硝酸鉀和硝酸鈣的集裝箱各有七、八個。

8 月 20 日，網路流傳題為《解濱：徹查大爆炸，十個無法迴避的問題》的分析文章。文章說，大爆炸是如何引發的？光有爆炸物還不行，集裝箱裡面究竟是什麼樣品。大多數爆炸物，甚至包括 TNT，都不是很容易爆炸的，即使你把那些爆炸物弄到火爐子上烤，也未必會爆炸。要使其爆炸就需要引信。如果沒有引信，那也必須有另外一種易爆品先產生爆炸，然後引發這些化學品爆炸。那麼，究竟是什麼化學品最先爆炸然後觸發大爆炸的呢？瑞海是如何儲存和保管那些易爆物品的呢？查出對於易爆化學品的管理方法，是揭開大爆炸這個謎的關鍵。

爆炸地存放大量危險化學品 涉及軍方？

爆炸發生第二天，公安部消防局官方微博發布消息稱，該堆場存放有四大類、幾十種易燃易爆危險化學品，有氣體、液體、固體等化學物質，主要有硝酸銨、硝酸鉀、電石等。

硝酸銨主要用途是肥料及炸藥，而硝酸鉀也可以配置黑火藥、製造炸藥和煙花爆竹等產品。

　　據參加救援的公安部消防局副局長牛躍光稱，瑞海公司倉庫示意圖顯示，凡是能夠堆放物品的地方，全部放滿了危化品。由於瑞海公司辦公樓已經被毀，貨物記錄不清，現在能夠確認的危化品數量在 3000 噸左右。

　　他表示，現場有 40 多種危化品，其中硝酸銨、硝酸鉀這些應屬於炸藥類的，且儲量非常大的，硝酸銨可能在 800 噸左右，硝酸鉀約 500 噸，加上氰化鈉，僅這三樣已超過 2000 噸。

　　8 月 19 日的官方新聞發布會上，天津市副市長何樹山又做了進一步補充稱：「危險品分七大類在倉庫裡面，大約 40 種。主要是三大類，一個是氧化物，也就是硝酸銨、硝酸鉀，目前掌握的情況是，這兩種加起來 1300 噸左右；第二大類就是易燃的固體，主要的品種是金屬鈉和金屬鎂，這兩個加起來大概 500 噸；第三類就是劇毒物，以氰化鈉為主，大約是 700 噸。」

　　《財新周刊》的報導說，當晚瑞海公司堆場存放的危化品貨物，就達到當初設計年周轉量的 6％，其中 800 噸硝酸銨、500 噸硝酸鉀，讓瑞海公司的倉庫變成了一個不折不扣的火藥庫。

　　8 月 14 日，亞洲通訊社社長徐靜波博客的一篇文章寫道：「我們通訊社的邊上就是東京都赤阪消防署，今天下午過去跟消防隊員聊，他們居然都拿出了從網上收集來的火災現場照片，說的最多的一句話，是：『ありえない』（不應該發生）。

　　『不應該』發生些什麼？他們給我們分析了：從網友拍攝的爆炸瞬間的視頻來看，第二次爆炸的火焰高達 100 米以上，而且衝擊波擊破 2 公里以外的門窗，除非是大型彈藥庫發生爆炸，一般的化學品爆炸不應該有如此巨大規模。因此，撲救現場一定發生了什麼問題。」

爆炸發生後的第二天，8 月 13 日 05 點 07 分，網上流傳出一個帖子「『軍火彈藥存儲地』發生爆炸！北京當局隱瞞事件真相！」

發貼稱：「江澤民報復習近平的決鬥階段！習近平奪去了軍火生意、走私汽車生意、資本市場生意、國有土地出賣生意——好吧，同歸於盡！

2015 年 8 月 12 日夜晚，中共軍方在天津港即將運輸出售給海外的『軍火彈藥存儲地』發生爆炸！北京當局隱瞞事件真相！」

另據博聞社 8 月 16 日的消息指，出事化學品倉庫不僅涉及深厚政治背景，而且還有軍方因素。軍方保利集團在此倉庫也有大量危險物質儲存。而保利集團原來就是徐才厚、郭伯雄的天下，習近平拿下徐、郭，但是還沒有來得及徹底清除徐、郭在軍中的同黨，故陰謀論的可能不能完全排除。

消息指，這次大爆炸的「主力」是保利公司儲存的爆炸品。保利的創辦人是已故軍頭王震的兒子王軍。

24 噸 TNT 的演算法低估了天津濱海爆炸能量

中國地震台網速報顯示，第一次爆炸近震震級約 2.3 級，相當於 3 噸 TNT——近 7 枚戰斧式巡航導彈的爆炸能量；第二次爆炸在 30 秒種後，近震震級約 2.9 級，相當於 21 噸 TNT——接近於 46 枚戰斧式導彈爆炸，已經達到一枚微型戰術核武器的爆炸當量。

對於第二次爆炸相當於 20 多噸 TNT 的說法，有大陸業內人士反覆對比天津濱海爆炸的視頻、周邊影響效果後分析說，這一演算法低估了此次爆炸的影響力。

武漢理工大學土木工程與建築學院教授程康則以國家標准演算法《爆破安全規程》中的公式進行測算，在工程實踐中，1000噸 TNT 露天堆置爆炸，瞬時產生的衝擊波可導致 500 米範圍內玻璃全部粉碎，而從現場傳回的視頻、新聞媒體報導情況來看，甚至在爆炸中心 800 米開外的建築物上玻璃也全部粉碎。

中國工程爆破協會的一位專家也表示，在實踐中，衡量一次爆炸威力大小，一般通過衝擊波對周邊建築物、門窗的影響力測算更為直觀。他曾做的研究顯示，1 噸 TNT 爆炸，方圓 200 米內門窗都嚴重損壞。對比此前業界進行的 TNT 集中爆炸試驗效果來分析，24 噸的演算法低估了天津濱海爆炸，（爆炸能量）至少在百噸級以上。

分析：楊煥寧任調查組組長 官方調查恐襲？

8 月 19 日，大陸官媒報導，中共國務院天津港「8 · 12」瑞海公司危險品倉庫特別重大火災爆炸事故調查組第一次全體會議在天津召開。據悉，調查組組長是中共公安部常務副部長楊煥寧。

據報，會上，楊煥寧宣布了對小組成員的分組：技術組、責任追查組、管理組、環境組、綜合組。

楊煥寧曾兼任新疆小組、西藏小組，以及大外宣小組的成員，被認為是中共培養的「反恐專家」。

2005 年 1 月，楊煥寧再次被調往黑龍江省，任省政法委書記。楊煥寧在黑龍江期間，與現任中央辦公廳主任栗戰書有 3 年的工作交集。在栗戰書擔任黑龍江省委副書記，兼副省長以及代理省長期間，也是省委常委的楊煥寧擔任省政法委書記，查閱當年的媒體報導和資料，兩人有多次工作互動，經常一起在公開場合露面。

2008 年 4 月，楊煥寧成為中共公安部常務副部長。

據稱，雖然楊一度是周永康的下級，公安部知情人士稱，當時的楊煥寧與周永康的關係並非像外界想像那樣密切。周永康與楊煥寧在公安部只一起「共事」了不到三年時間，在周永康當部長時，楊煥寧只是排名在後的副部長。

時事評論員李林一說，所謂的「反恐專家」楊煥寧成為調查組組長，其實當局已經默認了這次爆炸存在恐怖襲擊的可能性。很可能是因為楊煥寧和栗戰書的工作交集，被委任了這次爆炸的調查組長職務。

第二節

爆炸過去 震盪遠未結束

天津大爆炸不僅將濱海新區變成滿目蒼夷的廢墟，其後續的生態災難無法估量。（Getty Images）

中共一度對濱海新區寄以厚望

資料顯示，天津濱海新區地處於華北平原北部，環渤海地區的中心地帶，天津市的最東端，東臨渤海，西距天津市區 40 公里，地處山東半島與遼東半島交匯點，海河流域下游，渤海灣的頂端。依託天津、北京兩大直轄市，南北與河北省的黃驊市和豐南區相鄰。

對內，濱海新區是中國華北、西北、東北三大區域的結合部、環渤海經濟圈的核心位置、京津冀和環渤海灣城市帶的交匯點；對外，與日本和朝鮮半島隔海相望，直接面向東北亞和亞太經濟圈。

自 2003 年胡、溫主政後，隨著中共環渤海戰略的提出，當局開始重點發展天津濱海新區，除宣布將在金融政策方面給予濱海新區特殊優惠政策外，多家跨國公司亦正式落戶濱海新區。
2006 年，天津濱海新區開發開放上升為中共所謂的國家戰略，與
深圳特區、上海浦東新區並列，被視作是中共未來經濟發展的第
三增長極。

天津經濟的高速增長，依靠的是大量投資，其累計的固定資
產投資達到數萬億，十年內投資如此巨大，在大陸罕見。中共在
天津布置了大批重點工業項目。2009 年，中共自稱天津總產值為
7500 億，固定資產投資突破 5000 億，增長 47.1%，為近 18 年來
最快增速。占 GDP 的比重，創記錄地達到了 75% 以上，居大陸
城市最高之列。其後一直到 2013 年，天津固定資產投資占 GDP
的比重，才與均線持平。2014 年，略低於均線。

天津產業結構一直失衡。過去天津的發展，尤其是濱海新區，
靠的是重化工業，這種企業塊頭大、產值高，短期衝擊經濟總量
有效。但失衡的產業結構，對長遠發展非常不利。不斷上馬項目
的同時，濱海新區的規劃卻相當混亂。

中共社科院研究生院城市發展系主任傅崇蘭批評說，天津濱
海新區近十年來發展非常快，規劃上混亂，「什麼都往裡面插」，
把辦公大廈、住宅區、危化品、倉儲貨運碼頭等「擰在一起」，
這種規劃很容易出問題。

傅崇蘭表示，濱海新區和天津港的規劃，把工業區和住宅區
規劃在一起，這種規劃是很不科學、很少見的。「這可能是考慮
投資、商業利益多了，而對安全和社會環境關心少了。」

這點從一個細節就可看出。濱海新區成為近 10 年來，每一
任新上任的市委書記必須要拜訪和撈取所謂政績的地方。同前任
天津市委書記張高麗一樣，2012 年 11 月接替張高麗的孫春蘭，

把自己到任後調研的第一站選在了濱海新區。在調研中，她再次強調了濱海新區的重要性。

前文已經敘述了，張高麗從 2007 年任職天津市委書記開始，把家族利益鏈也帶到了天津，張本人也與濱海新區的利益輸送有關。

而 2015 年 8 月 12 日的一把大火不僅將濱海新區的一部分變成了滿目蒼夷的廢墟，其後續將帶來的生態災難目前還無法估量。

天津大爆炸 跨國公司受損

一名在一家世界五百強跨國公司工作的高級工程師告訴《大紀元》記者，這次天津爆炸可能讓美國聯合技術公司損失很大，其旗下的天津奧的斯電梯公司，距離爆炸地點僅幾公里，爆炸使得這個天津分公司停工一周以上。

「位於美國的總公司可能還在估計後續效應，天津分公司的員工對可能產生的污染談論很多，管理層也明白這個情況。」

不止是這家公司，中共正意圖致力於把天津打造為金融和高科技中心。天津經濟技術開發區吸引了摩托羅拉、豐田、三星、雀巢、可口可樂、普利司通、霍尼韋爾、拉法基、葛蘭素史克、諾和諾德和諾維信等外資企業。

受天津港爆炸事件影響，英國廣播公司（BBC）2015 年 8 月 17 日報導說，豐田和約翰迪爾表示他們在天津港附近的工廠會停工，豐田的生產線會停工到 8 月 19 日，而約翰迪爾則是無期限地暫停。

目前初步估算，現代汽車有 3950 輛、起亞汽車有 2175 輛，合計逾 6000 輛存放在天津濱海的車輛在這次爆炸中報廢。這些汽車每台售價都在 4000 萬韓元（約合 22 萬元人民幣）以上，損失金額約為 1600 億韓元（約合 8.6 億人民幣）。

另外，雷諾三星汽車也有約 1500 輛的低價車款遭波及，損失初估約為 218 億韓元（約合 1.18 億人民幣）。

報導稱，儘管現代汽車在中國銷售的普通型車款是在中國製造，但大型或高價車款是在韓國組裝生產後，運至天津港並準備在中國市場上出售，而汽車的露天存放場就位於爆炸地點附近。

大眾汽車發言人拉瑞莎·布勞恩表示，靠近爆炸區域倉儲的車輛有受到損壞，20 公里之外的大眾配件工廠沒有遭受損失，但有一些僱員受輕傷。

根據世界航運公會按照集裝箱輸送量排名，天津港是世界第十大、中國第七大港口，集裝箱流通量超過鹿特丹、漢堡和洛杉磯，流通的大量產品包括鐵礦石、煤炭、鋼材、汽車和原油。據外媒 8 月 13 日的報導，爆炸阻斷了汽車、石油、鐵礦石等物品的流通。

「短期內，爆炸會對港口運營方和貨物進出口商產生一些直接影響。」彭博新聞社援引香港一位名為海倫·劉的分析師的話報導說，「但對商品價格和進口影響很小，中國東部沿海尤其是附近山東和河北的港口，很容易消化天津不能處理的運量。」

彭博新聞社報導，日本山九物流經營管理部門職員吉森弘幸 13 日說：「天津港遭封閉，造成貨物無法通關，可能會對我們的業務造成影響。」日新物流公關沖田道利則表示，鄰近爆炸現場的倉庫有部分玻璃破損，但沒有人員受傷，對業務僅有少部分影響。

目前，天津港作業恢復緩慢。

天津大爆炸後，香港《明報》專訊說，雖然最終統計數據還未出來，但從媒體報導的各種保險理陪高達 50 億元總體估值來看，該場爆炸造成的實際損失，用天文數字一詞來形容一點不為過。對於這個新興國家級經濟區，雖然不至於傷筋動骨，但也足夠創出內傷。

爆炸 7 日後，濱海新區特別是發生爆炸的港口附近，大量的外來勞力紛紛返鄉，這足以造成可以作為經濟發展晴雨錶的服務行業衰退。

在距離政府召開新聞發布會附近的一條宵夜街，每家商舖並不寬敞的門口擁擠堆放的數張餐桌，表明這裡曾經十分喧鬧，現在卻異常冷清，除了幾張桌子有店員懶散地坐著增添點人氣外，幾乎無甚生意。而原本就業於附近夜場的這些大牌檔的主力消費人群，也多分散返鄉，甚至未預期返津的時間。

天津爆炸導致的生態污染有多嚴重？

這次爆炸不僅在經濟上損失重大，後續生態上的影響更加巨大。

據陸媒消息，8 月 14 日下午 3 時許，河北一家化工企業的老闆到現場指認 700 噸的氰化鈉存放位置時，發現貨物蕩然無存，只有地上依稀還能見到鐵桶的碎片，以及一個巨大的坑洞。

8 月 17 日 11 時，天津港「8·12」爆炸事故第七場新聞發布會上，天津市分管安全生產的副市長何樹山稱，經過對海關、瑞海公司管理層、員工的反覆核對，事故現場的化學品、危化品種類和數量已基本搞清楚。其中，氰化物的數量 700 噸左右，集中在核心區 0.1 平方公里範圍內。

8 月 21 日，第十二場新聞發布會上，天津市副市長王宏江稱，對爆炸現場散落的氰化鈉，目前已清理收集近 200 噸，已經安全運出。而其餘的 500 噸氰化鈉哪裡去了官方仍無交代。

頓時，500 噸氰化鈉成為公眾持續恐慌的源頭，被廣泛認為是事故處置的主要安全隱患。

北京某危險化學品評估及事故鑑定實驗室專家說：「氰化鈉固體毒性非常大，只要碰到皮膚破傷處或者吸入或者誤食大概有幾十毫克可以致死。」

據了解，氰化鈉的致命量是 1.5 毫克／千克（體重），對一個體重 80 公斤的人來說，120 毫克的氰化鈉就可以致命。而幾十毫克完全可以傷及一個兒童的生命。

更有網民估算，以氰化氫致死劑量 50 毫克左右，並按照地球人口 70 億算，700 噸氰化鈉，足以殺死全人類兩次了。

還有陸媒記者表示，爆炸現場不明刺激氣體瀰漫，在那停留 3 分鐘就嘔吐不已；有倖存者表示，事發時聞到刺鼻味道，眼睛也感到刺激；周邊居民紛紛恐慌撤離。此後，「空氣有毒」的消息不斷被傳出。

8 月 18 日的官方報導公布稱，當地 8 個水質監測點氰化物超標，最大超標 28.4 倍。不過所有這些監測點都不在居民區或者超出爆炸地點 3 公里範圍。

8 月 19 日，在第九次天津港爆炸事故新聞發布會上，天津市官方稱，8 月 18 日 0 時至 24 時，天津港爆炸區域周邊設立了 40

個水質監測點位，累計共有 25 個點位檢出氰化物，其中 8 個點位超標，最高超標 277 倍。

8 月 20 日下午，天津當局就爆炸問題召開了第十一次發布會。中共環保部應急中心主任田為勇介紹，警戒區以內的 26 個點位當中有 19 個點位檢出氰化物，其中 8 個點位超標，最大值超過國家標準 356 倍。

有報導稱，爆炸遺下的巨形大坑，初步測量直徑約 60 米，深度達 6 至 7 米，坑內有平均超標 40 多倍，最高超標 800 多倍的氰化鈉。

在現場的下水道裡檢出氰化鈉後，中華網的報導認為，氰化鈉已經洩露。

氰化鈉的危害到底有多大、蔓延有多廣，因中共官方的不透明及掩蓋真相，目前難以估量。

澳洲昆士蘭大學高級研究員、化學專家謝衛國表示，從目前得到信息看，劇毒氰化鈉是這次爆炸中最危險的化工品，氰化鈉會溶於水，爆炸後會跟各種化工品混合，很容易發生化學反應。現在最怕的就是下雨，氰化鈉跟酸性的水會發生化學反應，生成有毒易燃的氣體——氰化氫，而且雨水會將劇毒帶入地下水和渤海，後果非常嚴重。

8 月 18 日，真的下雨了。

據財新網報導，天津爆炸事故後遭遇首場雨，記者在濱海新區黃海路第一大街路段觀察到路面出現大量異常的白色泡沫，且該記者隨即出現症狀：面部嘴唇處有灼燒感，胳膊處感覺「辣辣的」，左手關節處熱癢。此前去過爆炸現場的多名記者證實都出現過這種現象。

　　針對有關「新區下雨，路上現白色泡沫」的報導，天津市官方自稱，白色泡沫為「正常現象，平時下雨也會出現」。

　　巧合的是，下雨後僅僅 2 天，即 20 日，離天津 5 公里至 6 公里遠的海河湖面上出現大面積的死魚，並散發強烈腐臭味。據附近多位居民稱，之前該位置從未出現如此大規模的死魚。大陸媒體記者前往事發現場，發現一段長約 200 米的堤壩旁漂浮著大量死魚，大批民眾在場圍觀。死魚現象引發當地居民對化學毒物擴散造成污染的恐慌。

　　對此，天津市官方機構堅稱，「死魚和這次的爆炸事件無關。未檢出氰化物。」「往年也有這種情況，死因是缺氧。」

　　但畢業於復旦大學化學系、多年從事危化品貿易的周先生 8 月 21 日在接受美國之音採訪時卻說，「只有氰化氫才有這樣的速度，讓這麼多的魚這麼快的就死亡。河裡的水，我相信是從地面滲漏過去的。」

　　周先生說，氰化鈉遇水可以產生氰化氫氣體或氰化氫溶液，這些溶液可能會滲入土壤和河流。

　　除了死魚外，還有天津民眾在微博圖文並茂發帖說，大雨過後，距離爆炸地點 9.4 公里外的中新生態城，大量植物疑遭「毒雨」淋過後出現凋謝，網民寫道：「一切監測數據正常？」大批網民質疑官方有所隱瞞，促政府進一步交代情況。

　　同日，環保組織「綠色和平」快速反應小組成員進入爆炸現場 3 公里內的核心區，對多處住宅大廈周邊水域進行檢測，並對發現大量死魚的河畔進行氰化物檢測。

　　據綠色和平的快速檢測顯示，天濱公寓周邊、港濱公寓附近北段入海明渠，以及海河的入海口，均驗出受微量氰化物污染，分別約為每公升 0.01 至 0.02 微克。有關樣本已送往協力廠商實驗室進行詳細化驗，估計很快會有結果。

此外，還有令大陸民眾的擔憂的是，長蘆鹽場就位於天津濱海新區，是大陸海鹽產量最大的鹽場，占中國海鹽總產量的四分之一。

有大陸網民表示，為安全起見，建議暫時不要買天津產地的食用鹽；盡量購買生產日期早於 8 月 12 日的食用鹽。不過，對於中國大陸生產廠家的不規範，有民眾擔心，如果天津鹽場不停工，生產出來的鹽被換產地標籤流出來，誰也分辨不出來了。

專家「神經性毒氣」說法自相矛盾

8 月 18 日，一則神經性毒氣的報導吸引了所有人的眼球。

央視記者報導稱，他跟隨偵檢隊員，來到了距離爆炸核心區 500 米的集結地。由於前方已經沒有道路，所有人員必須在這裡下車。而就在此時，車載監測系統和手持監測儀同時發出了警報聲，提示空氣中的有害氣體已經超過了儀器能夠測量的最高值。

偵檢隊伍繼續徒步向爆炸核心區方向前進。沿途記者看到，在爆炸核心區的外圍，為了防止降雨後污水外溢，已經壘起了一道一米多高的防護堤。前進過程中，偵檢隊員手持的報警器依然在提示有害氣體爆表。

北京公安消防總隊副參謀長李興華介紹：「今天上午這趟去採集的結果，偵測的結果跟昨天幾乎一樣，還是氰化鈉和神經性毒氣這兩種有毒的氣體。這兩項指標都達到最高值。」

北京化工大學國家新危險化學品評估及事故鑑定實驗室博

士門寶認為爆炸區域的多種危化品都可能產生這類物質，「這些物質遇水或者遇鹼能產生氣體然後產生神經性毒氣，比如氰化鈉還有一些硫化鹼，另外一些物質在高溫爆炸過程中會發生化學反應，產生有毒性氣體，比如二甲基二硫。」

隨後，中共官方稱，神經性毒氣的說法是「嚴重誤判」。

軍事醫學科學院研究員王永安發表聲稱，神經性毒氣的標準說法應該是神經性毒劑，是毒性極強的化學物質，其毒性比氰化物高幾十倍，合成極為複雜，而從爆炸現場探明化學原料，結合神經性毒劑的核心原料和生產條件來看，事故現場根本沒有產生神經性毒劑的可能。

總參謀部防化指揮學院專家王寧也持同樣觀點：「我們看到這則報導時都很吃驚。」軍方中毒救治中心主任醫師王漢斌稱：「此次重大誤判，源自於對儀器檢測的結果沒有進行常識性分析解讀。」

8 月 20 日，署名航億葦的博文《「神經性毒氣」和專家「神經性掐架」》分析說，「神經性毒氣」說法經由央視《焦點訪談》講出來，就讓此事的是非有了奇怪的味道。

航億葦在博文中提出質疑，他認為專家所說的都是在推斷。他表示，氰化鈉和神經性毒氣這些東西，讓人看到這種詞就心裡恐懼。其實即便有這種東西，也要看濃度和污染情況。就毒氣而言，在空氣中濃度不高，又隨風飄散，不在高濃度風口上，也不至於毒死誰。專家要將此類問題說清楚，就是要跑去現場，用最準確的檢測儀器把問題搞清楚。認定有無不是依據科學檢測數據，而是在書齋做判斷，似乎也不是專家應有的素質。可能與不可能，就是真正的專家，在歷史上也曾多次作錯誤判斷。

航億葦還在文中調侃說，值得一提的是一些人雖然職務、職稱、頭銜比較有份量，在學術、學識上未必有真水準。在這地球上，尤其在某些國家，濫竽充數的所謂專家太多了，所以才有了一個對應的詞叫做「磚家」。

或許真相就在網路流傳的、已被中共刪除的諷刺段子中。

北京大學法學院教授轉發的「不得不轉的天津幽默」帖文稱：農民焚燒秸稈他們不讓，說監測到環境重度污染；過年燃放鞭炮他們不讓，說監測到環境重度污染；就連馬路邊燒烤他們都不讓，說污染環境；這回，來了一個百年不遇的化學有害物大爆炸，到處監測都正常了……

還有網民發帖「令人扼腕的天津」總結說：1. 分管安全的副市長第六次發布會才露面；2. 直到「頭七」才找到事故處置總指揮；3. 第六次新聞發布會開場一句「見到大家很高興」；4.「我不清楚、我不知道、我不掌握」成為發布會關鍵詞；5. 新聞發布會提問環節中斷直播；6. 事故 11 小時後天津衛視還在播電視劇；7. 至今無人鞠躬道歉。

天津大爆炸 震盪遠未結束

天津港「8‧12」爆炸事故發生後，日本的研究團隊通過分析衛星圖象，發現天津港爆炸後持續釋放污染物，這些有害物質不但通過風力蔓延到朝鮮半島並向日本方向漂移，而且衛星圖像顯示已經擴散到北京、河北、山東等地。

8 月 12 日的衛星圖像中，幾乎無法確認天津市附近空氣中的污染物質，13 日則可以看到污染物質從天津附近的港灣往渤海灣方向噴發的樣子。之後，污染物質一直擴散到靠近朝鮮半島的位置，因受低氣壓影響前進受阻，由渤海灣向日本海方向移動。16日污染再次加重，可以看出煙霧正在持續釋放。

對於日方的分析結果，中共官媒《環球時報》卻以「日方觀測天津爆炸空氣污染物稱不會影響日本」為題，做出截然不同的報導。另外，官媒只提到了天津爆炸產生的含有害物質的空氣污染物向東移動，而沒有提及污染物已經向天津周邊地區擴散。

根據衛星圖像顯示，天津爆炸產生的空氣污染物於事發第二天就已擴散到北京、河北、山東等地區。但事發後天津當局和官媒一直在強調「近日盛行偏西風和西北風，對北京沒有影響」。官方此舉遭到網民調侃：天津意在告訴北京，「請領導放心。」

此時，距離中共官方預計 9 月 3 日在北京天安門廣場舉行的大閱兵活動還剩兩周時間。

《日本經濟新聞》稱，天津港以北京為中心，是包括北京、天津兩個直轄市與河北省在內、總人口超過 1 億人的核心。2014年的貨物輸送量僅次於浙江寧波、上海與新加坡，排名世界第 4位。發生爆炸的天津濱海新區，4 月才剛成立「自由貿易試驗區」，預備推進港口設施和工業園區建設，爆炸對其打擊甚大。

天津濱海新區是「中國北方國際航運中心和國際物流中心」，天津港更是北方最大的港口。作為天津自貿區的重要組成，天津港區位與物流優勢的暫時性喪失，將對天津自貿區打造外向型經濟的戰略產生不小的影響。

有報導說，「18 大」後習近平主政，低迷的經濟一直被認為是一大問題。為提振經濟發展，習近平、李克強在過去兩年中提出三條規劃：京津冀一體化，一帶一路，長江經濟帶。而本次發生大爆炸的濱海新區，不但是「一帶一路」新亞歐大陸橋的東方橋頭堡、天津自貿區落腳地，更是京津冀一體化的重要環節。

後續影響如何，還要繼續觀察。但陸媒可能已經給出了答案。

8 月 26 日中原地產首席分析師張大偉告訴中新網房產頻道，目前該片區域最主要的，不是房價受不受影響，而是有沒有需求的問題，降價不會解決問題。「如果環境問題得到有效解決的話，兩年之後市場或許能恢復。」

天津爆炸後 中共政治動盪加劇

8 月 24 日、25 日，陸股接連暴跌。8 月 25 日夜，官媒報導，中信證券 8 人「涉嫌違法從事證券交易活動」，被要求協助調查。

8 人中最受關注的是中信證券總經理徐剛。當局指他們涉嫌違法從事證券交易活動，而該公司的副董事長正是中共政治局常委劉雲山的兒子劉樂飛，徐剛就是他的直接手下。

徐剛是中信證券董事總經理，1998 年加入中信證券，2014 年薪酬為 502.42 萬元人民幣，擁有中信證券股份 87 萬股。

外界均認為，習近平當局此舉針對的就是劉雲山家族。

8 月 21 日，網路曝光北京中共中央黨校南門江澤民題詞的巨石被整塊移除。8 月 22 日新浪罕見報導了中共黨校校名題詞巨石被連根拔除的圖片新聞，證實了前一天網路上的傳聞。

雖然中央黨校 8 月 24 日特別刊文，從側面披露那只是校園規劃調整，該石被挪到了中央黨校大門內，但是外界已經開始相信這是習近平「去江化」的動作之一。

而這時，離開習近平的閱兵只有一周多一點的時間。

第四章

江澤民一手搞出
邪惡體制

江澤民一手搞出的政法委體制是比法院還大的法院，比政府還大的政府。在迫害法輪功運動中，政法委和「610」辦公室合體，迫害了千千萬萬無辜的法輪功學員，還軋向更多中國民眾，造成每年數千萬民眾上訪、冤假錯案遍地。

在迫害法輪功運動中，江澤民一手搞出的政法委和「610」辦公室合體，迫害了千千萬萬無辜的法輪功學員。（大紀元合成圖）

第一節

「我就是法律」

「國家規定是狗屁，我任長春就不執行。」「我說他誰是腐敗就誰是腐敗……」2015 年 5 月，一段題為《任性的領導講話》的視頻引發熱議。據中共官媒報導，這是山西省古交市汽車客運管理辦公室主任任長春 2014 年 4 月在全體幹部職工大會上的講話。

「當村支書的感覺真好，天高皇帝遠，想幹啥就幹啥……」湖北省嘉魚縣官橋鎮白湖寺村原黨支部書記周松林 2013 年 8 月因貪污被查處後，新華網公布了他的「語錄」。

「威脅我就是威脅黨。」四川省達州市達川區罐子鄉黨委書記羅頌 2014 年 1 月 2 日在接待民眾來訪時語出驚人。

「警察不打人，那養警察幹嘛？」蘇州市信訪局官員 2013 年 6 月對一位小區業主控訴無良開發商時這樣回答。（《南方日報》，2013 年 7 月 1 日）

「一些地方官員膽大妄為，欺壓百姓，無法無天，無視法律和法規，甚至說出『我就是法』的狂言，更不怕百姓告狀。」（新華網，2014 年 10 月 21 日）

「官員即是法律」，官方喉舌把這種亂象的責任推到地方官員頭上。其實不然，根源還在中共高層。「政法王」周永康當年無疑也是比「法律」還大的人物。他任公安部長、還未進入政治局常委時，一個電話可以推翻兩高（中共最高法院和最高檢察院）的判決。

周永康比「法律」還大

原格林柯爾、科龍電器董事長、民營企業家顧雛軍，經歷七年牢獄之災，2012 年出獄後一直為自己喊冤。2014 年 8 月 8 日，顧雛軍在抗議廣東法院分配他個人財產的信中說，在 2006 年顧案審理期間，「最高檢察院領導曾集體認定『本案立案動機不純，不符合立案條件，應做不起訴處理』的決定，最高檢的領導於 2006 年 3 月 25 日發函指示廣東公安放人，同時為了拯救格林柯爾系五家上市公司已到了最後關頭的重組，保護已經面臨下崗的 5 萬 5000 名員工的切身利益，最高檢在 2006 年 3 月 28 日又追加了一道指示放人的督辦函。就在我將要被釋放前的幾個小時，周永康違法打電話給廣東公安，不許廣東公安放人。」

這封信發表在「新浪財經」。信中說：「自從周永康用權力奴役法律炮製了這個冤假錯案之後，從此上行下效，各地方官員馬上就心知肚明理解了：不管有罪無罪，所有的民營企業家皆可收拾，沒罪偽造證據也可入罪。在民企老闆的汽車後備箱裡放上兩支手槍，立即就以黑社會罪抓人判人，最終演變成重慶的打黑故事，幾乎一網打盡了重慶民企的各種大魚。如果周沙皇的死黨薄熙來繼續主政重慶，那些漏網的小魚、小蝦長成大魚龍蝦之後，還會再被一網打盡。大量的民企老闆因此被嚇破了膽，舉家移民者如過江之鯽。」

據大陸《新京報》等報導，欠下數條人命的四川商人劉漢2001年被列在公安機關查處名單之上，岌岌可危。但劉漢花巨資攀附上某位領導，那位領導一個電話將他從查處名單上撤除。這裡所說的巨資就是指周濱（周永康長子）從劉漢手裡以象徵性價錢收購兩座水電站，轉手淨掙22億元。

報導稱，此後，劉漢成了「領導的人」，搖身一變從不入流的黑社會老大迅速成為億萬富翁，他也因此獲得了「殺人執照」。在長達十多年裡，劉漢黑社會組織涉嫌實施故意殺人等嚴重刑事犯罪案件數十起，造成9人死亡。

與劉漢結下冤仇的袁寶璟一案曾經轟動一時。袁寶璟是商業奇才，個人資產上千億，曾經被稱為「北京的李嘉誠」。2003年11月，袁氏四兄弟以僱凶殺人案被捕。2006年3月17日三兄弟被執行死刑。

周永康垮台後，大陸不少官方媒體披露周永康介入此案。2014年3月5日中國經濟網的一篇報導中，有下面兩段描述：

據說袁寶琦要殺汪興的時候，袁寶璟並不知情，而是在香港，當袁寶琦把自己的想法告訴他的時候，他說「行了，你注意點」。袁氏兄弟被抓後，法院在判決時，以袁寶璟曾經說過「行了，你注意點」這句話為由，認定其有買凶殺人的意圖。2006年袁寶璟被判處死刑，同時被判處死刑的，還有袁寶琦、袁寶森，這三個人被立即執行死刑，另一個堂弟袁寶福被判死緩。

　　按理說，買凶殺人，被殺的還是一個敲詐勒索的傢夥，怎麼會把兄弟三人都處死呢？即便是殺人償命，殺一人，有一個被處死也就可以抵命了，為什麼要把袁寶璟兄弟滅門？再者，袁寶璟買凶殺人的證據並不確鑿，僅僅憑藉一句「行了，你注意點」，就認定袁寶璟是主謀，無論如何是說不過去的。此外，袁寶璟還曾經委託妻子卓瑪捐出了自己持有的一家印尼石油公司 40％的股份，總價值約 500 億，希望減刑，但捐獻了這麼多財產，都沒有起到絲毫作用。為什麼呢？因為劉漢。劉漢與周濱交往密切，而周濱的父親當時是國家的政治局委員、公安部長，所以劉漢才有這麼大的能量，可以公權私用、官報私仇。

　　當時周永康還只是公安部長、政法委副書記。據海外媒體報導，為了給自己家族的「白手套」──劉漢「出口氣」，周永康直接發話「最應該懲處的就是袁寶璟」，最高檢察院和最高法院因此就同時處死了袁氏三兄弟。

　　為什麼周永康一通電話兩高的判決可以推翻，殺人者可以生，無辜者可以死？自由亞洲電台評論員劉青說：「在上級的指令面前，什麼法律法規和政令等都是聾子的耳朵擺設，這種潛規則在公檢法尤其是警察部門遠比一切重要。這就是為什麼周永康一個電話可以讓死刑犯免死，殺人等重案在身者可以銷案且漂白成人大政協常委。而接到這種指令者膽敢不照辦必將丟官直至丟命，這是在中共官場上混江湖的官員無不銘刻於心的。」

第二節

操控司法 買賣人命

從中共官媒的報導，人們知道前中共中央軍委副主席徐才厚在軍中明碼標價買賣軍職，導致軍隊腐敗怵目驚心，而周永康對司法的破壞，就不那麼引人注目了。其實，周永康父子操控司法，買賣人命和刑期，大發不義之財，對中國司法的破壞無以覆加。周永康主政中共中央政法工作的十年是中國法治大倒退的十年，這是中國律師界的共識。

海外雜誌《新史記》2012 年披露，周濱利用父親周永康在政法系統的影響力，收取巨額「保護費」，替一些不法商人「鏟事撈人」，悶聲發大財。在甘肅、山西、遼寧，周濱「拿人錢財，與人消災」，使一些重大案件難以置信地未獲應有審理。周濱被曝受賄 2000 萬人民幣現金，撈出了甘肅二號黑幫頭目出獄，而此人涉嫌殺人，還開膛剖心。據稱，這個案子在甘肅法院和北京最高法院都有記錄。

文章還披露，最高法院有個有據可查的案子，警察用開水從頭到腳地澆嫌犯，致其被活活燙死，但周濱在拿到 1 億元好處費後，擺平此事，涉案警官沒有受到任何懲罰。

《新紀元周刊》2013 年披露，周濱還用被祕密關押的法輪功學員，頂替死囚犯執行死刑，趁機活摘法輪功學員的器官。因為是活摘器官，使得頂替死囚赴死的事情變得更加隱祕。

消息稱，周濱在這過程中收取數額巨大的金錢利益，因他父親是周永康，周濱只需付給相關司法人員數十萬元好處，就可以把死囚犯換成法輪功學員執行死刑。在中共司法系統，調包一個死囚犯的黑市價格大約是 300 萬元人民幣。

更為驚人的是，原中共衛生部副部長黃潔夫 2015 年 3 月在做客鳳凰衛視時公開表示，死囚器官移植形成了骯髒的利益鏈，周永康落馬才打破這種利益鏈。黃潔夫並稱：「這件工作（查處器官利益鏈）是得到了上一屆的胡錦濤總書記和溫家寶總理的支持，這一屆得到了習主席跟克強總理的支援，不然是很難完成這件事情的。」胡溫習李聯手才揭開這個黑幕，其中的水有多深可想而知。這一採訪間接印證了中共活摘法輪功學員器官的指控。前美國智庫研究員、《失去新中國》作者、獨立記者葛特曼（Ethan Gutmann）估計，大約有 6 萬 5000 名法輪功學員可能在 2000 年至 2008 年之間被強摘器官而死。

「空前絕後」的公安部長

周永康在 2007 年之前還只是公安部長、政法委副書記，為什麼能夠壓服最高法院、最高檢察院製造出顧雛軍和袁寶璟兄弟等大冤案，關鍵問題在於江澤民 2002 年卸任總書記時，讓周永康以四個副國級職務「高配」公安部長，形成了公安部長有權命令和指揮最高法院、最高檢察院的荒唐局面。

中共在 1949 年奪取政權以後，最先的政權實際上是軍管會。軍管會的功能就是部隊直接派人留在地方，成立軍事管制委員會，代理政府職能、鎮壓「反革命」等。隨著中共政權的初步建立，軍管會中的治安機構也改名為各地的公安廳，在中央層面，則設立了公安部。

自由亞洲電台評論員高新在分析這個問題時表示，在毛澤東時代因為沒有「法」只有「治」，所以從羅瑞卿、謝富治再到華國鋒，歷任公安部長握有極大權力。

鄧小平目睹文革中國家主席被打死、自己的兒子致殘，深知公安權力太大的危害。整個鄧小平時代都沒有令公安部長的權力和地位再度惡性膨脹。從趙蒼璧、劉復之、阮崇武、王芳、陶駟駒到賈春旺，其中只有兼任一段時間公安部長的王芳是國務委員（副國級），其他幾任在位期間都只是正部級待遇。

而接替賈春旺的周永康則大不一樣，在江澤民的一手安排下，2002 年周接任公安部長的同時，被安排為 16 屆中央政治局委員（副國級）、中央書記處書記（副國級）和中央政法委副書記（副國級），次年 3 月又被安排為國務院國務委員（副國級），周永康五職集一身，其權位不亞於「以階級鬥爭為綱」的毛澤東時代的羅瑞卿和謝富治。

查看周永康仕途的關鍵時間點，1999 至 2002 年任四川省委書記，2002 至 2003 年任中央政治局委員、中央書記處書記、中央政法委副書記、公安部部長，2003 至 2007 年任中央政治局委員、中央書記處書記、國務委員、中央政法委副書記、公安部部長，2007 年升任中央政治局常委、中央政法委書記。

在 2002 年，周永康從中共正部級升至副國級官員。2007 年，周永康從副國級升至正國級。

周永康任職四川省委書記期間，適逢江澤民發動鎮壓法輪功。周極力推動對法輪功的迫害，表現極其邪惡和突出。在他任職期間，四川省已確認至少有 43 名法輪功學員被迫害致死，導致四川省成為中國大陸鎮壓法輪功最嚴重的省份之一。

周永康主政四川期間，常常自吹是「江主席身邊的人」。儘管周永康從來沒有公安、政法的工作經驗，也沒有法律背景，但江澤民看上了周永康在鎮壓法輪功中的瘋狂表現。為了退位後能有人維持他迫害法輪功的政策，江澤民 2002 年把周永康推上了公安部長位置，還配以中央政治局委員、中央書記處書記、中央政法委副書記等副國級職務，並任鎮壓法輪功的專職機構——中共「610 辦公室」副主任，使其迫害法輪功更加肆無忌憚。

周永康任公安部長期間，獲得江澤民更大的信任，成為江進一步交權後試圖維持鎮壓法輪功的救命稻草。2007 年起，周永康接替羅干任中央政法委書記，被江塞進政治局常委之列。周永康掌握司法大權、龐大的公安、武警部隊，把政委法打造成「第二權力中央」，成為和胡錦濤軍隊分庭抗禮的「政法王」。

可以說，江澤民在退位時為了維持和升級對法輪功的鎮壓，一手搞出個以四大副國級職務——中央政治局委員、中央書記處書記、中央政法委副書記和國務院國務委員身分兼任的公安部長，是極其邪惡和陰毒的做法，在中共歷史上都是空前絕後的。下文將闡述其給中國帶來的災難性後果。

第三節

荒唐的公檢法關係

2002 年周永康以政治局委員身分兼任公安部部長後，從當時中共中央政法委的配置看，羅干是政法委書記。周永康以中共公安部長、政治局委員等身分兼任副書記，最高監檢察院檢察長、最高法院院長都只是中央政法委員會的委員。此後，各級公安機構都上行下效。

2003 年 11 月 18 日，《中共中央關於進一步加強和改進公安工作的決定》更明確規定，公安廳（局）長「進領導班子」。於是在省級地方，由黨委常委、政法委書記兼任公安一把手逐漸成為普遍現象，公安機關權力在地方上惡性膨脹。

這種「兼任」違背了中國憲法對公、檢、法相互協調監督的規定，公安獨大使得檢察院、法院無法獨立辦案、獨立審判。浙江某市檢察院檢察長苗力對《中國新聞周刊》表示，「檢察機關作為專門的法律監督機關，對公安機關的偵查工作和看守所的執法活動要進行監督，包括偵查活動監督、刑事立案監督和刑罰執行的監督。如果公安局長是政法委書記，就可以領導檢察機關，這樣一來，監督者與被監督者的關係就理不順，顯然不利於法律監督工作的開展。」

上樑不正下樑歪。在中共中央，周永康是「政法王」，他以公安部長兼政法委副書記的身分就可以指揮最高法院和最高檢察院辦案：我讓你殺誰，你就得殺誰！我讓你放誰一馬，你同意也得放，不同意也得放！在各地，大大小小的公安局（廳）長都是「小政法王」，他們可以指揮同級法院和檢察院把案件辦成「鐵案」。公安機關的權力不受任何監督，導致刑訊逼供、冤假錯案叢生。

自由亞洲電台評論員高新是這樣評價的，「江澤民在自己退位的 2002 年中共 16 大上製造出了一個以中央政治局委員、中央書記處書記、中央政法委副書記和國務院國務委員身分兼任的公安部長，絕對稱得上是極其陰毒的做法。」「即使是站在中共政權的立場上，從所謂的『長治久安』的角度來評判江澤民退休之前的這一『黨內重大體制改革』，也稱得上是極其惡劣，後患無窮。」

千萬人上訪 冤假錯案遍地

這種後患在周永康落馬後，顯得更加清楚，但只有一小部分冤假錯案被重審。有報導稱，中國大陸公開的、在周永康治下的冤假錯案只是極其有限的部分，官媒在這個問題上被限制報導。

澎湃新聞根據公開報導不完全統計，截至 2014 年 12 月 15

日呼格吉勒圖昭雪，18 大後各地糾正了重大冤假錯案 23 起，大部分是殺人案。其中 3 起是因為「真凶歸來」被糾正，包括內蒙古王本餘案、浙江蕭山五青年案和貴州高如舉、謝石勇案。

前香港《文匯報》駐大連記者姜維平 2015 年 2 月撰文，首先肯定這是 10 年「政法王」周永康落馬前後出現的新氣象，但是情況遠遠不容樂觀。

姜維平舉例，當年在大連，周永康的死黨薄熙來想抓誰，一個電話給他任命的政法委書記成城或祕書車輝，他們召集公安局長或安全局長、檢察長、法院院長「三長會議」，統一思想就行了，隨便編一個什麼罪名，薄熙來厭惡的人就進了監獄。這樣製造了數十起影響較大的冤假錯案。比較知名的有律師陳德惠案、「天天漁港」張家兄弟案、劉曉濱案、高姿案、張成家案、韓曉光案等等，但至今無一例真正平反。

文章還提到，在周永康當政的 10 年裡，下面各省市、地區、鄉鎮村的「小政法王」多如牛毛，製造的冤假錯案五花八門、堆積如山，訪民、冤民海潮般湧向京城。

「中國的冤假錯案已達一個足以引起社會動盪的臨界點。與上世紀 70 年代底（文革時期）相比，有過之而無不及。」胥志義 2015 年 3 月在共識網發文稱。

「如果一個國家有幾千萬人上訪，任何光鮮的經濟數據都掩蓋不了這個國家的苦難，任何經濟發展的成績都無法沖淡政府的不負責任。試想，哪怕這個社會大多數人的生活水準都提高了，卻有一部分人，即便是少數人，戴著這樣那樣的帽子，承擔著不公的冤屈，忍受著政府的打壓，要『祕密進京上訪』，時時可能因『越級上訪』被抓被打，這個國家還是一個正常的國家嗎？」

這裡還不算千千萬萬遭到歧視和打壓的法輪功學員，他們的冤屈在中國至今無處訴說。海外明慧網收集到有身源的至少有 3864 名法輪功學員被中共迫害致死。據明慧網報導，2015 年上半年至少有 2539 名法輪功學員遭綁架、430 人被冤判。明慧說，因為中共消息封鎖，實際數字應遠不止此。

周永康的「政法十年」被稱作是一個大公安的維穩時代。中國自 2011 年起，連續三年維穩費用預算超過軍費。維穩被網友比喻是中共「對人民的戰爭」，但越維越不穩。根據清華大學學者孫立平估計，中國 2010 年有超過 18 萬宗如示威和抗議的「群體性事件」，是接近 10 年前數量的三倍。

高新做了這樣的點評：周永康擔任公安部長期間，把江澤民一手製造的公安部長兼任中央政治局委員和中央書記處書記的制度之惡，發揮到了極致。

中共體制內的人都看不下去

「我們的政法委書記往往都身兼公安局局長，公安局本來是檢察院的監督對象，但被監督者是監督者的領導，這個體制特別不順。」2010 年中共兩會期間，全國人大代表、人民銀行原副行長吳曉靈公開表達了對這種體制的不滿。

吳曉靈在兩會期間說，她曾經聽到基層法院和檢察院的官員感嘆工作很為難。「比如，領導開會決定了一個事，那這個領導包不包括政法委書記呢？如果包括，就得服從他的領導。但如果這個事情做得不對，從業務上來說，檢察院和法院都可以對公安局做出的不當行為提出不同的意見。」

　　她對《中國新聞周刊》表示，這種黨政關係的扭曲和錯位，影響了司法公正。她說：「政法委書記不能身兼公安局長。」

　　同樣在 2010 年，《羊城晚報》6 月 2 日報導，三起案件在當時引起了中國公眾的熱議，「突顯人們對法律的日益不信任」。這三起案件是：

　　1. 湖北的按摩女鄧玉嬌因刺死一名官員而被刑拘。調查發現她是為了防止受到性侵犯而自我防衛，有關部門隱瞞了性侵犯的情節。

　　2. 河南農民趙作海因謀殺鄰居而被判刑。服刑近 11 年後，他殺死的「受害人」活著出現了。

　　3. 河南 8 名農民因誹謗罪而被捕入獄。他們所犯的罪是：揭露村支書的腐敗行為。

　　不少人擔憂，政法委書記與公安局長互兼，將可能導致案件協調成「鐵案」，檢察機關無法進行偵查監督，而法院在被協調的情況下，實際上是按照公安局長的意圖，無法做出獨立的法律判斷。中國政法大學法學院副院長何兵教授也承認，政法委書記與公安局長互兼損害司法部門的獨立辦案是不爭的事實。

　　山東某縣檢察院副檢察長段梅（化名）多次親身經歷「被協調」。「如果公安局長兼任政法委書記，對案件的定性、處理過當卻要堅持己見，那麼公檢法之間就會矛盾叢出。」段梅說。

　　浙江某市檢察院檢察長苗力向《中國新聞周刊》表示，「檢察機關作為專門的法律監督機關，對公安機關的偵查工作和看守所的執法活動要進行監督，包括偵查活動監督、刑事立案監督和刑罰執行的監督。如果公安局長是政法委書記，就可以領導檢察機關，這樣一來，監督者與被監督者的關係就理不順，顯然不利於法律監督工作的開展。」

「司法權被協調的後果是，原則不復存在，只要案件被協調，最後都聽政法委的，而政法委書記很多時候又是公安局長，所以歸根結底是聽公安局的。」河北某檢察院檢察官薛林則頗為無奈地告訴該刊記者，「有時候檢察官甚至有點喜歡這種形式，因為都聽公安局的，不用擔心案件被法院發回來。」

前文談到了，江澤民搞出了一個以中央政治局委員、中央書記處書記、中央政法委副書記、國務委員四大副國級職務兼任的公安部長，是一個極其邪惡和陰毒的做法。這樣的體制，連中共體制內的人都在媒體上承認說「特別不順！」但是光一個公安部長，還造成不了這麼「特別不順」的體制，必須從政法委說起。

第四節

不該存在的政法委

政法小組帶來文革式災難

政法委在正常的國家是不存在的，它本身就是干預司法的產物。

蘇州大學法學院教授周永坤 2012 年在《炎黃春秋》撰文講述中共「政法委的歷史與演變」。中共政法委的前身是在 1940 年代出現的法律智庫機構，之後是祕書性質的「中共中央法律委員會」。

1958 年 6 月 10 日中共頒布通知成立中央政法小組，縣以上各級黨委都逐漸成立了政法小組。這個小組不僅「協調」公檢法的關係，而且形成重大案件逐漸由黨委審批。「這個體制不僅在立法上，特別是在司法上強化了人治體制，形成了從上到下的黨委第一把手專權的制度」，「開始形成了至今難以改變的黨政不分的、人治的一元化體制」，「從此一步步造就了文化大革命的社會條件」。

周永坤表示，這個政法小組的惡劣之處在於迎合當時領導人的人治偏好，它的兩個措施與八年後的文化大革命存在因果關係。

其一，1958 年該小組提出報告說，「刑法、民法、訴訟法根據我國實際情況看，已經沒有必要制定了」，導致全國立法工作陷於停頓。

其二，它在大躍進的時代氛圍中提出了完全違背 1954 年憲法的「公檢法三家合一，公安為頭」的極端人治體制，造成最高法院、最高檢察院和公安部合署辦公，並由公安部統一領導，法院檢察院都成了公安的下屬單位。「公安大躍進」導致全域性的社會大災難。「警察領導法院，這在任何正常體制下都是難以想像的。」

1966 年文革後，黨委被架空，政法機關被砸，中央政法小組也自食其果，最後不存在了。但政法委突進，公安獨大帶來的教訓不能說不深刻。

喬石的司法主張

文革後政法機構又重建。從 1980 年算起，中共中央政法委先後經歷了七任書記，分別是彭真（任期：1980 ～ 1982 年）、陳丕顯（1982 ～ 1985 年）、喬石（1985 ～ 1992 年）、任建新（1992 ～ 1998 年）、羅干（1998 ～ 2007 年）、周永康（2007 ～ 2012 年）和孟建柱（2012 年 11 月任職至今）。期間大致可以分為三個時期，以 1998 年羅干為分水嶺，1998 年前是喬石的「務虛」時期，1998 年之後到周永康垮台是江澤民的政法委惡性膨脹時期，可以說是復辟文革政法小組的做法。2012 年周永康垮台之後，進入習近平時期，目前還在調整中。

1980 年成立中央及省、地、縣四級政法委，雖然是統管公檢法，但只是在政策層面做指導，不介入司法正常程式和具體個案。當時由彭真出任該委員會的書記，並沒有任命副職。1985 年喬石接任政法委書記直至 1992 年。喬石對政法委的主張一直是「務虛」：具體的司法不能干預，抓大的面上東西。喬石在任中央政法委書記期間，該機構的辦公室都沒有獨立門面，設在公安部內，只有很少的專職人員編制。

1988 年，在喬石的支持下，時任總書記趙紫陽以「機構改革，黨政分開」的名義，撤銷中央政法委，成立中央政法領導小組，職能大為削弱。小組不設副職領導人，也不設專門的辦事機構，由喬石繼續兼任該小組組長。

1989 年「六四」事件之後，江澤民上台。在江澤民的動議下，中共中央政法委員會 1990 年 3 月又恢復成立。但在喬石的堅持下，委員會的副書記不再安排時任的公安部長，而是由時任最高法院院長任建新兼任；而且當時要求，「政法委員會恢復以後，仍然要貫徹黨政職能分開的原則。」

1992 年喬石建議任建新接替自己的政法委書記，次年任建新任最高法院院長，一直到 1998 年轉任全國政協副主席。1992 到 1998 年間，任建新是以最高法院院長身分兼任中央政法委書記。任建新沒有像喬石那樣進入政治局常委會，連中央政治局委員也不是，僅被安排為中央書記處書記。這段期間中央政法委在中共黨內的組織規格相對較低。

2015 年 6 月 14 日喬石 91 歲在北京去世。中共在全國降半旗，進行高規格的紀念。民間對喬石的印象相比江澤民、周永康等要好得多。

「有的人活著，他已經死了。有的人死了，他還活著。」對照 2015 年 6 月 11 日剛被宣判無期徒刑的前常委、政法委書記周永康，這句話在網上被刷屏了。

《新京報》說，「人們對喬石的懷念，正是反映當下中國社會對民主與法治的現實訴求，以及對未來的期許。」

如果沒有後面江澤民、周永康在政法委的倒行逆施，人們恐怕還不會那麼把喬石和江、周來進行比較。

第二權力中央

喬石和江澤民一直是政治對手，在政法委問題上的分歧尤其明顯。

江澤民對政法委的主張就是「務實」、利用政法委擴權、抓權，因為他嚐過甜頭。1986 年江澤民擔任上海市委書記，時任上海政法委書記的石祝三為其親信。江為了讓石擴權，打破中共中央關於政法委的權力規限，讓石具體插手所謂社會影響重大案例。

江澤民上台後又把這一套抓權的經驗帶到北京，並利用總書記之權推廣全國，多次下令加強政法委的權力，完全改變了喬石「務虛」的做法，因而中共各級政法委可插手具體案例，權勢立時炙手可熱。

　　1991 年，中共成立中央社會治安綜合治理委員會。該委員會下設辦公室，與中央政法委機關合署辦公。

　　1994 年，中央政法委員會的職權擴大到七項，其中包括「研究和討論有爭議的重大疑難案件」、「組織推動社會治安綜合治理工作」等。1995 年，中央政法會的職權擴大到十項。與此同時，地方政法委也跟著擴權。

　　這之後，政法委與司法人員狼狽為奸，「靠法吃法」，有恃無恐。「司法黑社會」遍布全國的同時，上訪冤民自 1990 年始，每年的增幅都超逾兩位數，到 2004 年，中共官方公布一年上訪案件達一千萬起，那應該是最保守的數據了。

　　1997 年中共 15 大，第一次獨立主持中共高層換屆工作的江澤民安排親信羅干以政治局委員、書記處書記身分接替任建新的政法委書記職務。羅干一幹就是十年，而且還藉此爬上政治局常委。

　　1999 年也是在 6 月 10 日，江澤民成立了一個特殊的「中共中央處理法輪功問題領導小組」，領導小組下設的具體辦事機構就是「中共中央處理法輪功問題領導小組辦公室」，簡稱「中央610 辦公室」，與中央政法委員會機關合署辦公。中央政法委的權力再一次惡性膨脹。

　　「中共中央處理法輪功問題領導小組」由時任的政治局常委（正國級）李嵐清任組長，除了中央政法委做主導，該「小組」成員單位還包括：中共公安部、國家安全部、最高法院、最高檢察院、司法部、國家廣播電影電視總局、國家體育總局、國務院法制辦公室、中央外事辦公室、國務院新聞辦公室、國家工商行政管理總局、工業和信息化部、國家新聞出版總署、國家郵政局、中華全國總工會、共青團中央、中華全國婦女聯合會、中國科學技術協會、武警部隊。

《真實的江澤民》一書指出，從「中共中央處理法輪功問題領導小組」的議事機構負責人的級別和參與的成員單位之多之廣，就可以看出江澤民當初迫害法輪功動用的國家公權力之多之大，完全是傾舉國之力，把整個社會都動員起來迫害法輪功。也正是這種議事機構的性質，說明了「610辦公室」為什麼能成為一種蓋世太保式的超級邪惡機構，能凌駕於法律之上。

據報導，通過政法委，「610」控制中共的公安、法院、檢察院、國安、武警系統，還可以隨時調動外交、教育、司法、國務院、軍隊、特務、衛生等資源。通過強行設立附屬單位，「610」操縱包括企業、工會、學聯、婦聯、政協、科協、受控的黨派和宗教協會等等各種各樣的非官方團體。

專門為迫害法輪功學員而設立的「610辦公室」，遍及全國，從中央到地方，上至權力核心層下至鄉鎮農村基層，形成了嚴密而獨立的體系，並對全國的各級黨、政、軍系統擁有絕對的權力。此後中共政法委成了鎮壓法輪功的主要打手，隨著江澤民鎮壓法輪功的升級，各級政法委權力跟著膨脹。

江澤民、曾慶紅、羅干等在步步升級的鎮壓法輪功運動中，製造了「天安門自焚偽案」、大量冤獄和勞教所慘案、活體摘除法輪功學員器官等驚人的罪惡。為繼續掩蓋事實真相、維持鎮壓，江澤民、曾慶紅等一直把持中共最高權力。

在2002年底中共16大江澤民向胡錦濤交出總書記職務時，江硬把常委人數從7人增加至9人。這9名常委是胡錦濤、吳邦國、溫家寶、賈慶林、曾慶紅、黃菊、吳官正、李長春、羅干，使得政治局常委中胡溫被大幅度孤立。新增的「中央政法委」書記羅干和「中央精神文明委」主任李長春分管政法和文宣，確保維持江的政策。

羅干以政治局常委身分兼任中央政法委書記後，整個機構水漲船高，成為和中央書記處、中紀委平起平坐的正國級機構。江還讓周永康以四個副國級的職務高配公安部長，加大了對法輪功的鎮壓力度。

高新在自由亞洲電台評論道，「從羅干進入政治局常委會之後，胡錦濤擔任總書記的十年是中央政法委權力和權限惡性膨脹的十年。」「更過分的是，這兩屆政法委的副書記都是公安部長（周永康、孟建柱），形成了公安部長有權命令和指揮最高法院、最高檢察院的荒唐局面。」

2007 年中共 17 大，江澤民把周永康塞入常委。當時的 9 個常委是胡錦濤、溫家寶、吳邦國、賈慶林、李長春、習近平、李克強、賀國強、周永康。

這一屆，周永康在政治局常委的實際權力甚至超過胡錦濤。這樣一個擁有政法委武警力量和控制「610」特務機構的特殊常委，使胡錦濤在權力上被架空，而政法委成了「獨立王國」，成為「第二權力中央」，無法無天的周永康被外媒稱為「維穩沙皇」。

而周永康的勢力還不限於政法系統。《人民日報》原副總編周瑞金 2015 年 3 月 15 日在陸媒「財經網」發文說：「周永康被指與薄熙來、徐才厚、令計劃案都有剪不斷理還亂的牽連，甚至從事政治陰謀活動；而他夥同李東生、蔣潔敏等部屬，更是或串聯，或並聯，組成了一張巨大的貪腐網，到了幾乎可以遮天蔽日的地步。」

　　自江澤民 1989 年執政開始，羅干和周永康前後兩任政法委書記都當了主管政法委的政治局常委，這在政法委的歷史上從未有過。喬石也當過政法書記的常委，但是他只是兼職政法委，而且他對政法委的要求也是「務虛」，不介入實務。

第五節

文革悲劇可能重演

2012 年 3 月 14 日，中共國務院總理溫家寶回答中外記者提問。在談到政治體制改革時，溫家寶表示，「文革的錯誤和封建的影響，並沒有完全清除。」

「現在改革到了攻堅階段，沒有政治體制改革的成功，經濟體制改革不可能進行到底，已經取得的成果還有可能得而復失，社會上新產生的問題，也不能從根本上得到解決，文化大革命這樣的歷史悲劇還有可能重新發生。」

這是溫家寶首次在公開場合提出這麼嚴厲的警告。文革，有些人認為很遙遠，其實還在身邊發生著。對照前文說的 1958 年建立的政法小組，有兩項措施為後來的文革形成了條件：其一，全國的立法工作陷於停頓；其二，公檢法三家合一，公安為頭。江澤民一手打造的政法委也造成了這樣兩個條件：其一，各地官員以言代法，法律形同虛設；其二，公安為大，公安領導檢察院、法院，三家合一。

江澤民一手搞出的政法委體制是比法院還大的法院，比政府還大的政府。1999年7月20日以來，中共江澤民集團利用政法委系統對億萬法輪功學員發動文革式的鎮壓。它直接迫害了千千萬萬無辜的中國民眾，令無數人生活在無助與恐怖之中。這場迫害打破了任何法律和制度的約束，導致中共這部鎮壓機器對迫害普通民眾越發的瘋狂。

中國知識界和法律界人士普遍認為，周永康任中共公安部部長和政法委副書記以來，中國的法制建設急劇倒退，社會治安急劇惡化，嚴重刑事案率居高不下，黑惡勢力橫行。

「我是覺得中國的法治處在一個大倒退的時期。」中國知名民法學者江平過去幾年多次這樣說。

「事實上，幾乎所有的重大冤案後面，都有政法委的影子。在全國引起惡劣影響的佘祥林案、趙作海案是其典型。隨著政法委員會的不斷擴權，特別是當它掌握了『綜合治理』的權力的時候，它事實上成為政府以上的政府，法院以上的法院。這個體制加上黨的集體領導難以實現的體制性缺陷，各地在維穩的旗號下埋下了社會穩定的隱患。」法學教授周永坤說，「政法委員會的工作方式、導向與公檢法不一致⋯⋯這就是目前我國暴力強拆、暴力截訪、刑訊逼供、超期羈押等違法行為屢禁不止的制度原因。」

追究江澤民方顯法制公正

當薄熙來和周永康在互相呼應「唱紅打黑」的時候，外界還不明就裡。其實，江澤民、曾慶紅、周永康早已密謀中共 18 大時讓薄熙來進入政治局常委當政法委書記，再用兩年時間在整個中國推行「唱紅打黑」，然後從習近平手裡奪權。

人算不如天算，2012 年王立軍事件引發骨牌效應，薄熙來、周永康等相繼落馬。中共 18 大，政法委書記被逐出政治局常委，政法委權力被削弱，周永康的政法系統勢力也不斷被清除。

早在「17 大」，胡錦濤就意識到周永康以政治局委員兼任公安部長的問題。胡拒絕曾慶紅安排孟建柱進入第 17 屆政治局、「全面接替周永康」的動議。換句話說，胡拒絕再製造一個以政治局委員身分兼任的公安部長。實際上，這為「18 大」後省級政法委書記和公安廳長／局長分離創造了條件。

「18 大」後習近平採取一系列措施，否定江澤民一手搞出的政法委路線：強調憲法權威，取消勞教制度，省級政法委書記不再兼任公安廳局長等。

2013 年 11 月 12 日，中共 18 屆三中全會公報宣稱護憲法法律權威，健全司法權力運行機制等。

2013 年 12 月 28 日，執行半世紀的勞教制度被廢止。

2014 年 10 月 28 日，中共發布《關於全面推進依法治國若干重大問題的決定》，要求「建立重大決策終身責任追究制度及責任倒查機制」。

2015 年 1 月 20 日至 21 日，中共中央政法工作會議首次提出「徹底肅清周永康案造成的影響」，並宣布將建立領導幹部干預司法活動記錄、通報和責任追究制度，造成後果的要倒查責任。

2015 年 5 月 1 日，立案審查制度改為立案登記制度，施行「有案必立，有訴必理」。

2015 年 6 月 23 日，31 省份的省級政法委書記均不再兼任公安廳長。

2014 年 7 月 29 日，習近平當局公布周永康立案調查，同時公布 10 月份將召開「四中全會」研討依法治國的消息。中國政法大學法學院副院長何兵認為，「這與結束『文革』時的情況有相似之處，當年打倒『四人幫』之後首先恢復的就是社會主義法治，鄧小平等領導幹部一再提到建立社會主義法治體制。」

巧合的是，落馬的薄熙來、周永康、徐才厚、令計劃也被稱作「新四人幫」，他們的背後是真正的「大老虎」江澤民。

從 2015 年 5 月 1 日大陸法院施行「有案必立，有訴必理」以來，到 7 月 2 日有 4 萬多法輪功學員在大陸控告江澤民犯下反人類罪、群體滅絕罪、酷刑罪、濫用職權罪等各種罪行。

評論員李林一認為，江澤民一手搞出的邪惡政法委體制，復辟文革的做法，不僅迫害了法輪功，也迫害了無數的中國普通老百姓，導致十年法制大倒退、冤案遍地。周永康只是馬前卒，江澤民才是最終的責任人，只有江澤民伏法，中國的法制才有公正，正義才能伸張。

第五章

萬人訴江
鎮壓元凶被控

1999 年 7 月，江澤民一手發動對上億信仰「真、善、忍」的法輪功修煉團體的打壓運動，導致無數修煉者遭受酷刑虐殺、甚至活摘器官。迫害至今仍在延續。從 2015 年 5 月份開始，中國掀起控告江澤民大潮，這場大規模的民告官現象古今罕見。

中共對法輪功的迫害至今已持續 16 個年頭，江澤民作為不可逃脫的罪責元凶被上萬民眾告上法庭。圖為香港 2015 年「七一」大遊行中打出的訴江標語。（大紀元）

第一節

江澤民不光彩的發家史

「當心臟的血管剪動一下，她就進行抽搐……」2002 年 4 月 9 日下午 5 點，在瀋陽軍區總醫院 15 樓的一間手術室裡，兩個軍醫（一個瀋陽軍區總醫院軍醫和一個第二軍醫大學畢業的年輕軍醫）將一名三十多歲的法輪功女學員，在人完全清醒、沒打麻藥的情況下，活生生摘取了她的器官。此前，這位女法輪功學員已經經歷了一周的嚴刑拷打、強暴等等，傷痕累累。[2009 年，遼寧省錦州市，一位在現場擔任持槍警衛的目擊證人對追查迫害法輪功國際組織（追查國際）披露。]

黑龍江省萬家勞教所，一位懷孕約六到七個月的孕婦，雙手被強行綁在橫樑上，然後，墊腳的凳子被蹬開，整個身體被懸空。橫樑離地有三米高，粗繩子一頭在房樑的滑輪上，一頭在獄警手裡，手一拉，吊著的人就懸空，一鬆手人就急速下墜。這位孕婦就這樣在無法言表的痛苦下被折磨到流產。更殘忍的是，警察讓她的丈夫在旁邊看著妻子受刑。（見明慧網 2004 年 11 月 15 日對在萬家勞教所遭受一百多天酷刑的王玉芝的採訪報導。）

2000 年 10 月，遼寧省瀋陽市馬三家勞動教養院將 18 名女法輪功學員剝光衣服投入男牢房，任犯人輪姦。有人目睹幾個犯人直衝年輕姑娘去了，事後沒有幾天其中一位姑娘就自殺，後被救活。事件導致至少 5 人死亡、7 人精神失常、餘者致殘。之後這一瘋狂惡行被其他勞教所及監獄效仿。被關押的法輪功學員講述，馬三家惡警還叫囂：「什麼是忍？『忍』就是把你強姦了都不允許上告！」（此惡性事件收錄於 2001 年 2 月聯合國人權委員會對婦女酷刑特別調查報告。）

1999 年 7 月，中共時任黨魁江澤民一手發動了對信仰「真、善、忍」理念的法輪功修煉團體的打壓運動，導致眾多法輪功學員遭受酷刑折磨、活摘器官，及被包括精神藥物摧殘等其他方式虐殺致死。

以上迫害案例僅僅是無數慘案中的冰山一角。

這場迫害至今已持續 16 個年頭。從 2015 年 5 月份開始，堅持和平理性抗爭的法輪功學員在中國各地發起了一場全國性的控告江澤民大潮，這場大規模的民告官現象在古今中外實屬罕見。

5 月 1 日，大陸法院開始實施習近平提出的「有訴必理，有案必立」。

截至 6 月底，超過 2 萬名法輪功學員及親屬通過各種管道向中共最高檢察院、最高法院遞交刑事控告狀以反人類罪、酷刑罪、群體滅絕等罪名控告江澤民，敦促中共司法部門對發起迫害法輪功運動的前中共黨魁江澤民立案偵察、提起公訴。

此時，人們不禁要問，江澤民為什麼會是這場迫害不可逃脫罪責的元凶，並被告上法庭？當初江澤民到底又是為了什麼非要迫害法輪功？

江澤民與其父賣國當漢奸

1942 年，正是很多憂國憂民的青年奔赴抗日救亡運動前線的時候，17 歲的江澤民卻進入了汪精衛偽政府在南京創辦的偽中央大學接受高等教育。

據《江澤民其人》一書披露及多方調查，其原因是江澤民的生父江士俊（江冠千）在日本占領南京期間擔任侵華日軍反華宣傳機構的高官（汪精衛偽政府的宣傳部副部長）。

1945 年蘇聯紅軍在長春搜到從 1913 年起在中國從事陰謀策劃侵略活動的日本陸軍大將土肥原賢二的全部特工系統檔案。其中包括江澤民曾參加的專門培養侵華特工的偽中央大學「青年幹部訓練班」的文字及照片檔案，隨後一查，發現江澤民是大名鼎鼎的漢奸江冠千的兒子。

江澤民在蘇聯留學期間，在蘇聯的情報機構克格勃（KGB）金錢美女的誘惑下，蘇聯情報部門以保證不洩漏江的漢奸歷史為條件，收納江加入克格勃遠東局。

大陸歷史學家、中國二戰史研究會會員呂加平在《關於江澤民的「二奸二假」和政治詐騙問題與要求調查的呼籲》一文中也指出，「第一奸」是江澤民本人和親生父親都是日本漢奸；「第二奸」是江為俄羅斯間諜機構效力出賣大片中國領土；「第一假」是指江謊稱自己是 1949 年前（1946）加入中共地下黨的假黨員；「第二假」是指他冒充烈士子弟：謊稱自己過繼給了早年加入中共，後來被土匪亂槍打死的叔父江上青。

江澤民與其父賣國當漢奸的不光彩發家史，也體現出江澤民對中國人民毫無感情，肆意屠殺中國百姓的本性，最典型的事例就是「六四」、法輪功、薩斯病（嚴重急性呼吸道症候群，SARS）等問題的處理。

從 1991 年起，中俄雙方勘分邊界，江澤民全面承認了沙皇俄國和前蘇聯對中國的侵略，全面接受了自《璦琿條約》開始的所有中俄不平等條約，出賣的中國領土達一百多萬平方公里，相當於 40 個台灣的總面積。

江澤民利用與江上青的關係，幾年時間，就從一個處級幹部升任電子工業部副部長。其升遷之路，靠拍馬和鑽營人際關係，極盡巴結李先念、陳雲等中共黨內大佬。江曾以上海市委書記的身分在大雪地裡站立恭候數小時之久，僅為給李先念送一塊生日蛋糕，此舉被外界所恥笑。

1989 年是江澤民政治生涯中最關鍵的一年。他強勢鎮壓敢言的《世界經濟導報》、軟禁人大委員長萬里，支持血腥鎮壓天安門學生運動，「六四」前夕，其給鄧小平送上密信，要求採取「果斷措施」，否則「就會亡黨亡國」。

「六四」事件使江澤民由一個原本準備退休的人，一下從上海市委書記職位一躍而被任命為手握中共黨、政、軍最高權力的「核心」。

此後，江澤民更以「穩定壓倒一切」為藉口，對一切異議人士和獨立信仰團體大肆鎮壓屠殺，其中對法輪功修煉團體的株連打壓則是中共建政以來對中國老百姓最大規模、最具代表性的一場殘酷迫害，波及數億人。

從國務院不激化矛盾到江澤民強行鎮壓

80 年代初期，氣功熱在中國出現，中共當局對內部制定了「三不」政策，即「不干涉、不宣傳、不打棍子」。

1992 年，法輪功創始人李洪志先生在中國公開傳法，其祛病健身的奇效，以及以「真、善、忍」準則指導人們做一個好人，昇華內心境界，提高生命層次的感召力打動民心，吸引了上億民眾參與修煉。

1998 年官方保守估計修煉法輪功的人數已超過當時中共 7000 萬黨員，由於人數越來越多，中共高層多次討論如何對待法輪功現象，中共也同時派大量特工混入法輪功修煉群體了解情況。

1998 年，中共國家體育總局、安全部等多個系統對法輪功的內部調查文件送到中南海，包括曾長期負責中共國家安全的前人大委員長喬石組織調查的報告，認為法輪功有益於中國社會，法輪功團體對政權無企圖。中共高層經過討論後，決定對氣功團體的「三不」政策仍適合於法輪功。

但中共內部意見分歧，羅干負責的政法系統等，對法輪功仍有敵意和戒備，中國各地不斷傳出法輪功學員被毆打和集體煉功被滋擾的事件。江蘇、遼寧以及山東等一些地方公安局出現強行驅散煉功群眾，對煉功群眾非法拘審、關押等行為。1998 年 7 月公安部一局發出通知，對法輪功定性、定罪名。

之後，天津發生公安局無理拘捕和毆打 40 多位法輪功學員事件，在天津當地上訪無效後，天津公安局稱需要到北京才能解決問題。本著希望政府了解真相以及信任高層會合理解決的想法，全國部分法輪功學員自發地在 1999 年 4 月 25 日上北京中南

1999 年 4 月 25 日，超過一萬名法輪功學員自發到北京中南海上訪。學員沿街而站，井然有序，與事後中共的造謠宣傳形成鮮明對比。（明慧網）

海旁邊的中央信訪辦公室和平上訪，這就是震驚中外的「4‧25中南海萬人上訪事件」。

在處理萬名法輪功學員「4‧25」中南海上訪事件中，當時的中共國務院採取了不激化矛盾的手法，時任國務院總理朱鎔基會見 5 名法輪功學員代表，妥善處理天津公安局涉嫌非法抓捕一案，並釋放被捕的逾 40 名法輪功學員。雙方達成了一個協議；在協議中，法輪功代表得到政府高級官員的保證，稱政府支持群眾健身運動，並沒有把法輪功視作反政府組織。在達成協議之後，法輪功學員平靜散去。時隔 3 天，4 月 27 日，國務院信訪局負責人還向新華社記者發表講話稱，不會鎮壓法輪功。

6 月 14 日，中央信訪辦和國務院信訪辦發出聯合通知，由新華社發稿，聲稱對法輪功從未鎮壓、也從未禁止，要求法輪功學員不要聽信謠言。

7 月 13 日，中共中央藉《人民日報》再次發表社論，「安撫」修煉群眾說：煉功不迷信、健身不違法。

但是，到了 7 月 20 日凌晨，中共公安在全國各地綁架和拘留了眾多公安認定是負責人的法輪功學員。7 月 22 日，中共民政部突然宣布法輪功為「非法組織」，予以取締。剛關過的「謠言」全部宣布為正式規定，文件下發各地。當日下午，全國各地廣播電視都重複播出了這一「重要消息」。

從 1999 年 4 月 25 日到 1999 年 7 月 20 日的三個月的時間裡，江澤民建立了迫害法輪功的一整套指揮系統，特別是 6 月 10 日成立的「中央處理法輪功問題領導小組」（簡稱「610」）。江還直接寫信和發表講話，用他個人的影響力和黨內的各級組織，以殘酷的「鬥爭」方式鎮壓法輪功，並尋求在中共黨內對他的決定達成共識。

第二節

江是迫害法輪功始作俑者和策劃指揮者

據美國人權法律協會公布的資料顯示，至少三個出自江澤民之手的中共內部文件成為傳播最廣的迫害法輪功指令。

文件之一，1999 年 4 月 25 日的信

1999 年 4 月 27 日，中共中央辦公廳發出「關於印發《江澤民同志給政治局常委及其他有關領導同志的信》的通知」，這份通知要求中共領導人學習江澤民於 1999 年 4 月 25 日夜間的一封信。還要求中共領導人貫徹落實信中提到的方針，並向中共中央彙報相關進度。

在這封信中，江澤民向中共領導人發出信號：「這次（4·25 和平請願事件）是否與海外和西方國家有關？幕後是否有指揮和策劃？」

「難道我們共產黨人所具有的馬克思主義理論，所信奉的唯物論、無神論，還戰勝不了『法輪功』所宣揚的那一套東西嗎？果真是那樣，豈不成了天大的笑話！」

根據江澤民的信和《通知》表明，江想要把個人的觀點強加在中共中央其他領導人身上。針對法輪功追隨者使用這種具有攻擊性和戰鬥性的語言，是發出了一個發動暴力鎮壓的信號，而在這之前對和平請願活動並沒有進行調查。

文件之二：1999 年 5 月 8 日的備忘錄

第二份文件，《中共中央辦公廳關於印發「江澤民同志給中央政治局、書記處、軍委諸同志的批示」的通知》1999 年 5 月 23 日正式發出，內容是基於江澤民在 5 月 8 日對於法輪功問題的指令。文件的內容是關於如何祕密準備迫害法輪功（如何嚴厲處罰法輪功追隨者，使用什麼樣的中共資源，誰來負責落實）。

文件之三：1999 年 6 月 7 日講話

第三份可以呈供的文件也是中共中央辦公廳發出來的。文件要求中共領導人學習和貫徹「江澤民同志在中央政治局會議上關於抓緊處理和解決『法輪功』問題的講話」。這份文件日期是 1999 年 6 月 7 日。

在這個講話中，江澤民說：「『法輪功』問題有很深的政治社會背景乃至複雜的國際背景。這是 1989 年那場政治風波以來最嚴重的一次事件。我們必須認真對待，深入研究，採取有力對策。」這次講話把法輪功追隨者等同於 1989 年在天安門廣場的抗議者，他們因為和平抗議而被屠殺。這也是江澤民推動中共迫害法輪功的另一個命令。

建立「610」辦公室是江澤民的個人決定

江澤民 6 月 7 日的講話直接導致在 6 月 10 日建立了「610 辦公室」（中共自己法外的祕密機構，「610」因此而得名）。

在這次講話中，江澤民還宣布「（中共）中央已同意李嵐清同志負責，將成立一個專門處理『法輪功』問題領導小組。李嵐清任組長，丁關根、羅干任副組長，有關部門負責人為成員，統一研究解決『法輪功』問題的具體步驟、方法和措施。中央和國家機關各部委、各省、自治區、直轄市要密切配合」。這裡提到的這個領導小組後來叫作「處理法輪功問題領導小組」，它的辦公室稱為「處理法輪功問題辦公室」也叫「610」辦公室。

這次的講話包含兩個重要事實。第一個是建立「610」辦公室是江澤民的個人決定。通常「中央」指的是中央委員會或者政治局。但是這個講話裡提到的中央不是中央委員會，因為中央委員會要等到政治局開會討論完某件事之後才能開會討論。所以「中央」應當指的是政治局會議，但在江澤民講話時，政治局的會議正在進行中。江澤民關於建立「領導小組」的講話只是告訴政治局一個已經形成的決定，而不是提出動議。

如果在這次會議前政治局已經針對這件事開過會，也就沒必要再由江澤民來告訴政治局他們已經做出的決定。如果在這之前，政治局沒開過會，那必定是江澤民個人的決定。

　　江澤民在講話中要求「（中共）中央委員會，各（中共）部委，省，自治區和直轄市必須密切配合」，這給了領導小組超越於現有的中共行政體制和國家體制之外的極大權限。因為中共中央委員會和各國家級部委都必須遵從領導小組的指示和講話，小組只對江澤民一個人負責。

　　海外自由亞洲電台的專欄報導稱：「中央防範和處理 X 教問題領導小組」下屬的常設辦公室「中央防範和處理 X 教問題領導小組辦公室」對外使用的是「國務院防範和處理 X 教問題辦公室」，但事實上這個機構成立之後從朱鎔基到溫家寶再到李克強三任總理，誰也沒有在這個機構的正副專職負責人的任免令上簽過字。

　　曾經發表《法輪功冤案不平 國難不已》的北京律師謝燕益，他依據法律條文分析，「610」是非法組織，功能、目的無法（憲法、法律、政府組織法）可依。

江澤民親手建造迫害法輪功血債幫

　　此外，江澤民因極度恐懼迫害法輪功將來會被清算，於是親手提拔積極跟隨其殘酷鎮壓法輪功的急先鋒，也就是血債幫的核心成員，來維持權力的延續，即迫害政策的持續。這個核心的成員有江澤民、曾慶紅、羅干、周永康、薄熙來、劉京、李嵐清等人。

　　「610」辦公室上級機構為「中共中央防範和處理 X 教問題領導小組」，前三任組長為中共政治局常委李嵐清及前後任中共政法委書記的羅干、周永康，直接受江澤民控制。

　　中共「610」辦公室歷任主任則依序為王茂林，時任公安部副部長、黨委副書記（正部長級）劉京，原公安部副部長、政法委委員、中央防範和處理Ｘ教問題領導小組副組長李東生。

「18大」前夕中南海激烈的權力搏擊的焦點是：江澤民、周永康要將權利繼承人薄熙來推進中共最高權力層，並策劃通過政變，讓薄熙來取代習近平。然而2012年王立軍出逃美國領館，令周、薄政變計畫破產。

隨後，薄熙來、周永康、徐才厚、李東生等迫害法輪功的血債幫主要成員紛紛被以貪腐罪名制裁，江澤民勢力被逐步清洗。

第三節

非法組織「610」
製造無數人間悲劇

　　「610」，就其性質而言是非法組織，其產生和存在都沒有法律依據。「610」直接指揮控制各級黨政機關及公安、檢察、法院、監獄、勞改、勞教部門、國安部門，以及外交及宣傳機構、新聞媒體，是從中央到地方展開的一個組織嚴密、系統迫害法輪功的總指揮部。

　　由於「610」辦公室的特殊地位和作用，它對在鎮壓法輪功過程中普遍發生的致死、致殘、酷刑、活摘法輪功學員器官、任意拘禁、勞教、判刑、罰款等罪惡負有主要責任。

　　迫害導致無數的法輪功學員致死、致殘、致瘋、家破人亡、妻離子散、居無定所、流離失所、失業、破產、停學、失蹤，甚至被活摘器官。

　　楊麗榮，女，34 歲，河北省保定地區定州市北門街人，因修煉法輪功，家人經常被警察騷擾恐嚇。2002 年 2 月 8 日晚，在警察離去後，作為計量局司機的丈夫怕丟掉工作，承受不住壓力，次日凌晨趁家中老人不在，掐住妻子的喉部，楊麗榮就這樣淒慘地丟下 10 歲的兒子走了。隨後她丈夫立即報案，警察趕來現場，將體溫尚存的楊麗榮剖屍驗體，弄走了很多器官，掏出內臟時還冒著熱氣，鮮血嘩嘩地流。一位定州市公安局的人說：「這哪是在解剖死人，原來是在解剖活人啊！」（明慧網 2004 年 9 月 22 日報導）

一位不願透露姓名的中共全國人大代表，曾向外界透露江澤民對當時「處理法輪功問題領導小組」副組長、政法委書記羅干的一次談話的要點：

「對他們要狠點，特別是上訪，發真相什麼的，抓住就打……往死裡打。打死算自殺。不查身源，直接火化。」「在這個問題上，只要能壓制住，可以不擇一切手段，不受任何（包括法律）約束，整死了人，不負責任。不信我就治不了他法輪功。」「名譽上搞臭，經濟上搞垮（窮），肉體上消滅。」「一般不發紅頭文件，只密碼電傳或口頭傳達，不署名，一概說是『中央批示』就可以了嘛！」

「名譽上搞臭」

「名譽上搞臭」的實施，是經由中共絕對控制的媒體進行的。

資料顯示，當時中國有 2000 多種報紙、1000 多家雜誌、廣播和電視等宣傳機構。中央電視台有 12 個電視頻道，覆蓋全國人口達 90%，觀眾人數超過 11 億。

在 1999 年 7、8 月間的 30 天內，僅《人民日報》就發表了 347 篇批判法輪功的文章。平均每天超過 10 篇。中央電視台（CCTV）及各省市的上百個電視、電台，每天 24 小時反覆播放取締法輪功的決定和詆毀法輪功的節目，並以大量歪曲篡改法輪功創始人李洪志先生的講話開始，加上所謂自殺、他殺等案件，極盡能事對法輪功及其創始人進行誣蔑和抹黑宣傳。

例子之一，是把李洪志先生在一次公開場合表示「所謂地球爆炸的事情是不存在的」中的「不」字剪掉，並以此誣蔑法輪功宣傳「世界末日」。更有甚者，以移花接木等手段，把普通刑事罪犯的犯罪行為移植到法輪功學員頭上，以欺騙世人。如京城瘋子傅怡彬殺人、浙江乞丐毒殺案等等精神病、殺人犯都栽贓到法輪功頭上。

最為惡劣的，是在 2001 年 1 月 23 日，由江派大佬周永康的馬仔、已落馬的原中央廣播電視局副局長李東生親自監製，由江澤民、曾慶紅、羅干導演的央視「天安門自焚偽案」嫁禍法輪功。這場鬧劇，後被包括服務於聯合國的國際教育發展組織（IED）在內的多個國際組織認定為虛假編造。

2002 年 8 月 14 日，在聯合國倡導和保護人權附屬委員會第 53 屆會議上，天安門自焚案被當場揭穿。國際教育發展組織（IED）發言說：「我們的調查表明，真正殘害生命的恰恰是中共當局……我們得到了一份該事件（天安門自焚案）的錄像片，並從中得出結論，該事件是由這個政府一手導演的。我們備有這個錄像片的拷貝，以供派發……」面對確鑿證據，中共代表團啞口無言，沒有辯辭。該聲明已被聯合國備案。

此外，中共中央及地方各級政府被要求成立專門機構負責批判法輪功。所有工廠、企業、學校、街道都要組織人們集體收看批判法輪功的新聞和節目。

這些宣傳，再通過官方的新華社、中新社、中通社和海外中共媒體等，散播到海外所有的國家。據不完全統計，僅半年之間，中共媒體在海內外對法輪功的誣蔑報導和批判文章，高達 30 餘萬篇次。

各國的中共大使館開始組織、發動當地華人，並向各國政府散發詆毀材料。

一位前中共官員曾經作過這樣的描述：「世界上沒有一個政權能夠像它那樣在使用國家機器控制和鎮壓自己的人民方面不受任何約束。」

「經濟上搞垮」

為了截斷所有法輪功學員的經濟來源，以迫使其放棄信仰。中共多年來對法輪功學員在經濟上的迫害涉及的面很大很廣。

很多學員被罰款少則數千元，多達幾萬元。這些罰款，沒有任何法律條款作為根據，由地方政府、單位組織和派出所、公安局隨意進行，被罰款人也不會收到任何法律文件作收據。

法輪功學員還隨時面對警察的抄家，抄家者拿走現金和財物。在農村，有時候甚至連家中的存糧也不放過。同樣的，這些被抄走的財物沒有任何收據，大多由執行抄家任務的人中飽私囊，甚至作為獎金。

同時，法輪功學員很多被非法開除，失去工作，剝奪就業的權利，農民面對收回土地的威脅，退休的老年人被停發或少發退休金，收回所居住房。從事商業活動的法輪功學員則被沒收財產，凍結銀行存款。

在執行這些政策的時候，中共還採取株連制，單位企業有法輪功學員，單位領導和職工被迫停發獎金，停止晉升，以在社會上製造對法輪功學員的仇恨。而法輪功學員的家屬，也面臨失業、小孩失學、住房收回等等威脅。

「在江澤民發動迫害法輪功後，單位的領導、被派來的同事及家人，疾風暴雨地針對我，強制我放棄修煉，使我精神承受極大的壓力。因不放棄修煉，多次被綁架，被單位無理開除，失去工作，在當時迫害的高壓環境下，去了幾家用人單位應聘，他們在知道我修煉法輪功後，都不敢錄用我，無奈我只好以蹬人力三輪車為生。」

「被勞教迫害時，孩子剛出生四個月，妻子沒有工作，沒有生活來源，還要一個人帶孩子，生活過得極其艱辛。」這是 2015 年 6 月 25 日明慧網報導的山東濰坊昌大集團工程師陳天聖在他控告江澤民的控告書中的一段辛酸回憶。

「肉體上消滅」

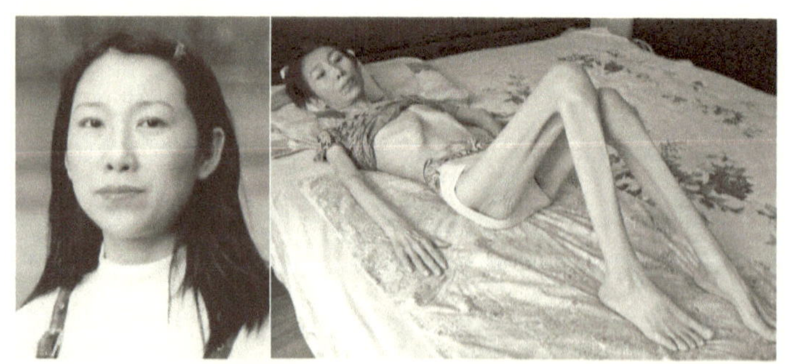

河北省法輪功學員趙燁被迫害前後的照片對比。（明慧網）

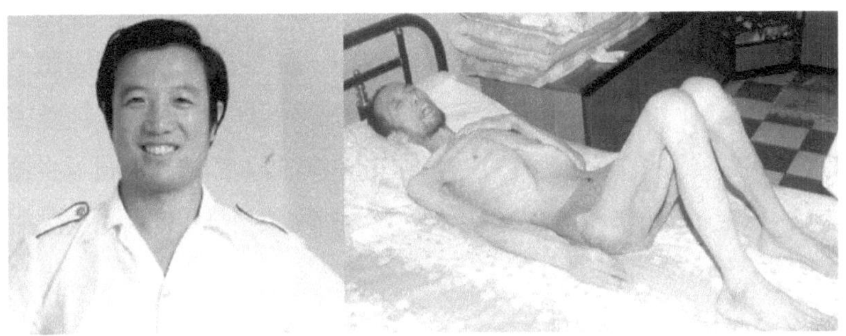

佳木斯鐵路分局官員馬學俊被迫害前後的照片對比。（明慧網）

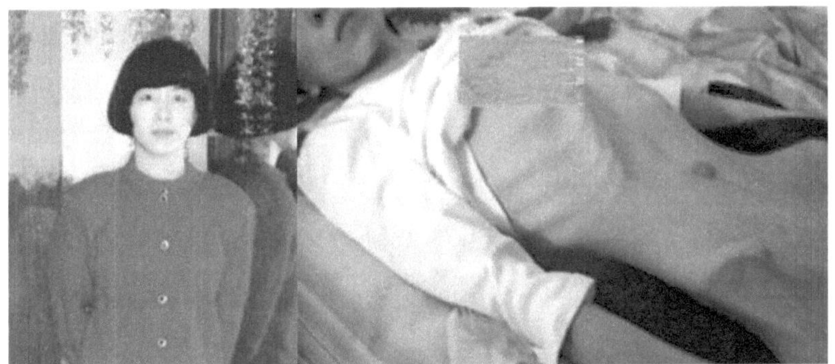

法輪功學員王霞被呼和浩特市女子監獄迫害前後的照片對比。（明慧網）

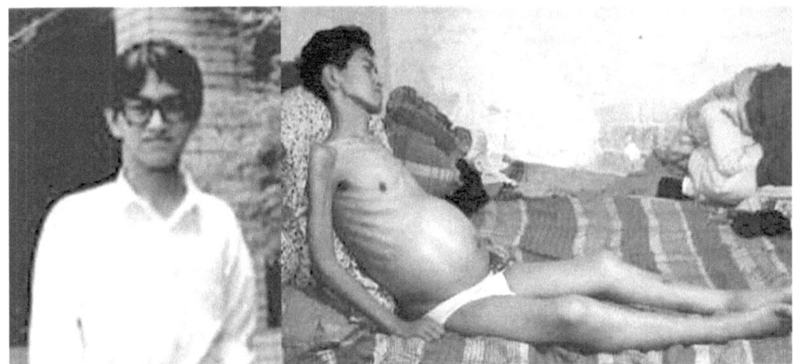

被評為「黑龍江省電信系統跨世紀人才」的法輪功學員潘興福在牡丹江監獄被迫害到胸腹積水嚴重轉為肺結核。（明慧網）

　　江澤民一方面被迫向世界承諾在中國減少酷刑折磨，背地裡卻效仿希特勒，製造並向外界提供假相，讓部分海外主流媒體記者參觀勞教所的「文明環境」，另一方面中國的酷刑個案卻越來越多。尤其對法輪功學員的迫害更是不擇手段，使用酷刑至少達40種以上，酷刑的對象中婦女和老人占相當比例，其殘酷令人髮指。

　　各種酷刑包括毆打、鞭打、電刑、冷凍、捆綁、長時間鐐銬、火燒、烙燙、吊刑、長時間站、跪、竹籤和鐵絲穿紮、性虐待、強姦等等。酷刑的手段極其殘忍，如：用多根高壓電棍同時長時間電擊（其中包括放在法輪功學員嘴裡放電，電擊胸部、腋下、乳房、生殖器等等）。

　　其中濫用「精神病治療手段」也是迫害法輪功學員的眾多酷刑之一。正常、理智、健康的法輪功學員被非法關進精神病院，被注射破壞中樞神經系統的不明藥物，有的全身癱瘓或局部癱瘓；有的雙目失明，兩耳失聰；有的身體肌肉、器官腐爛；有的部分或全部喪失記憶，成為呆癡；有的導致內臟功能嚴重損害；有的被迫害致瘋；有的由於藥物發作很快死亡。

　　張付珍，女，約38歲，原山東省平度市現河公園職工。她於2000年11月份上北京為法輪功伸冤，後被綁架。知情人說，公安強行把張付珍扒光衣服、剃光頭髮、折磨、侮辱她；把她成「大」字形綁在床上，大小便都在床上。爾後，公安強行給她打了一種不知名的毒針。打完後，張付珍痛苦得就像瘋了一樣，直到她在床上痛苦掙扎著死去。整個過程「610」的大小官員都在場觀看。（明慧網2004年5月31日報導）

　　在武漢楊園「洗腦班」，高順琴被強行按在一個小會議室的桌子上，一王姓女醫生立即給高順琴打了一針。高順琴看到在會議室門外的武漢市「610」的胡紹斌、洗腦班的陳崎屹及一警察臉上透著得意的表情，就問：「給我打的什麼針？」他們回答：「破功的針」、「營養針」。高順琴又問醫生，該女醫生回答：「不知道」。

高順琴說，毒針當時反應不是十分嚴重，後來慢慢發作、越演越烈。6 月，高順琴被轉到何灣勞教所。到了 11 月份，高順琴開始出現雙腳發涼，然後全身發燒、疼痛。劇痛令高順琴整夜無法入眠。後來發展到腳痛得不能沾地、無法行走。並出現牙齒鬆動、脫落，身體浮腫，大腦經常一片空白，這種症狀持續達三、四個月。

以上是 2015 年 6 月，從中國武漢移民加拿大多倫多的法輪功學員高順琴寄給中共高等法院、高等檢察院控告江澤民的刑事控告書中的一段內容。

據不完全統計，1999 年 7 月 20 日至 2015 年 6 月 26 日，通過民間途徑傳出的消息證實已有真名實姓的 3864 名法輪功學員被迫害致死，迫害致死案例分布在全中國 30 多個省、自治區、直轄市。

這裡收集的迫害致死案例，是明慧網突破中共的層層封鎖而得以核實的案例，遠遠不是實際發生的迫害致死案例的全部，因中共竭力掩蓋其犯罪事實，太多的案例仍然被掩蓋，尤其是大量活摘器官的案例。

第四節

江澤民直接下令
活摘法輪功學員器官

　　2006 年 3 月以來，多位證人指證中共在遼寧省瀋陽市蘇家屯設立祕密集中營，關押數千法輪功學員，大量活體摘取法輪功學員腎臟、肝臟和眼角膜等器官牟利，並私設焚屍爐焚屍滅跡的駭人罪惡。

　　當年的 3 月 9 日，《大紀元》刊出了原日本駐瀋陽記者金鐘（化名，後稱 Peter）的調查報告《瀋陽集中營設焚屍爐 售法輪功學員器官》。他透露，中共在瀋陽市蘇家屯區設立了一個類似法西斯的祕密集中營，關押著 6000 多名法輪功學員。東北三省及中部地區的法輪功學員過去常被轉移到那裡。該祕密監獄裡有「焚屍爐」。據悉，凡進到這裡的人沒有活著出來的，焚屍前內臟器官都被掏空出售。

　　同年的 3 月 20 日，《大紀元》發表《主刀醫生太太揭蘇家屯器官摘除黑幕》的文章。前夫曾參與活體摘取法輪功學員器官手術的安妮指證，蘇家屯集中營設立在蘇家屯遼寧省血栓中西結合醫院。2001 至 2003 年間該醫院曾關押法輪功學員約 6000 人，超過 4000 人被活體摘除器官後，又被投入醫院後院的「焚屍爐」。

安妮前夫還告訴她，關押在蘇家屯集中營的都是法輪功學員。她說，別的人，哪怕是死刑犯，都需要家屬的許可等手續才可以施行器官摘除。只有法輪功學員，因為中共有「打死算白死」的政策，醫院才可以在完全沒有手續的情況下，關押和進行活體器官摘除。每個主刀人都知道被活摘器官的是法輪功學員。

3 月 31 日，《大紀元》刊登了《瀋陽軍區老軍醫指證蘇家屯集中營內幕》。老軍醫披露，蘇家屯醫院僅是中國 36 個類似集中營的一部分，用專列和封閉的鐵路貨車轉移 5000 人只需一天，目前蘇家屯裡的法輪功學員已被轉移。

老軍醫還透露，蘇家屯地下集中營的確存在，摘除器官和焚燒屍體很普遍，甚至活人直接焚燒也很普遍。

4 月 30 日，瀋陽老軍醫再度披露中共盜賣法輪功器官的官方流程，指證中共軍方直接參與了器官倒賣勾當，僅其接觸的資料中就有 6 萬多份偽造的代簽資料。

2006 年起，加拿大著名人權律師大衛·麥塔斯（David Matas）和加拿大前國會議員、前亞太司司長大衛·喬高（David Kilgour）通過深入收集到的大量、翔實的資料，嚴謹而精密的論證，對於中國大陸大

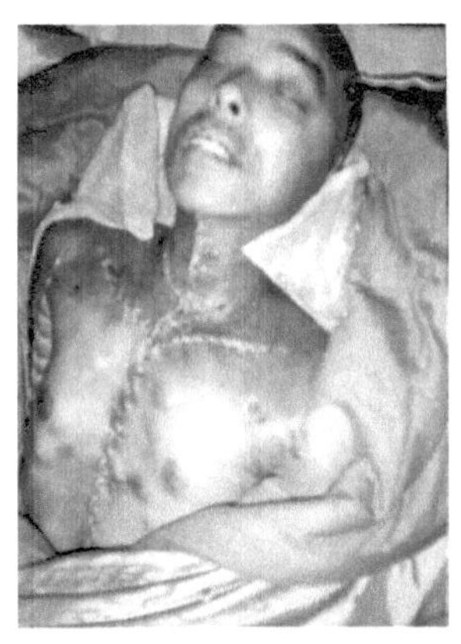

黑龍江省法輪功學員王斌在勞教所被警察殘暴毒打致死，器官被摘。（明慧網）

量器官移植所需的數量龐大的器官以及儲備供體群來源做出令人信服的結論，即關於中共摘取法輪功學員器官的指控是成立的：「大面積的強迫掠奪一直存在著，並且今天還在繼續著。」

　　報告書指出：「在 1994 年到 1999 年的 6 年中進行的有確定器官來源的 1 萬 8500 個器官移植，在 2000 年至 2005 年的 6 年中會產生同等量的器官移植數量。這意味著 2000 年至 2005 年這 6 年間進行的 4 萬 1500 個器官移植，無法解釋這些供體源自何處。」

　　2009 年 11 月，大衛・麥塔斯與大衛・喬高將他們持續追蹤數年的調查報告整理成《血腥的器官摘取》（Bloody Harvest, The killing of Falun Gong for their organs）一書。麥塔斯形容這一罪行為「這個星球上前未有過的邪惡」。

　　2013 年 8 月知情人鮑光（化名）向海外媒體曝光，2006 年時任中共商務部長薄熙來訪德期間，親口承認是江澤民下令活摘法輪功學員器官的電話錄音，進一步證實了中共活摘法輪功學員器官牟利是由江直接下令、操縱國家機器對法輪功學員進行的群體滅絕性大屠殺。

　　海外追查迫害法輪功國際組織（追查國際）2014 年 9 月公布的一份錄音則直接說明了江是這一罪惡的罪魁禍首。原中共軍隊總後勤部衛生部部長白書忠就軍隊活體摘取法輪功學員器官做移植一事回答調查員的問話時，承認是江澤民親自批示摘取法輪功學員器官做移植：「當時是江主席啊……有一個批示，說開展這些事情，就是器官移植……批示以後，反法輪功大家都做了很多工作。」

　　2015 年 6 月 24 日，追查國際調查員以江澤民辦公室祕書的身分對正在哈薩克斯坦訪問的中共國務院副總理張高麗調查取證。

張高麗在面對「江澤民同志下令摘取幾百萬法輪功學員器官」這一點沒有否認，而且對江要求他「在政治局討論的時候一定要阻止追究這件事」，積極承諾「我一定」，並請江「放寬心」。

近年來，追查國際調查公布了大量來之中共軍方、警方和醫院系統活摘法輪功學員器官的錄音證據。

2015 年中共兩會期間，黃潔夫公開承認「死囚器官」移植形成利益鏈變得骯髒，並表示這裡面的祕密說不清道不明，周永康落馬才打破這種利益鏈。也從側面證實了活摘的指控。

自從 2006 年中共活摘法輪功學員器官的黑幕被報導以來，國際社會紛紛行動。從以色列、西班牙、義大利、澳洲、加拿大、美國、台灣等國家和地區，都在通過立法等方式阻止或規範與中國大陸有關的器官移植行為。

2015 年 6 月 25 日，美國第 114 屆國會第一次會議，兩黨國會議員在眾議院共同發起 343 號決議案，要求中共立即停止針對法輪功學員和其他良心犯的「強摘器官」行為；要求對中共器官移植系統進行可信、透明和獨立的調查；並要求中共立即停止對法輪功發起的已持續 16 年的迫害。

法輪功教人向善，信仰真、善、忍，只會使社會安定，百姓身體健康。作為修煉的人，也不會對政權有任何興趣，那麼為什麼江澤民非要進行迫害？外界對此有不少觀察，其中包括轉移當時中共在外交和內政上的危機，以及江澤民本人的妒嫉心和缺乏對個人權力的安全感。

轉移內政和外交危機

1998 年 5 月，印尼爆發了震驚國際社會的對華人的大屠殺，時任中共黨魁的江澤民卻對這場暴行充耳不聞。而台灣政府則派飛機飛往印尼實施撤僑行動。甚至美國政府都批准了華人的避難請求，並接受了這批華人居留。中共的所做所為激起了國內外華人的唾罵。

1999 年 3 月到 5 月間，以美國為首的北約組織，為確保科索沃脫離南斯拉夫而獨立，對南斯拉夫展開了長達 78 天的轟炸。4 月中旬，南斯拉夫情報局的三個核心部門祕密搬入位於貝爾格萊德的中共大使館地下室。

當時為躲避戰火，包括俄國在內的各國大使館紛紛撤離，4 月下旬，中共外交部請示是否撤出大使館工作人員？江澤民下令，為表示對南斯拉夫的支持，人員可以精簡，但大使館必須照常運作。5 月 8 日，一架 Ｂ－２重型隱形戰略轟炸機在貝爾格萊德轟炸了中共大使館，4 枚鑽地彈從 7 層的使館樓頂一直鑽到了地下 4 層，地下室 14 名軍事技術人員當場死亡，2 名重傷（後死亡）；其他 8 人輕傷，使館上層 3 名使館人員死亡。

美國轟炸中共大使館的原因是中共在南斯拉夫使館裡藏了被擊落的美國 F117 飛機殘骸，並派人進行研究。

不知情的中國民眾群情激昂，全國高校學生上街遊行。中共受到國內外巨大的壓力，不但吃了啞巴虧，還破壞了急於想拉近的中美關係，此時的江澤民嚇破膽，龜縮在幕後長時間不敢露面，指派胡錦濤發表措辭嚴厲的電視講話以慰民心。

在國內，自 1994 年以來，中共推行改革，其中包括房改、教改、醫改、國企改制、財稅改革等，中共政府徹底轉變為「公司型政府」，這個政府成為賺取老百姓錢財壟斷型寡頭公司，所有體制外的人都是為這個政權打工服務的，引各界不滿。大批工人失業，兒童輟學，家長交不起學費而自殺，農民上繳了「三提五統」後連自己的口糧都沒有留下，村幹部甚至僱傭黑社會到農民家裡搶口食，特別是 1998 年洪水受災地區，很多農民因無法生活下去而自殺等等。

妒嫉心和個人權力危機感

對於當時鎮壓法輪功的決定，從一開始就在中共中央政治局常委內部引起爭議。朱鎔基、李瑞環認為，對於一種「氣功」完全沒有必要大動干戈，更沒必要搞成巨大的運動。江澤民的妻子王冶坪、孫子江志成都曾經修煉過法輪功。但江澤民堅持己見，強壓政治局通過了鎮壓的決議。

曾擔任中共前總書記趙紫陽核心幕僚的阮銘表示，江澤民當時的心理很值得研究。「4‧25 事件實際上已經解決了。朱鎔基都已經接見了。而且明確講是人民內部矛盾。那麼江澤民就很奇怪。他突然心血來潮，寫了一封給政治局的信。後來《人民日報》發表⋯⋯」

江的主要藉口是，在共產黨控制下的中國，不能容忍一個不受共產黨控制的組織發展到如此規模，否則，他們終有一天會取代共產黨。這顯然是江澤民出於妒嫉和對權力的危機感，漠視法輪功對社會百利而無一害的事實，促使他作出全面鎮壓法輪功的愚蠢決定。

　　江澤民心眼之小、妒嫉心之強是出了名的。全國重點文物保護單位、浙江省余姚「河姆渡遺址博物館」招牌題詞由喬石所寫。1992年9月，江澤民去參觀時看到題詞，臉就陰沉得很厲害。陪同人員很緊張，因為他們知道一方面江容不下喬石，另一方面江愛出風頭，走到哪裡題詞要擺到哪裡，博物館官員不敢怠慢心胸狹窄的江澤民，於是在1993年5月，藉口博物館整理後重新對外開放，換上了江澤民的題字。

　　被外界稱為江澤民死對頭的喬石，當年也支持法輪功。

　　喬石在1998年根據對法輪功的詳細調查和研究，得出「法輪功於國於民有百利而無一害」的結論，並向江澤民為首的政治局提交了調查報告。但江澤民一意孤行，仍悍然發動對法輪功的殘酷鎮壓。

　　1992年，鄧小平在南巡期間單獨會見了喬石等人。當時，鄧小平想以喬石換掉江澤民，這讓江澤民非常嫉恨。因江澤民拒不表態支持鄧改革。喬石隨後帶著大批軍人「押解」江到中央黨校，江在喬石的逼迫下才勉強表示支持鄧小平南巡講話。江澤民覺得丟了大面子，更加怨恨喬石。

　　江澤民退下後仍一直以「太上皇」自居，攬權干政，喬石曾在不同場合抵制、批評江澤民，讓江又恨又怕。

　　1999年「4‧25」法輪功上訪後，江澤民召開政治局常委會試圖打擊法輪功。但是時任政治局常委的李鵬投了棄權票，朱鎔基、李瑞環、尉健行、李嵐清等都投了反對票。最令江澤民吃驚的是，當時已經是「備胎」身分、一直以來小心翼翼的胡錦濤也在法輪功這個問題上舉手投反對票。胡錦濤的這個舉動給江澤民的震動很大。

　　胡錦濤又是鄧小平隔代指定的接班人，中共臨近「16大」，怎樣確保自己下台後家族的既得利益不遭清算，江澤民心中沒有底。

　　胡錦濤本人也看過法輪功的書籍，其妻子劉永清早期也修煉過法輪功。江澤民特別要求重點打壓胡錦濤清華大學的同班同學、法輪功學員張孟業。其目的也是為了打擊胡錦濤。

　　江澤民曾經三次暗殺胡錦濤，都沒有得逞。其目的就是要除掉胡錦濤，利用自己的親信取而代之。

　　時任中共總理的朱鎔基曾親自督辦了震驚中外的「中國廈門遠華走私案」，其前台主角是賴昌星，而此案後台老闆卻涉及江澤民、賈慶林。江澤民要結案，朱鎔基咬住不放。怎樣拿掉朱鎔基，是江澤民心中的一個大患。

　　朱鎔基也不認同江澤民迫害法輪功，特別是1999年4月25日，上萬名法輪功學員到府右街中南海的國務院信訪辦上訪，朱鎔基還出面接見法輪功的幾位上訪學員，指示天津警方釋放抓捕的法輪功學員，和平解決了這一事件，這是自中共建政以來第一次和平解決此類事件，朱鎔基一時民望大增。這也使江澤民心存妒嫉。

　　《大紀元》系列社論《九評共產黨》說：「在法輪功問題上，當時中共政治局七個常委中，也只有江澤民執意鎮壓。江澤民提出的藉口是關係到『亡黨亡國』，這觸動了中共最敏感的神經，加強了中共的鬥爭意識。江澤民維護個人權力和中共維持一黨獨裁在這裡取得了高度的統一。」

　　《九評共產黨》從五個方面論述江澤民利用共產黨的組織原則來迫害法輪功的原因：

1. 法輪功講「真、善、忍」共產黨講「假、惡、鬥」

法輪功倡導「真」，說真話、做真事。而中共卻一直依靠謊言洗腦。如果人人講真話，民眾就會知道中共原來是靠投靠蘇聯、殺人、綁架、逃跑、種鴉片、假抗日等等起家。

法輪功倡導「善」，包括遇事考慮他人，與人為善，而共產黨一直提倡「殘酷鬥爭、無情打擊」，如果「善」在社會上占據上風，那些以「惡」為基礎的暴政和群眾運動就無法出現。

《共產黨宣言》說：「至今一切社會的歷史都是階級鬥爭的歷史。」這代表了共產黨的歷史觀和世界觀。法輪功則倡導出現矛盾時反思自己的問題，這種世界觀無疑是向內自省的，與中共向外的鬥爭哲學截然對立。

從意識形態上來說，共產黨賴以生存的「哲學」與法輪功的教導是截然對立的。

2. 信仰使人無畏，而中共卻要靠恐懼維持政權

無神論宣傳的一個重要目的就是讓人相信沒有天國地獄、沒有善惡報應，從而放棄良心的束縛，轉而看重現實的榮華與享樂。此時其對人性中的弱點才可利用，威逼、利誘才會充分發揮效力。而信仰者能夠放下生死，看破紅塵，此時世俗的誘惑與生命的威脅變得輕如鴻毛，使共產黨失去控制人的著力點。

3. 法輪功在道德上的高標準使中共很難堪

1989年「六四」天安門屠殺之後，中共的意識形態徹底破產，尤其是1991年8月蘇共垮台和隨之而來的東歐劇變，內外交困的形勢使其統治合法性和生存受到了空前的挑戰。此時中共已經無法用馬、列、毛的原教旨主義整合其黨徒，而轉向了用全面腐敗來換取黨徒的忠心。換句話說，只要誰跟著黨，黨就允許他通過貪污等方式換取不入黨就得不到的好處。

此時法輪功學員修煉「真、善、忍」，展示出來的道德風貌打動了民眾尚存的內心善良，引來上億民眾的敬意，參與修煉，法輪功這面道德的鏡子照出了中共的一切不正。

4. 法輪功的發展與管理方式讓中共十分嫉妒

法輪功的發展方式是人傳人，心傳心，採取的管理方式是來去自由，鬆散管理。這與中共的嚴密組織十分不同。儘管如此，中共每周一次乃至多次的政治學習、組織生活卻形同虛設。黨員對黨意識形態的認同幾乎等於零，而法輪功修煉者則自覺實踐著「真、善、忍」。同時，法輪功對人身心健康的改善，使修煉人數快速增長，修煉者自覺自願地學習李洪志先生的系列著作並自費弘法。短短七年的時間，就從無到有，發展到一億人。

5. 共產黨認為法輪功信仰「有神論」危及其執政合法性

真正的有神論信仰，對於共產黨一定是重大挑戰。因為共產黨的執政合法性來源就是所謂的「歷史唯物主義」，因為要建立「人間天堂」，所以只能依靠人間的「先鋒隊」，也就是「共產黨」的領導。同時「無神論」使得道德善惡可以被共產黨隨意解釋，因此也就根本無真正道德善惡可言，民眾只要記得黨永遠「偉大光榮正確」就行了。

然而有神論給了民眾一套不變的善惡標準，對法輪功修煉者來說，一件事情對不對是用「真、善、忍」來衡量。這對於中共一貫的「統一思想」顯然也成了障礙。

江澤民鎮壓法輪功，一方面因法輪功廣受歡迎，修煉人群眾多，其極端妒嫉所致，另一方面也正好迎合了中共邪黨假、惡、鬥的邪惡基因。中共和江澤民可謂互相利用。

　　《九評共產黨》說：「五個原因中的任何一個對中共都十分致命。其實江澤民鎮壓法輪功也可以說出自於同樣的原因。」

　　此外，「江澤民靠謊報簡歷起家，當然害怕『真』；以鎮壓民眾而飛黃騰達，當然不喜歡『善』；以勾心鬥角的黨內鬥爭維持權力，當然不愛聽『忍』」。

江澤民和中共低估了傳統和信仰的力量

　　自古邪不壓正，江澤民和中共顯然低估了法輪功的力量，低估了中華傳統和信仰的力量。江在 1999 年曾叫囂「三個月」解決法輪功，如今這一妄想已徹底破產。16 年過去了，法輪功仍然是法輪功，不僅沒有被消滅，而且在世界各地得到了更廣泛的傳播和褒獎。江澤民和中共卻在這場正邪較量中大敗。

　　江澤民現在已聲名狼藉，內外交困，不僅在歐洲、北美、亞洲、澳洲等地被提起海外訴訟，在國內也面臨史無前例的大規模人數的控告。控告江澤民被外界稱之為 21 世紀最大的國際人權訴訟案。

　　2009 年 12 月 17 日，經過 4 年調查，阿根廷聯邦法院第九庭法官拉馬德里（Octavio Araoz de Lamadrid）作出裁決：就中共前黨魁江澤民、「610」辦公室頭目羅干因迫害法輪功而犯下的反人類罪行，下令阿根廷聯邦警察局國際刑警部逮捕該兩名中共高級官員。

　　2013 年 11 月 18 日，西班牙法院針對江澤民等五人發出逮捕令，並通過中共大使館遞出起訴書。江澤民等人被控反人類罪。

　　從 2015 年 5 月開始至今，在中國國內，告江案也風起雲湧，數萬人的控告人數還在不斷地增長，要求清理、法辦江澤民，將其繩之以法的呼聲此起彼伏，不可阻擋。

中國古人說：得道多助，失道寡助。殘酷迫害善良的中國人，並不斷地毒害了全人類的中共首惡江澤民，倒行逆施 20 餘年，直接致死數百萬信仰「真、善、忍」的好人，其罪惡之大，超過古今中外歷史上一切惡人，而其自以為挾持一個民心盡失、窮途末路的邪惡共產黨政府，就可以為所欲為、戰勝神傳文化滋養的中華民族，無異於癡心妄想！

前美國智庫研究員，著名作家伊森‧葛特曼（Ethan Gutman）在聲援告江大潮中表示，江澤民的個人命運必須讓中國人民來決定，共產黨體制應受到人類的審判。控告江澤民「這是一個大大的審判序幕的開始！」

第六章

官媒暗揭
江氏反改革力量

隨著習江博弈的激化，江系是反改革力量的概念被官媒拋出。清理江系的輿論造勢已經開始。北戴河會議不按常規提江，老人干政、人走茶涼等指向性輿論的傳播，讓外界清楚看到習近平當局已經啟動了「去江化」重大戰役按鈕。

天津大爆炸不久，官媒暗揭江澤民集團是反改革力量。（大紀元合成圖）

第一節

官媒暗批江澤民
是「反改革力量」

2015 年 8 月 12 日，天津瑞海國際物業公司存放的 3000 噸危險品發生爆炸，死傷數千人，經濟損失數百億，事故震驚國際。8 月 19 日，就在人們剛剛舉行了罹難者「頭七」紀念活動之時，官媒《人民日報》抛出一篇署名國平的評論文章，令人詫異的是，文章一反過去災後「報喜不報憂」的官媒做派，措辭嚴厲地宣稱：「不適應改革乃至反對改革的力量之頑固凶猛複雜詭異，可能超出人們的想像」。

「國平」評點「反改革力量」凶惡

與過去發生安全生產事故後不同的是，這裡講的是政治上的反對勢力瘋狂反撲，而且他們「頑固、凶猛、複雜、詭異」，這八個字的定性令外界更加感受到天津火災不是一次簡單的安全事故，而是與政治緊密相關的政治案件。這次天津大火不是由中共安全監督局負責調查，而是由中共公安部牽頭，這恐怕是中共國務院派出的調查小組中最特殊的一次。

在中共輿論界有個「潛規則」，從官媒評論員的署名和被發表的位置及轉載力度中，就能看出這是否體現官方的意志。也就是說，在中共新聞史中，長期存在以諧音、筆名發表重要文章的慣例，以此釋放出一種強烈的政治信號。「國平」諧音為「國評」，有「國家評論」之意。據說，「國平」是一支由《人民日報》、新華社等官方喉舌的評論員組成的網路評論團隊，每在關鍵時刻發文，表明一種政治態度或者為一場政治運動提前造勢。

8 月 19 日這篇「國平」文章的主要內容意在表達，目前北京改革的推進必將觸及政治、經濟、社會、軍事、外交多個領域的種種深層次問題，困難之大，阻力之多，不適應改革乃至反對改革的力量之頑固凶猛複雜詭異，可能超出人們的想像。

中共喉舌一貫唱讚歌，這樣的「報憂」文章並不多見。

這篇來頭不小的文章一發表就被廣泛轉載，同時引起了外界的密切關注。

專家：中共藉政治代號來拋出政敵

華府中國問題專家石藏山分析說，中共歷次政治鬥爭中，特別是在鬥爭的初期，不方便直接點名，都會弄出一個特定的代號來描述新局勢的變化。比如當年鄧小平想推翻四人幫，就搞出個「實踐是檢驗真理的唯一標準」，等他要推翻華國鋒時，鄧小平又搞出了「批判兩個凡是」。當年「毛主席的接班人」林彪出逃溫都爾汗機毀人亡後，中共想批林彪，但又覺得很丟臉，又想對百姓保密，於是就編出了個代號叫「政治騙子」，文章裡只要一提「政治騙子」，人們就知道指的是林彪。這些政治代號的後面往往都是當權者想要推翻打倒的人。

習近平上台3年了，用他們的話來說，支持反腐敗的就是「改革力量」，「反改革力量」指的就是那些18大後還不收手的貪官污吏。

「能夠用國平的署名來發表的文章，我看至少是政治局常委一級的人物看了、圈了才能發表的。很明顯，這次提出的『反改革力量』，就是指的是江澤民。」石藏山肯定地說。

贊同這一觀點的人很多。自從習近平上台後，中共官場軼事最大的看點就是習近平與江澤民的生死大戰：江澤民因為作惡太多，生怕下台後被後來者清算，於是拚命想把權力從後來者手裡搶過來。無論是胡錦濤還是習近平，都被迫捲入了抵制、對抗江澤民的大戰中。

習江大戰到了2015年8月，雙方力量對比已經出現明顯的態勢：江澤民集團的勢力被快速削弱，這可以從時事政論家陳破空在8月11日撰寫的《江澤民已從領導人行列中除名》一文中看出端倪。也有評論稱，從時間點來看，正因為看到自己處於失敗的絕望關頭，江派才瘋狂地搞出了一場魚死網破的天津爆炸案，目的就是用百姓社會的痛苦來干擾阻止習陣營的執政，用社會動亂、天下不太平的暴力恐怖襲擊來給習陣營的執政添麻煩。

文章說，此前大陸媒體連發三篇文章，都是在針對已經退位的江澤民。

天津爆炸前 江已被踢出「領導人」行列

2015 年 7 月 30 日，因應郭伯雄倒台，財新網發表長文《郭伯雄沉浮》，文中罕見點名江澤民，暗示是江提拔了郭，江就是郭的黑後台。文章還直接點出了腐敗軍頭郭伯雄和徐才厚都是「江主席的人」，暗示習陣營在收拾完這兩人後，目標瞄準了江，因為王岐山曾高調宣布，這次反腐不但要查貪官本人，還要查誰提拔誰保護了貪官，這叫「一案雙查」。

8 月 5 日，澎湃新聞網發表長文《媒體盤點北戴河新「貴賓」：各領域專家到此休假》，羅列曾在北戴河活動的歷代中共領導人，並描述其活動，包括毛澤東、鄧小平、胡錦濤、習近平，以及朱德、周恩來、劉少奇等。顯眼的是，在這篇長達近 7000 字的文字裡，唯獨對曾經執政 13 年、繼而又「垂簾聽政」10 年的江澤民隻字不提。似在表明，江澤民已經從中共「黨和國家領導人」中除名。照以往中共文宣慣例，這幾乎就是被「打倒」的象徵。

財新網是王岐山屬下的媒體，澎湃新聞是習近平授意建立的新媒體，兩文互相呼應，與此同時，作為中共最高喉舌的《人民日報》也接著發表的一篇文章，即 8 月 10 日的《辯證看待「人走茶涼」》。

文中寫道：「有的領導幹部不僅在位時安插『親信』，為日後發揮『餘權』創造條件；而且退下多年後，對原單位的重大問題還是不願撒手。稍不遂願，就感嘆『人走茶涼』，指責他人『勢利眼』。這種現象不僅讓新領導左右為難，不便放開手腳大膽工作，而且導致一些單位庸俗風氣盛行，甚或拉幫結派、山頭林立，搞得人心渙散……」

外界認為，這些話以及通篇文章，都在影射和針對江澤民。這篇文章相當於把習江反目、習江暗鬥、習江對決的宮廷大戲公示於天下。陳破空評論說，這篇文章好像是在替習近平製造輿論並警示江澤民：有的政治老人不自覺、不守規矩、為老不尊，自討沒趣，如果逼我動起手來，別怪我下手無情。

《人民日報》的此篇文章，也點出政治老人持續干政的兩個原因：不甘心「人走茶涼」——指的是權欲；為親朋好友的利益「發揮餘熱」——指的是腐敗。還有第三個原因，那就是，防變天，怕清算。

江澤民因「六四」血案和鎮壓法輪功，欠下累累血債。人權組織調查發現，被活摘器官的法輪功學員人數高達數百萬。

列舉江澤民老人干政的劣跡

據一篇署名陳小平的文章透露，從 2002 年至 2005 年，江澤民交出中共總書記、國家主席、軍委主席三個職務，前後花了近 4 年時間，但直到 2009 年 9 月，新華社還是以「黨和國家領導人」稱呼江。

《澳洲日報》的一篇文章提供的統計數字顯示，江澤民退下 12 年間，就中共中央政治局工作、政策決策、不同事件等作出批示，共有 350 次；「建議」、「意見」、「看法」的書面材料有 48 份，還召開了 20 次座談會。

北京消息人士稱，習近平上台後，江澤民經常指指點點，習近平越來越反感，尤其是與胡錦濤退位後從不干政相比，江的做法讓習感到厭煩。消息人士提供具體例子稱，江澤民喜歡打電話安插親信，來自上海的中紀委副書記楊曉渡就是這樣被江在中紀委摻沙子的。

文章稱，江澤民為了滿足自己的權癮，對親信的腐敗睜一眼閉一眼，一心將腐敗進行到底。級別越高，腐敗越加碼。這樣，整個中南海就成了江澤民圈養的大老虎園。

據說江澤民的兒子江綿恆與江澤民一樣喜歡玩弄權術，多次給習近平打電話干涉政事。江綿恆常為下面的事給習近平打電話：「第一個是包庇上海的貪官，只要哪個上海貪官被查了，江綿恆就給習近平打電話，阻礙調查；第二個就是讓自己的小兄弟占據要職，其中最讓習近平惱火的是，江綿恆一直磨著讓習近平批准楊雄當上海市長，而楊雄是江綿恆的鐵哥們」。

由於江家的干政，使得連中共中央候補委員都不是的楊雄當上了中共上海市長。據說習近平原本打算選派自己的親信擔任上海市長一職，由於江綿恆一再攪局而作罷。

圍剿江澤民親信的外圍戰已經啓動

不過，到了 2015 年後，局勢發生了變化，江澤民想為周永康等人求情，習根本就不接江家人的電話了。相反，據「財新網」報導，近來江綿恆的利益地盤——中移動的高管密集落馬；多名上海國企高管被判刑或被提起公訴。

據官網消息，江澤民老巢上海市政府副祕書長陳寅被免職，上海市政府前副祕書長戴海波被立案調查。2015 年 8 月 11 日，上海友誼有限公司總經理、上海聯華超市股份有限公司董事長王宗南一審被判 18 年。王宗南被視為江澤民父子的密友和親信。

　　上海維權律師鄭恩寵曾表示，戴海波被免職與他任職上海浦東新區的 5 個國有企業的法人代表有關。這 5 個公司主要涉電信、房地產開發，與江澤民的兒子江綿恆和江綿康難以切割。

　　分析認為，圍剿江澤民的「周邊戰」已經啟動，同時，習當局為拿下江澤民已進入媒體輿論公開造勢階段。

中共官員都是「反改革力量」

　　華府中國問題專家石藏山還表示，2013 年習近平就提出，要把不改革的人換下來，也就是說，把不聽話的人拿下來，把那些一味跟著江澤民的人抓出來。什麼是中共的改革呢？改革就是要改變現有的一些規章制度、潛規則、條條框框等，要搞出新的東西，而不是因循守舊，把那些障礙發展的舊東西都得改掉。

　　不過自從王岐山嚴厲「打虎」以來，出現了「官不聊生」的局面。很多官員看不清局勢，搞不清風向，他們就採取了一種所謂最安全的做法：光看不做，或只按章行事，這樣的結果就使整個官場出現了嚴重的消極怠工現象，誰也不敢搞創新，誰也不敢去打擦邊球，誰也不主動去有所作為，結果處處因循守舊，根本談不上改革。從這個意義上來看，中共很多官員都是「反改革力量」。

　　這個現象和明清末年的崇禎皇帝、光緒皇帝面臨的局勢很類似。整個官場體制腐敗了，皇帝想搞改革，想強化中央集權，但下面的官員不聽話，總是推脫逃避。石藏山表示，這樣的改革是沒法進行下去的。

　　台灣著名政治學教授明居正也表示，在中共歷史上，每次政局發展到某一關鍵時刻，每當到了風口關頭，主政派系就會打出一個政治符號來打擊對手。這次習提出了「反改革力量」，什麼是改革呢？反貪腐這是最淺一層的表述，習要搞的改革，可從他在 18 大三中全會提出的 60 條改革措施中看出來，特別是從第 6 條到第 26 條這 20 條中找到線索。

概括地說，習李王想停止徵地，因為在城市化的徵地過程中，造成的民怨最大，數千萬的上訪案件都是圍繞徵地，習李王為了緩和矛盾，提出今後要減少和停止徵地，但這項改革必然會觸及各地方官員的強烈反對，因為地方財政的絕大多數就是靠徵地得來的，沒有土地可賣了，基層官員可能連基本工資都發出來了。

習李王的另一個主要改革措施是要動國有資產、國有企業，這樣必然會觸及到太子黨和江派特權分子的既得利益，就動了他們的乳酪，無論是地方官員，還是太子黨或特權分子，這三股反對力量中的任何一種力量或幾個力量聯合起來，都對習近平陣營的改革帶來巨大阻力，所以習近平面臨的挑戰是很大的。

相對於鄧小平時代遇到的改革阻力來說，習近平遇到的困難可能還要多些，因為整個幹部隊伍都是被江澤民以貪腐治國理念培養發展起來的，整個系統幾乎全部爛掉了。所以現在習近平的策略是，先不動地方官員，也不動太子黨，先集中力量打掉江澤民、曾慶紅的人馬，把這批最惡毒最凶殘最貪婪最瘋狂的江派血債幫清除掉，把最大的攔路虎除掉。由此看來，江澤民的日子只會越來越難過了。

第二節

「拿下江澤民」的輿論造勢熱火朝天

　　在中共官場，凡落馬官員的題詞馬上會被剷除。江澤民最愛題詞，近日屢傳其題字被剷除。分析認為，此為習陣營拿下江澤民的輿論造勢舉措之一。

　　2015年8月13日，就在天津爆炸案發生的第二天，網上傳出照片稱，江澤民在上海空軍政治學院教學樓外牆上的一段題詞被剷除。

　　大陸微信圈熱傳的照片顯示，幾名工程人員正在一座建築物的外牆，清除江澤民的一段題詞，該題詞內容被完全剷除，只剩下「澤民」兩字尚未清理完，一工程人員正在繼續清除最後兩個字。

　　報導沒有說上海空軍政治學院江的題詞是何時被除掉的，但2015年4月，中共軍委辦公廳主任秦生祥曾把「八一」大樓東門前江澤民題寫的五句話剷除。7月22日，有吉林市民眾發現吉林市政府外江澤民題詩的石碑被人噴油漆塗抹，尤其是名字部位。

曾橫行中共官場多年的江，詞陸續被「剷除」，這在以前是難以想像的。

潛規則：落馬官員題字被馬上清除

中共官場有個潛規則，凡是落馬的官員其題詞會被馬上剷除。2014 年 12 月網路流傳一篇文章，收集了幾個案例。比如原廣東政協主席朱明國 2014 年 11 月 28 日被中紀委調查，第二天其老家海南五指山的題詞即被抹掉。朱明國曾是五指山市土生土長及發跡的最高級別官員，朱在其家鄉、母校曾留下不少題詞。

前中共中央政治局常委周永康落馬後，他在中國石油大學的題詞署名被校方以火箭模型遮擋住了。

最明顯的還有重慶市原副市長王立軍落馬後，他在重慶市公安局題寫在碩大圓石上的「劍」、「盾」也隨即被磨去字樣。

藉剷除江題字探測民意和輿論放風

另外，這種以題詞提名來反映某人政治狀態的方法，也會被人用來試探民意。

比如 2014 年 8 月，有人故意把北京 301 解放軍總醫院上幾年前安裝江澤民題詞的照片發到網上，造勢說是江澤民的題字被拿下了。事後人們發現，其實那些題字還存在，從手腳架的存在能辨別出那照片是在安裝而不是拆除。不過誰能擁有這些照片呢？外界認為，毫無疑問是中共軍隊內部的人。他們以這種方式來傳播民間對江的厭惡。

　　江澤民是中共官場裡最愛題詞題字的人，他的題詞量超過了毛澤東，是歷來中共官員中題詞數量最多的。江澤民到處題詞，從給清華大學、北京大學，到給中學校慶的題詞，甚至連給鄭州某退休辦、泰山廁所上題詞江都不放過。

　　2015 年 8 月 21 日，有人又開始這種放風式的移除江題字。

　　8 月 21 日，有人發照片稱，位於北京的中共中央黨校的江澤民題字巨石已經被移走。大型施工機械正在現場施工，幾名工人在整理裸露的地面。並將現場移除後的照片發布到網上。等到該消息廣為人知後，官方又宣稱，那塊巨石只是從校園外移動到了校園內。

　　8 月 22 日，知情人向《大紀元》證實，該工程三、四天前就開始，當天還有工人在現場平整土地，或許會恢復綠化。後來雖然中央黨校稱巨石被移到校內，但影射江澤民失勢的效果已經達到。

　　圍繞拿下江澤民的輿論戰很多，除了上述提到江的題詞被抹掉之外，早在 2015 年 5 月，國防大學教授馬駿在一次演講中公開表示稱，習近平才是「真正的第三代領導核心」。外界分析說，假如該說法不是中共高層的意見，在中共治下，一個軍人是不敢如此發言的。

　　評論指出，在周永康、令計劃、郭伯雄案被公布後，習近平當局「打虎」明顯加速。2015 年 7 月底以來，大陸多家媒體有至少有四篇報導公開點名或影射中共前黨魁江澤民，這在以大陸法輪功學員為主公開控告江澤民人數達到 14 萬的背景下，顯示習當局對江澤民的圍剿已進入輿論造勢階段，江澤民將被抓捕的結果很快就會展現。

第三節

王岐山發長文暗示
二年內拿下江澤民

8月21日，王岐山在中共黨媒《人民日報》上發表了有關巡視、監督等方面的6000字長文。王岐山稱，習近平對巡視十分重視，每次都聽取彙報及審閱報告，並對巡視中發現的問題進行評判。

王岐山稱，巡視工作著重發現違反中共政治紀律和政治規矩，「有令不行、有禁不止、陽奉陰違、拉幫結夥」等問題；緊盯18大後不收斂不收手者。他還表示，在中共19大前，「要對中共中央國家機關進行全面巡視」。

中共18大以來，中央巡視組共巡視了31個省區市、118個地方和單位。8月22日，大陸《新京報》微信公號「政事兒」的文章稱，王岐山的文章也確定了時間點，要在2年時間裡實現巡視全覆蓋。據統計，目前沒被巡視的「中共中央國家機關單位」

有 102 個。

王岐山下一步將會到哪兒？文章稱，首先是中共中央部門。目前未巡視的還有 21 個，包括中共中央辦公廳、中組部、中央統戰部、中央政法委、中央黨校、中央編譯局等。

再有中共國家部委等國務院部門，未巡視的有 61 個，包括被稱為「小國務院」的中共國家發改委，以及「一行三會」（即央行和證監會、保監會、銀監會）等。此外就是群團機關，未巡視的有 20 個，其中包括中共紅十字會、團中央、文聯、作協等。

最近，習江鬥愈發激烈，從大陸股市暴跌，江派令計劃、周本順、郭伯雄等被拿下，到北戴河會期中共 7 常委隱身、天津大爆炸等，使得中國局勢撲朔迷離。港媒文章曾分析認為，中南海幕後權鬥之白熱化不亞於中共 18 大之前。

8 月 10 日，中共黨媒《人民日報》發表評論文章批「退而不休」，各界輿論普遍認為是在影射江澤民「老人干政」。

時評人士李林一認為，王岐山此時親自在中共官媒刊文，意義深遠。王稱在中共 19 大前基本實現巡視全覆蓋，這意味著習、王的反腐「打虎」到中共 19 大前基本定型，習近平「打虎」的終極目標江澤民或將在此前被拿下。

第四節

江澤民魚死網破
要和習一起閱兵

在天津爆炸案之前，江派媒體就放風稱，江澤民 9 月 3 日要和習近平一起閱兵。大爆炸之後，江派媒體又以「你懂的」方式承認事情是江澤民集團幹的，以此威脅習當局。

隨後天津濱海驚現大量死魚。網民調侃，這寓意江澤民要「魚死網破」。

江澤民要和習近平一起閱兵 遭拒絕

天津大爆炸後，9 月 3 日的天安門閱兵受到外界關注。消息稱，江澤民也想通過這次閱兵露露臉，早早地放出了風聲。

8 月 5 日，江澤民集團控制的媒體放風稱，在北戴河會議之前，江澤民就提前到了北戴河，但少有登門拜訪者，甚至他邀請了幾位金融、冶金、電力系統的老部下、老相識「來北戴河一聚」，等了幾天都沒見人影。

文章最後稱，在 9 月 3 日天安門廣場大閱兵，江澤民還要爭取以「健康的狀態和形象」，登上天安門城樓和習近平一塊閱兵呢！

不過，8 月 14 日，有消息稱，一名中共高層幕僚毫不遲疑的說：「這是絕對不可能的，習近平不會和漢奸出身本人也是漢奸的人站在一起……」

那名高層幕僚透露說，江澤民想爭取參加閱兵，想以此洗刷掉自己的漢奸罪名。江一直找機會與習近平溝通，但習近平不接電話。後來江知道確切消息，習近平說他沒有資格參加。於是，江在家裡大發脾氣，還嚇得進了一次醫院。

江澤民面臨被抓捕 急於「軟著陸」

江澤民之所以巴望著和習近平一起閱兵，還有一個說不出的理由，就是江面臨被抓捕的處境，江澤民急於和習近平套近乎，以求「軟著陸」。

在江派媒體做上述放風的前後，習近平當局接連拋出 5 隻「大老虎」。6 月 11 日，中共官方突然宣布，周永康已經被判處無期徒刑。

7 月 20 日，中共前政協副主席、原統戰部長令計劃被「雙開」及被逮捕。7 月 24 日晚，原中共河北省委書記周本順被調查，成為中共 18 大後首個落馬的在任省委書記。

7 月 30 日晚 10 點，中共前軍委副主席郭伯雄被「開除黨籍」並移送軍事檢察機關。8 月 10 日，徐才厚馬仔、中共總後勤部原副部長谷俊山被判處死緩。

與此同時，中共官媒也以半公開的方式點名江澤民干政，並追問誰提拔了徐才厚和郭伯雄，釋放出抓捕江澤民的信號。

8 月 10 日，官媒《人民日報》所發署名顧伯沖的理論文章《辯證看待「人走茶涼」》，被大陸媒體紛紛轉載，引發網民熱烈討論。

該文不點名地說「退休領導」抓著權力不放，造成內部裂痕。他們在關鍵崗位安插「親信」，為日後發揮「餘權」創造條件；而且退下多年後，對原單位的重大問題還是不願撒手……。

文中還提到這些「老領導」搞「拉幫結派」，導致「山頭林立」。只有「在其位、謀其政」的人，才會履行與其責任相匹配的職責等。

有網民認為，這明顯是在說中共前黨魁江澤民，視權如命的江澤民死抓權力不放，退而不休，繼續「干政」多年。現在看來習近平要與其攤牌了。

谷俊山被判處死緩之後，8 月 12 日，有官方背景的中國江蘇網發表「天涯海角客」的評論文章《谷俊山背後還有更大的「靠山」？》。

文章說，在軍隊中除了谷俊山等人落馬後，就沒有其他軍官腐敗存在嗎？這個恐怕就很難說了。為何谷俊山在位期間為所欲為，無人可管呢？谷俊山在軍隊裡能得到提拔，絕非那麼容易的事，而是有一幫人在幫著他升官，而谷俊山的提拔可能跟徐才厚等人有關，但徐才厚和郭伯雄又是誰提拔，這些問題都是環環相扣的。所以追究谷俊山背後的「大靠山」是軍隊反腐的根本。

文章繼續點明：能當徐才厚和谷俊山的靠山，能有幾人，在中國也是屈指可數。要展示反腐力度，一查到底，並不是只查到谷俊山這樣就結束，更應該去挖掘谷俊山背後的「靠山」，否則，反腐敗算不上成功，因為對中國來講，歷朝歷代，反對到宰相為止，而更往上，把手伸向皇帝和太上皇就不敢了。因為他們擁有至高無上的權力。

江澤民老家就在江蘇揚州，且江澤民下台後，以中共「太上皇」自居，對其繼任者指手畫腳，頻頻干政。上述文章提出要把手伸向「太上皇」，針對江澤民的用意可謂躍然紙上。

事情到了這個份上，江澤民內心的恐懼，可想而知。既然習近平拒絕了江澤民提出的閱兵要求，江自然要搞點事情，否則，誰還拿它江蛤蟆當回事呢？

正是在中南海博弈不斷升級，江澤民已經面臨被抓捕這樣一種敏感、緊張的政局背景下，天津突然發生了大爆炸事件。

江澤民集團變相承認是他們幹的

8月12日23時30分左右，天津濱海新區開發區突發大爆炸。爆炸共發生兩次，第一次爆炸相當於 3 噸 TNT 炸藥，30 秒後再次爆炸，相當於 21 噸 TNT。

事件造成人員傷亡慘重。據海外希望之聲電台 8 月 15 日報導，該台記者 8 月 14 日通過電話採訪和微信獲得的訊息，天津爆炸死亡人數已經上升至 3600 人，其中包括消防員、武警至少1000 人。

天津大爆炸發生後，江澤民集團很快通過其控制的媒體，以「你懂的」形式公開承認事情是他們幹的，藉此威脅習近平。

8月13日，有海外中文網站發表文章《天津大爆炸是針對習近平的恐怖襲擊》。文章稱：根據陰謀論，天津大爆炸也必定就是中共權鬥的副產品，是中共在野一方所製造的人間慘禍，其目的就是向中共當權者進行威脅、恫嚇及製造危機麻煩，進而要挾習近平妥協、就範，甚至是以此災禍來彈劾習近平。

文章表示，中國接連不斷地發生的這一系列天災人禍慘案，都是中南海內部各派勢力相互廝殺而造成的人間慘禍，是中南海各個集團以中國人民當人質，來向敵對方討價還價，是中國百姓容忍中共獨裁政權所付出的沉重代價。

據香港《動向》2015年7月號報導，「……今年不太可能有以往的北戴河會議，一部分高規格、保密性極強的會議可能會在天津濱海新區召開。」

有媒體分析認為，習近平早就透露出要取消北戴河會議，將原有的北戴河會議改在天津濱海新區召開。於是，有人策劃了針對天津濱海新區的恐怖襲擊，時間定在習近平最有可能去天津濱海新區召開會議期間，目的就是要拿下習近平的項上人頭！

分析稱，在天津大爆炸之前，習近平接到恐怖分子的恐怖襲擊威脅。習近平嚴密布防，要求各級安監部門做好防範工作。天津市副市長何樹山親自主持安監部門防範各類恐怖襲擊。

網民：江澤民要「魚死網破」

8月20日，眾多天津網民在網路上披露，離天津5公里至6公里遠的海河水面上出現大面積的死魚，引發當地居民及大陸網民對幾千噸危化品爆炸燃燒後會不會給周邊環境帶來污染的擔心。

　　但是當天下午，天津當局就爆炸問題召開了第 11 次發布會。針對海河上游出現死魚問題，中共天津市環境監測中心主任鄧小文聲稱，夏季高溫遇降雨，地表污物一進河道就易造成極度富營養化和水體缺氧，死魚現象在天津各河道都存在。

　　隨後天津方面宣稱，針對海河大閘附近出現死魚現象，對該河段水質進行了採樣分析，未檢出氰化物。

　　當局的回答並沒有解除民眾的疑惑，反而引發了網民們的各種調侃。有網民稱，魚死，寓意就是江澤民要「魚死網破」。

第五節

三大電信商同時「易帥」
江綿恆勢力被整肅

2015 年 8 月 24 日，大陸三大電信運營商最高層調整，尚冰任中國移動通信集團公司董事長；中國聯通董事長常小兵和中國電信董事長王曉初對調。這被視為習近平清洗操控中國電信業的江澤民長子江綿恆勢力的新步驟。

8 月 24 日，大陸官媒中新網報導，大陸三大電信運營商高層集體調整。工信部副部長尚冰將任中國移動通信集團公司董事長、黨組書記，原董事長、黨組書記奚國華將會辭職；中國電信董事長王曉初轉任中國聯通董事長；中國聯通董事長常小兵轉任中國電信董事長。

公開資料顯示，尚冰曾任中國聯通遼寧分公司總經理、中國聯通公司總裁、中國電信副總經理等職。2011 年 7 月，尚冰調任中共工信部黨組成員、副部長，2015 年 1 月 23 日，兼任國家網信辦副主任。

奚國華歷任郵電部電信總局副局長、上海市郵電管理局副局長、上海貝爾有限公司董事長、信息產業部副部長、中國網路通信集團公司總經理、工業和信息化部副部長、中國移動通信集團公司黨組書記、副董事長、董事長等職。

常小兵曾任中國電信副總裁，2004 年 11 月就任聯通董事長。常小兵曾在 2000 年任訊息產業部電信管理局局長，與 2003 年後任訊息產業部部長的江澤民親信王旭東有不少交集。

一周前已傳出換人消息

事實上，三大電信商換人的消息，已由《財經》雜誌最先曝光。不過，中移動董事長奚國華在香港業績會上回應退休辭任一事時，還堅持說沒有收到退休通知。他還稱此類傳言很多了，未知真假，但承諾收到通知，第一時間告訴記者。他還表示，有關傳他退休的言論好笑，「他們傳的也不對，你說到退休，我目前不會退休，因為我是政協委員，要到 2018 年退休。」

另外，中聯通董事長常小兵，亦缺席聯通中期業績發布會，聯通總裁陸益民解釋，常小兵要在北京出席一個重要會議，因此未能來港，否認有關會議是討論三大運營商換帥，但未透露會議內容。不過幾天後，傳言被一一證實。

換人傳聞後，三大電訊商當天股價表現迴異，當中中移動跌幅最大，跌穿「紅底股」，收報 92.35 元，挫 7.93%，較 2015 年 4 月高位已經跌去兩成，8 月 24 日稍微反彈 0.25%，至 92.60 元；中電信（00728）與聯通互調董事長，中電信挫 6.45%，報 4.35 元；不過聯通一度逆市升 2%，最後收報 10.6 元，僅跌 2%。

電信易帥或肅清江派

中國電信行業長期由江澤民家族控制，江澤民長子江綿恆被稱為「電信大王」。江綿恆的「電信王國」包括中國網通、中國聯通及中移動。此次大陸電信三巨頭的「一把手」同時調整，外界分析認為很可能是習近平清洗江綿恆在電信業勢力的一個新步驟。

分析稱從 2015 年 1 月江綿恆被免去中科院職務，到清洗中移動和中國聯通的管理層，再到現在調整電信三巨頭的最高層，外界可以看到一條很清晰的脈絡，即習近平正在一步步削弱江綿恆手中的實力。

2015 年 1 月 8 日，大陸中國科學院上海分院網站發布人事變動消息，江綿恆 1 月 6 日被撤職，「因年齡關係」不再擔任中科院上海分院院長職務。公開資料顯示，江綿恆 1951 年 4 月出生於上海，2015 年 1 月只有 63 歲，還有一年多時間才到法定 65 歲普通人退休年齡。作為教授級專家，中共一般允許 70 歲退休。

江綿恆被免去中科院職務之後，王岐山掌控的中紀委很快對被認為是江綿恆手上最重要的「利益地盤」中國移動展開巡視。

據大陸《財經》雜誌 5 月 20 日報導，中移動向全集團通報了中央巡視結果，全集團立案 23 宗，當中 8 人移交地方紀檢監察機關或司法機關，被「黨紀、政紀、組織處分」分別有 12 人、10 人和 18 人。

在被立案的 23 宗案件中，18 宗由中移動處理，另 5 宗或由中紀委進一步核實並查辦。而中移動山西、湖北兩個省公司黨組、紀檢組則被點名。在高管持續落馬的同時，中移動還出現了高管離職潮。

據財新網 8 月 12 日報導，中國移動通信研究院院長黃曉慶 2015 年 3 月離開工作了 8 年的中移動。中國移動香港公司董事長林正輝也與黃曉慶在差不多的時間內離職；之後，中國移動終端公司總經理何寧、中國移動市場部副總經理徐剛以及多位省級高管陸續提交辭職申請，離開中國移動。

中國聯通亦曾震盪

江綿恆在電信業的另一利益地盤中國聯通在遭到中紀委的巡視之後，也出現持續的震盪。

2014 年 12 月 30 日，財新網發表題為《前高管宗新華被查聯通多人遭舉報》的報導，罕見點名江綿恆的上海聯和投資公司。2015 年 2 月 5 日，中共中央巡視組公布對中國聯通的巡視結果，稱存在「權錢色交易」等不容忽視的問題。

2015 年 4 月 27 日，大陸媒體披露，一份中國聯通被點名的名單在業內流傳，還有 22 人因所謂的「違規違紀」與「失職瀆職」問題被內部通報。4 月 30 日，據中紀委官網消息，中國聯通公布了中紀委第八巡視組對其巡視後的整改清單，被問責的總人數超百人。

「金盾工程」骨幹被捕

2015 年 4 月 16 日，大陸官媒及門戶網站轉載陝西新聞網報導稱，中共公安部科技信息化局原副局長、總工程師馬曉東被捕。

馬曉東是「金盾工程」的骨幹項目負責人之一。這被認為是習近平當局圍剿江澤民父子的一個新信號。

1999 年 7 月 20 日，江澤民集團開始公開鎮壓法輪功，叫囂三個月「消滅」法輪功。但鎮壓政策不得人心，甚至受到中共體制內高官的抵制。鎮壓的同時，中共宣傳機構開足馬力對法輪功進行全方位抹黑與誹謗，同時阻止法輪功真相的傳播。

據《真實的江澤民》一書披露，鎮壓法輪功不成功令江澤民惱羞成怒。在迫害開始後，江澤民的兒子江綿恆封鎖互聯網不斷加大力度。他所主持的「金盾工程」前期投資就有 8 億美元，為的就是不讓大陸網民得到任何有關民主、人權、自由，特別是法輪功的海外信息。

「金盾工程」於 1998 年啟動，其官方名稱為「全國公安工作信息化工程」，是中共祕密建立的一個龐大的網路監控項目。該工程包括一個綜合、多層、包括網路各個環節的封鎖和監視系統，涉及技術（電信與網路服務提供商）、行政、公安、國安、宣傳等很多部門的系統工程。

江綿恆曾聲稱：「中國必須建立一個全國性的網路，獨立於國際互聯網之外」。據報導，江綿恆乃是最早提出數碼監控系統之人，並在其父江澤民的讚賞和支持下成為當局的「國策」。

中共官媒曾報導，2003 年 9 月正式啟動「金盾工程」以來，中共公安部門已經把中國大陸 96％的人口信息輸入到其資料庫中。三年後，一期工程已經完成。這個網路已經覆蓋了各級公安機關。2006 年，中共公安部對「金盾工程」驗收，繼而轉為規模更大的「大情報」工程。

消息：習當局否定江派政策

　　江澤民掌權 20 年，被指動用手中權力和財力進行金錢外交，收買外國政府和企業簽訂大量合約，覆蓋金融、能源、汽車、電訊、運輸、媒體、製藥、娛樂、食品以至房地產。當中涉及巨大的貪腐和紅色滲透，黑幕重重。

　　《大紀元》獲悉，習近平當局非常反感江澤民的做法，正在逐個逮捕江的親信；另一方面，江派與各國簽訂的各種合約都會被否定，「全部得重新談。」

　　江澤民集團在電信行業也和外商簽訂了大量的合同。有分析認為，隨著大陸電信三巨頭「一把手」的調整，江綿恆控制的眾多資源也將被習近平當局撤去。下一步，習近平當局會收回中移動等公司以前簽訂的國際合約，並按照「一帶一路」的布局重新簽訂新的合約。屆時，江綿恆此前在電信業的巨大影響或將蕩然無存。

年初巡視中移動後 高管頻繁落馬

　　4 月 10 日，中國移動通信集團山西有限公司董事長兼總經理苗儉中落馬。

　　4 月 23 日前後，北京移動副總經理李大川落馬，5 月 18 日被立案偵查，7 月 24 日被逮捕。

　　4 月 23 日，中國移動通信集團湖南有限公司原黨組書記王建根落馬。

　　4 月 29 日，中移動廣東有限公司副總經理溫乃粘落馬，8 月

3 日被立案審查、開除黨籍並移送司法機關處理。

　　7 月 22 日，湖南移動益陽分公司總經理謝鋼、湖南移動湘潭分公司總經理黃偉忠落馬。

　　8 月 19 日，廣東移動黨組書記、董事長、總經理鍾天華，因被巡視組發現有不合規問題被免職；重慶移動董事長、總經理秦大斌因涉嫌腐敗問題被免職；一批中層人員受到警告、記過、降級等內部處分。

第七章

25 大徵兆顯示
江被習控制

習江博弈持續加劇，反腐之火延燒至江澤民家族。大陸媒體不斷以高級黑的手法，曝光江澤民淫亂、賣國醜行及其兩個巨貪兒子，還有江系爪牙的貪腐、打壓民眾罪惡。有徵兆證實，江澤民、曾慶紅已不同程度地被習王控制。

（大紀元資料室）

第一節

江派反撲：新華社攻擊反腐 公安部抓財新記者

2015 年 8 月 24 日大陸股市暴跌，新華社深夜發文提到「高壓反腐是導致經濟下行另一個重要原因」。

此前，中共官方曾多次反駁「反腐導致經濟下行論」，這次新華社公然與中共中央論調相左，折射出習近平 9 月訪美之前，中南海博弈正加劇。

新華社鼓吹「反腐導致經濟下行」

8 月 24 日，大陸股市截至收盤，滬指跌 8.49％，報 3209.91 點，創 8 年來最大單日跌幅；深成指跌 7.83％，報 1 萬 970.29 點。至此，滬指失守年線，抹去 2015 年全部漲幅，3 天累計跌幅創逾 18 年來最大。滬深兩市逾 2000 股跌停。

8 月 25 日，大陸媒體澎湃新聞報導，8 月 24 日，A 股罕見暴跌。《財經國家周刊》微信公號當日深夜以《中國經濟和股市正在經歷一場 100 年未有之大變局……》為題，轉發兩篇文章。

一篇是《中國改革報》對民生證券研究院執行院長、民生財富首席經濟學家管清友博士的獨家專訪，題為《中國經濟和股市——變局之下，路在何方？》。另一篇是管清友應邀為「人民網」的獨家撰稿，題為《下半年貨幣政策守住風險底線面臨三大任務》。

在前一篇文章中，管清友在談對中國大陸經濟的看法時，直接提到，「高壓反腐是導致經濟下行另一個重要原因。」

管清友解釋，必須強調，我們很支援反腐，大力反腐之後，集團消費大幅降低，同時地方政府行為也有所改變，出現消極怠工、懶政怠政等情況，因為這個時候相比於「大拆大建」去建功立業，倒不如選擇「明哲保身」。

公開資料顯示，《財經國家周刊》是中共喉舌新華社推出的第一本財經類期刊，2009 年 12 月 28 日面世，是《瞭望》品牌時事政經期刊集群系列刊物之一。

新華社旗下的刊物此次公然鼓吹「反腐導致經濟下行」的論調，雖然是藉管清友的口，但依然給外界突兀的感覺，顯得十分蹊蹺，因為此前中共官方曾多次反駁這一論調。

半年前中紀委稱：反腐有利經濟

2015 年 2 月 12 日，中紀委官網刊文《反腐真「反得人人自危影響經濟」嗎？》，痛批持「反腐導致經濟下行」論調者或是別有用心。

　　文章稱，反腐敗或許會帶來陣痛，但從長遠來看，懲治腐敗不但不會拖累經濟發展，反而會通過凝聚正能量、激發全社會的活力和創造力，為經濟新常態注入源源不斷的動力。

　　3月6日，中共官媒新華網報導，「兩會」期間，6日上午，習近平參加江西代表團審議。習近平在講話中稱，「可見，反腐並不會影響經濟發展，反而有利於經濟發展持續健康。」

　　7月30日，新華網刊文《「反腐帳本」曬出經濟正能量》稱，從18大到2015年6月份，中共紀檢監察機關在查處腐敗案件同時，已有效挽回經濟損失387億元。文章稱，反腐還為改革帶來更多新的紅利，包括遏制奢侈浪費、激發經濟的內生動力、提振了市場主體信心……

　　此次新華社再次炒作「反腐導致經濟下行」，顯然是在和習近平、王岐山唱反調，這背後很可能是操控中共文宣系統的江派常委劉雲山在搞鬼。

　　截止8月29日，王岐山那邊沒有什麼動靜，保持著沉默，並沒有針對新華社的這一舉動進行反駁。

　　有分析認為，上述跡象表明劉雲山針對習王的挑戰越來越明顯，與習近平的分裂越來越公開，這或許折射出，在習近平9月訪美之前，中南海博弈還在加劇。

公安部抓財經記者 涉及王岐山

　　據新華網8月25日消息，中信證券股份有限公司徐某等8人涉嫌違法從事證券交易活動，《財經》雜誌社王某夥同他人涉嫌編造並製造傳播證券、期貨交易虛假信息，中國證監會工作人員劉某及離職人員歐陽某涉嫌內幕交易、偽造公文印章，上述人員已被公安機關要求協助調查。

8 月 26 日中午，《財經》雜誌在其微博上貼出「財經雜誌社關於本刊記者王曉璐被公安機關傳喚事宜的說明」一條微博，稱該雜誌收到各界詢問，現對此進行回應。該雜誌還把回應的全文作為當日頭條放到網上。

聲明稱：「經核實，本刊記者王曉璐確於當晚在其家中被公安機關傳喚。因本刊尚未收到公安機關的任何通知，故無法確知王曉璐被傳喚的具體原因。」

《財經》聲明提到，在 8 月 20 日，《財經》發表了記者王曉璐採寫的報導《證監會研究維穩資金退出方案》，當天證監會發言人公開表示，報導不實。隨後該雜誌在新聞出版主管部門和證券稽查部門要求下，對採編過程進行了書面說明。

聲明還表示，《財經》雜誌社對記者在職務範圍內的正常採寫行為承擔責任，並維護記者依法履行職務的權利，關注其享有的其他合法權益。

聲明強調媒體的責任後，並為底下記者打氣說：「將一如既往地支援記者對證券市場進行深入、準確、客觀的報導。」最後表示，要積極配合有關部門調查，務求查明真相。

中共將股市暴跌歸咎於記者遭批評

在央視 8 月 30 日播出畫面上，《財經》雜誌的記者王曉璐「承認」他造成股市混亂和恐慌。他說他從「私人管道」獲得有關證監會的信息，然後在報導中加入「自己的主觀判斷」。他懺悔表白：「在一個敏感時期，我不應該發表具有這樣巨大負面影響的報導。」

《華盛頓郵報》報導說，這個高調的強迫性道歉發生在中共當局對付天津爆炸和股市危機的時刻。官媒聲稱，王曉璐是最近因「散布謠言」受到懲罰的 197 人之一。

中國股市泡沫自 2015 年夏天破裂以來，中共政府一直努力遏制危機，下令媒體淡化局勢，並且定期挑出批判對象，從「外國敵對勢力」到「惡意賣空者」，到美聯儲，再到現在的記者。

在 7 月 20 日的《財經》雜誌上，王曉璐敘述中國證監會在權衡是否要停止救市。證監會在當日否認這篇報導，稱其「不負責任」。逾一個月之後，證監會的確採取了更加放手的做法，中國股市經歷又一輪暴跌。而王曉璐因為散布「虛假信息」被拘押。

記者無疆界譴責中共拘捕王曉璐，呼籲釋放他。該組織的祕書長德羅瑞（Christophe Deloire）聲明說：「說一名商業記者要為股價的驚人下滑負責是罔顧事實。」「將市場危機歸咎於一名記者是無比荒謬的。」

《金融時報》報導說，王曉璐的被捕受到位於美國的保護記者委員會的譴責。該委員會認為，中共當局對金融市場波動的過敏不應是它恐嚇和監禁記者的理由。

香港大學中國傳媒計畫負責人班志遠（David Bandurski）說，他關切當局此次拘捕記者的行為。「這不是有關報導的真實性，而是有關它的政治影響。這看起來像是一個仇殺。」班志遠表示，它比先前記者因「洩漏國家機密」等罪名而被拘捕的案例更加令人擔憂。

美國華府中國問題專家石藏山表示，《財經》的文章是說資金要對日後退出市場做研究，任何人憑常識判斷，不可能不研究不準備的。這麼大的資金進去，一定有多個推出方案，那不是小錢，別說是上萬億的資金，一般基金經理投資 10 多億，也是在入市時就會準備如何退出，《財經》的報導沒有錯。官方的否認，公安部的調查顯得很奇怪，好像公安部故意在為難財經網。

石藏山分析，《財經》針對記者被抓發出的聲明，言語措辭都表現得很強硬。《財經》雜誌的主編是王波明，他是中共前外交部副部長王炳南之子，是大陸證券市場的創建者之一。1989 年「北京證券交易所研究設計聯合辦公室」成立，裡面全都是太子黨，頭是王波明，當時得到中共國務院副總理姚依林的支持。

石藏山表示，由於時任上海市長朱鎔基的關係，證券交易所最後設在了上海。當時參與這個事的還包括時任人民銀行副行長劉鴻儒、中創公司總經理張曉彬、中農信公司總經理王岐山，所以《財經》的整個背後是王岐山的勢力。回頭來看，公安部問罪《財經》雜誌，恐怕不是針對這篇文章，而是針對後面這批人，裡面有和習近平、王岐山對抗的因素。

公安部四處抓人 中南海博弈激烈

自 2015 年 7 月份起，中共公安部以打擊「網路違法犯罪」為名，展開為期 6 個月的「淨網行動」。

截至 8 月 19 日，有大約 1 萬 5000 人遭到中共公安部以涉嫌「危害網路安全」逮捕。此舉被視為中共對網上言論的進一步箝制。

中共公安部在網站發布聲明說，警方已偵辦網路犯罪案件 7400 餘起，但並未明確說明何時逮捕這些嫌犯，很有可能是在過去幾個月所逮捕的。

中共公安部於 8 月初宣布，該部將在大型網路公司中安置網路警察，以期及時發現並預防欺詐、竊取個人信息和傳播「謠言」等不當行為。外界普遍認為，這是中共箝制言論自由的進一步升級。

中共公安部在 7 月 9 日開始抓捕維權律師及相關人士，至今還有部分人士被關押。

據香港維權律師關注組的最新消息，截至 8 月 28 日，有 12 位律師依然失去自由，被刑拘或監視居住，包括：王宇、包龍軍（王宇先生）、王全章、謝燕益、隋牧青、謝陽、劉四新、謝遠東、李和平、周世鋒、黃力群、陳泰和教授等。

另外還有 7 位公民也處於同樣的被刑拘或監視居住狀態，包括律師李和平的二位助理趙威、高月，天津的勾洪國（戈平）、北京的劉永平（又名老木）、湖北的耿彩文、王芳、尹旭安等。

其中大部分以涉國家機密為由，不讓律師、家人會見。有的至今沒有給家人任何書面的交代。

中共公安部此舉被認為有中南海博弈的因素，背後很可能是江澤民集團企圖讓習近平在國際社會丟臉，阻止習近平 9 月訪美。

石藏山認為，現在中南海博弈確實相當激烈，是劉雲山和江派在政法委的殘餘勢力與習、王搞得比較尖銳，還不光那些人，還有很多地方政府的勢力，對習、王的做法很不滿意，認為習、王破壞了規則，但是他們又不敢表露出來，於是有一部分人就投靠到江澤民的麾下，有的就按部就班，消極怠工。現在兩邊的陣營越來越成型，對習來說，要想把體制內聲音全部打下去，就必須把江打下去。

第二節

江澤民曾慶紅
一場未遂政變曝光

　　江澤民集團多次密謀政變，廢黜甚至暗殺習近平的消息不斷被揭露。2015 年 8 月底，港媒報導稱，2015 年 3 月江澤民、曾慶紅策劃乘習外訪之際，試圖採取類似中共罷免胡耀邦的模式進行政變，但被關鍵人物胡錦濤斷然拒絕。

　　2015 年年初開始，習近平陣營加大反腐力度。當時官媒高調報導習近平反腐「上不封頂」和腐敗沒有「鐵帽子王」的言論，外界輿論解讀習將打虎最終目標指向了曾慶紅、江澤民。

陸媒暗點賈廷安 江曾急搞政變被胡拒絕

　　1 月初，大陸敢言媒體《炎黃春秋》雜誌發表中共原總後勤部基建營房部部長張金昌的文章，首度公開涉貪腐下台的原海軍副司令員王守業案的內幕和背景，暗指王當年依靠河南老鄉、時任中央軍委辦公廳主任賈廷安升官。

賈廷安被曝是軍中腐敗集團的四大後台之一，也被稱為江澤民的「家臣」。賈廷安被陸媒半公開點名，令江澤民再度被推上風口浪尖。

香港《前哨》雜誌9月號報導，江澤民曾提拔賈廷安，因此江非常恐懼，再次聯合曾慶紅謀劃政變，企圖廢掉習近平。

2月25日，中共紀委網站發表了「習驊」的文章《大清「裸官」慶親王的作風問題》。《前哨》報導說，此文令曾慶紅毛骨悚然。該文似為其量身定做，慶親王非曾莫屬。

沒有退路的曾慶紅與江澤民加緊謀劃倒習行動。他們企圖採用中共當初廢黜胡耀邦的模式，在中共政治局「生活會」上按所謂中共黨內程序罷免習近平。

於是江、曾密謀讓江澤民、胡錦濤出頭召開政治局會議倒習。而這個緊急會議又要選在習不在北京——乘習外訪巴基斯坦而又無法即時趕回的時間段召開。

江、曾決定將改良版的政治局「生活會」定在3月23日巴國國慶日。然後張羅與會施壓的正國級退休高官，前幾屆常委中，李嵐清、李長春、賈慶林等都願意加盟，斷然拒絕的是李瑞環。在不可或缺的人選——胡錦濤那裡碰了釘子。

報導引述接近胡錦濤的消息人士表示，曾慶紅找到胡錦濤商量，卻被胡一口拒絕。曾在胡面前以令計劃落馬之事挑撥離間，但胡就是不鬆口，拒絕加盟倒習行列。

由於胡錦濤的態度，那些已經答應加盟的中共退休高層紛紛打起退堂鼓，好幾個曾被曾慶紅私下遊說的政治局委員見勢態不對，更先後通過中辦向習近平告密輸誠，就這樣江、曾策劃的倒習陰謀胎死腹中。

習近平驚悉這一政變陰謀後，第一件事就是登門向胡錦濤表達「誠摯謝意」。

據公開報導，中共外交部公布習近平在 2015 年首次訪問的國家是巴基斯坦。2015 年 2 月中共外長王毅訪問巴基斯坦，被廣泛認為是與巴方協調習近平訪巴的安排。

巴基斯坦官員曾邀請習近平參加伊斯蘭堡 3 月 23 日紀念國慶日的活動。然而習最終還是缺席了巴基斯坦 3 月 23 日舉行的國家閱兵式，之後巴基斯坦官員堅持說習的訪問被推遲僅僅是因為安全原因。

習江 2014 年北戴河交鋒細節曝光

據港媒《爭鳴》9 月號報導，接近胡耀邦家族的人士透露，2014 年北戴河會議期間，江澤民、曾慶紅特意單獨與習近平談話。

江指責習「選擇性反腐」，習毫不妥協，說話字字帶骨：反貪腐策略是從下往上，從小到大，比如查谷俊山發現徐才厚的問題，查石油幫發現周永康的問題，令計劃的問題也是從下往上查的。令計劃本身具備「紅二代」和「團派」雙重身分，只要「違法亂紀」不是一樣照打不誤嗎？

江不服氣，還提到胡錦濤。習近平正色道：胡已經明確表示絕不干預，而且 6 月份抓的廣州市委書記萬慶良也是省團委書記出身，也是副部級官員。習、江話不投機，曾慶紅連連打圓場。

此前港媒曾揭露，曾慶紅家族財產遍及北京、天津、山東、上海及香港、澳洲等地，兄弟、兒子和媳婦、侄子至少有 12 名家屬在境外定居，僅在大陸資產就有 430 至 470 億元。

　　據報，曾慶紅的兒子曾偉曾經通過魯能案侵吞幾百億人民幣的資產，並在澳洲購置千萬美元豪宅。此外，有傳言說曾慶紅的姪女曾寶寶捲入周永康案。

　　18 大後，習近平、王岐山多次發表反腐「開弓沒有回頭箭」「上不封頂」「沒有鐵帽子王」等言論。官媒評論說，對那些有非分之想的人，特別是正在醞釀重出江湖、蠢蠢欲動的「老虎」「蒼蠅」，將形成強大震懾。

　　目前，習近平陣營與江澤民集團的博弈白熱化，多種跡象顯示，習王反腐之火已經逼近曾慶紅和江澤民。

習突然出席汪東興葬禮
暗示要抓大佬

習近平臨時出席當年逮捕「四人幫」的汪東興葬禮，其政治含義頗深：可能要學汪在關鍵時刻以非常手段改變局面。圖為 1980 年 11 月 27 日「四人幫」受審。（AFP）

2015 年 8 月，就在天津大爆炸之後、習近平出訪美國之前，江澤民派系和習近平陣營的博弈異常激烈，江派激烈反撲，習陣營也不斷回擊。

8 月 24 日，江派常委劉雲山先是讓兒子劉樂飛控制的中信證券聯手外商惡意做空股市，導致了大陸 18 年來最大的跌幅。在製造出股災的同時，劉雲山還讓其控制的新華網公開與習近平唱反調，攻擊改革會傷害經濟。

與此同時，長期被江派周永康控制的公安系統也加入反撲。8 月 25 日，公安藉口一篇股市文章，抓捕了據稱有王岐山背景的《財經》雜誌記者。

作為回擊，8 月 26 日，習近平突然決定出席原本沒有必要參加的追悼會，結合那幾天各種管道釋放的信息，給人一個強烈的信號：習要採取突然行動抓大老虎了。

曾長期擔任毛澤東警衛、原中共政治局常委、中顧委委員汪東興因病去世，終年 99 歲。8 月 27 日，官方舉辦遺體火化。當晚的中共喉舌央視《新聞聯播》未播放現場送別的場面，只是播放了誰送的花圈；官方新華網報導中也未提習近平參加此儀式，僅稱汪東興病重期間和去世後，7 名常委前往醫院看望或通過各種形式表示哀悼。

28 日，有媒體分析說，汪東興於 1980 年 2 月辭去中共中央政治局常委、中共中央副主席職務，辭職前作為中共政治局常委，當屬「正國級」，是符合常委悉數出席遺體告別儀式慣例的。人們就有些詫異為何 7 常委沒有露面。

29 日，中共軍史作家蔡長元之子蔡小心發微博表示，事情並非如此。蔡小心披露，27 日的汪東興遺體告別會上，習近平等 3 個常委去了，但是習只能以私人名義出席，媒體不報導。他說，這是因為汪在「11 大」為常委、副主席，但「12 大」為中候補委員，「13 大」為中顧委委員，最後不是副國級。

31 日，有海外媒體重複了蔡小心的說法並報導，習近平去給汪東興送別是臨時決定的。中辦主任栗戰書在 26 日才獲悉習第二天去參加儀式，栗大為緊張，緊急布署，告知政治局其他幾位常委，最後決定張德江、王岐山也去，中辦並派人與汪家聯繫。

公開資料顯示，1947 年，汪東興被調到毛澤東身邊擔任警衛工作，見證了許多驚心動魄的歷史大轉折。1955 年，汪東興被授予少將軍銜，掌管中南海內部的警衛，對毛澤東的起居、出行負有絕大的責任。

1968 年起，汪接替楊尚昆擔任中共中央辦公廳主任，並繼續兼任中央警衛局黨委第一書記、總參謀部警衛局局長。後在中共十屆一中全會上晉升中央政治局委員。

不過最讓汪東興「出名」的，卻是他以警衛局局長的身分參與的一次「兵變」：

1976 年 10 月，汪東興以中共中央辦公廳主任兼中央警衛局長的身分，帶隊拘捕了「四人幫」。1977 年 8 月，在中共第 11 次全國代表大會上，汪東興被選為中央政治局常委、中共中央副主席，位列中央權力核心第五位。但在 1978 年的 11 屆三中全會上，汪東興受到點名批評，被免去其兼任的中辦主任、黨委書記、警衛局長、八三四一部隊政委、毛澤東著作編輯出版委員會辦公室主任、黨委書記、中共中央黨校第一副校長、中央專案組長等職。

一些中共黨史分析者將汪東興稱為「中南海大內總管，是毛澤東晚年最信任的人之一，是四人幫抓捕行動懷仁堂事變的決策人之一」。還有人將他視為「警衛毛澤東 30 年的後廷唯一行走」。這些分析認為，汪東興在關鍵時刻，客觀上為剷除四人幫「做了一定的貢獻」。汪東興繼續保留了中央候補委員和兩屆中顧委委員的公開職務，也算是對他的基本肯定。

華東師範大學教授韓鋼 2011 年 12 月 12 日在《北京日報》撰文說：「汪東興是整個（四人幫抓捕）事件的關鍵人物之一。雖然汪迄今從未公開憶述此事，但從其他當事人的回憶看，汪起了無可替代的作用。」

社交網路上當天一些評論稱，親眼見證過中共很多重大歷史時刻的汪東興沒有留下任何回憶錄。也有網友透露他留下了可供出版的口述資料。

2015 年以來已有多名中共前領導人陸續死去，包括 99 歲的前人大委員長萬里、100 歲的前中宣部長鄧力群、91 歲的前人大委員長喬石和 85 歲的前中紀委書記尉健行。

有評論稱，當江澤民派系不斷反撲之時，習近平突然決定出席汪東興的葬禮，其政治含義頗深：很可能習要學汪在關鍵時刻用非常手段來改變局面。

第四節

江澤民已出事的 25 種徵兆

反腐打虎鎖定的最後目標江澤民，其兒子江綿恆的電信王國壟斷全國電信市場，是「全家族腐敗」的典型代表。（大紀元合成圖）

自 2015 年 7 月底到 8 月 28 日不到一個月內，習近平當局針對江澤民老巢上海及其家族的動作不斷，官媒及網路輿論密集釋放影射江澤民的信號；

盤點下來，至少有 25 種跡象顯示江澤民處境不妙，隨時可能被習近平當局公開拋出。

25. 許其亮一句話引爆網路

8 月 25 日，中共軍委副主席許其亮參加軍方舉辦的抗戰勝利 70 周年學術研討會，發言中提到，「絕不讓老祖宗留下的疆土有半寸丟失」。

中共官媒「中新網」以及各大門戶網站轉載報導標題中均突

出「絕不讓老祖宗留下的疆土有半寸丟失」這句話。微博上，該話題也引網民熱議。

網民紛紛跟帖影射中共前黨魁江澤民漢奸身分和賣國罪行，「說誰呢」、「誰是祖宗？哪個算是祖宗？又是哪個孫子在賣國？這得說清楚。」有網民直接稱「蛤蟆（指江澤民）任上丟失的（領土）咋辦？」

還有網民解讀許其亮言論：「意指曾簽署喪國條約者，箭指（江）未來一罪狀也」、「要抓大賣國賊的節奏」。

時評人士評論稱，許其亮明擺著與江澤民過不去，「黨媒怒斥江澤民『人走茶涼』，許其亮就跟著單挑江澤民，往江澤民的死穴裡捅。」

8月5日，大陸搜狐軍事刊登南京軍區原副司令員王洪光的文章稱，現時如果某人被確定為漢奸，「一定會被布告天下，全國人民必定共討之，必誅之！」

7月13日，中共軍報以紀念中國人民抗日戰爭勝利70周年為由，刊登了9300多字的長文，反思抗日戰爭期間漢奸現象。

哥倫比亞大學政治學博士、中國問題專家李天笑分析，這很可能是習近平用他控制的軍方以「你懂的」方式，向外釋放要處理江澤民的信號。

24. 上海近 10 年無省部級官員落馬

8月25日，陸媒《新京報》微信公號「政事兒」刊發題為《3338天內上海再無省部級及以上官員落馬》的文章，不僅提到習近平要求上海市委要抓住領導幹部這個「關鍵少數」，而且還援引上海紀委書記侯凱的話稱，「腐敗不是地方病，而是傳染病，任何地方都沒有天然的免疫力。」

報導稱，從 2006 年 7 月 5 日起至今，3338 天內，上海再無省部級及以上官員落馬。2006 年 7 月 5 日，中紀委在調查上海社保案時發現時任中共政治局委員、上海市委書記陳良宇涉嫌嚴重「違紀」。

中共 18 大後，僅有北京、上海、寧夏三地未有「老虎」落馬，被稱為「無虎」省市。

23. 曾為江「模唱」的顧欣被捕

中共最高檢察院網 8 月 25 日消息稱，日前，經最高檢察院指定管轄，河北省檢察院以涉嫌受賄、貪污犯罪對中國東方演藝集團有限公司原董事長顧欣決定逮捕。案件偵查工作正在進行中。

7 月 9 日，顧欣被調查。顧欣落馬在北京娛樂圈引起了很大關注和震動，一些娛樂圈人士認為，這是當局在文藝界反腐的第一刀。

現年 59 歲的顧欣曾任江蘇省歌劇團團長、歌舞劇院院長；1995 年任江蘇省文化廳副廳長；2001 年 10 月任江蘇藝術劇院院長、演藝集團有限公司總經理；2010 年 1 月起，任中國東方演藝集團董事長、總經理。

中共文宣系統長期被江派成員李長春、劉雲山把持，顧欣受到江派李長春、劉雲山、孫家正的提拔與「賞識」。顧欣與李嵐清關係也非同一般。

據公開報導稱，顧欣參與了整理「江澤民憶唱」的外國老歌《小夜曲》並當江澤民的「模唱」。

李嵐清於 2010 年 8 月 15 日將《小夜曲》曲譜和歌詞交給顧欣試唱。江澤民還「逐句指導」顧欣反覆模唱，作填詞記錄等，這樣經過多次反覆，終於模唱「成功」。

22. 中共官媒揭祕 影射江宋淫亂

8 月 24 日，中共新華網和人民網發表標題為《揭祕 49 歲宋祖英背後鮮為人知的婚姻生活》文章。文章稱，1991 年在中共央視春晚唱了一曲《小背簍》後，宋祖英就成了中共央視春晚的常客。而舞台下卻有著鮮為人知的經歷，「特別是其和老公羅浩的故事」。

文章稱，儘管宋祖英和羅浩結婚多年，但是直到 2005 年，宋祖英才和羅浩有了自己的孩子。之所以很多年沒有要孩子，主要還是「兩人長期分居，宋祖英根本沒有什麼時間回到長沙和羅浩相聚」。歷經 13 年，宋祖英與丈夫羅浩的結晶才在 2005 年 9 月遲遲到來。

中共前黨魁江澤民與宋祖英的淫亂醜聞已廣為人知。文章中特別提到的年份，1990 年與 2005 年，分別是江澤民上台和下台後的第一年。

1991 年，在中共央視春晚上，宋祖英唱了一首《小背簍》後，被爺爺輩的江澤民相中。江澤民為了與宋祖英祕密來往不受干擾和外傳洩露，就讓宋和丈夫羅浩離了婚。為了掩蓋江、宋的淫亂醜事，宋祖英的前夫羅浩從此扮演一個非常尷尬的角色。

宋祖英在 2005 年 9 月生子；算起來應該是 2004 年年底懷孕。而江澤民正是在 2004 年 9 月 16 日到 19 日的四中全會開會期間解除軍委主席職務，徹底下台。

重慶事件後，隨著江澤民勢衰，大陸媒體包括中共官媒不斷刊登文章影射江與宋的性醜聞。

21. 江題詞被移 北京教授斥「鬼畫符」

8 月 24 日凌晨 1 時左右，北京外國語大學副教授丁啟陣在新浪實名認證博客發表博文《怒吼吧，石頭！》。文章稱，近日，關於某黨校大門口題名巨石被鏟車挖起、移走的消息，在微信上傳得沸沸揚揚的。眾人所關心的，是巨石被挪走這個行為可能釋放的政治信號。

文章稱，經受了背井離鄉之苦、切割捶鑿之痛的石頭，「其不幸者，落入無格、無品者之手，於是被當做其邀寵干祿的道具，恭請權勢加身便以為自己無所不能的人物揮毫題字」。

文章稱，權勢從來不是久長之物，或生前已遭褫奪，或死後便被遺忘，權勢光芒照耀下的筆走龍蛇，「時過境遷，其實不過是塗鴉鬼畫符」。

文章最後稱，「倘若石頭會說話，恐怕早就發出震耳欲聾的怒吼了！」

20. 電信三巨頭最高層調整

8 月 24 日，大陸三大電信運營商最高層調整，尚冰任中國移

動通信集團公司董事長；中國聯通董事長常小兵和中國電信董事
長王曉初對調。

中國電信業的背後被指是江澤民長子江綿恆所操控。江綿恆
既被稱為「電信大王」，也被稱為「中國第一貪」。

2015 年 2 月 28 日，中央第 12 巡視組進駐江澤民長子江綿恆
的利益地盤中國移動，王岐山的大祕董宏出任巡視組組長。在為
期 2 個月的巡視結束前後，中移動持續震盪，高管頻繁落馬。

2014 年 11 月 27 日，中央第八巡視組巡視中國聯通。12 月
15 日，中國聯通網路分公司副總經理兼網路建設部總經理張智江
落馬。12 月 17 日，中國聯通信息化和電子商務事業部總經理宗
新華落馬。

「財新網」在 2014 年 12 月 30 日發表題為《前高管宗新華
被查聯通多人遭舉報》的報導，罕見點名江綿恆的上聯投。

19. 江姘頭陳至立卸職　被官媒封殺

8 月 23 日，原中共總書記胡錦濤的親信、原中組部常務副部
長沈躍躍頂替陳至立任中共婦女研究會第 4 屆會長。

有媒體注意到，沈躍躍在講話中提到前 3 任會長彭佩雲、顧
秀蓮和陳至立，但稱謂卻不同。沈躍躍稱彭佩雲大姐、顧秀蓮大
姐，而稱陳至立「同志」。

但中共官媒新華網、人民網報導該消息時，提及沈躍躍任中
共婦女研究會第四屆會長並講話和宋秀巖主持會議等，全文隻字
未提第三屆會長陳至立。

陳至立被指是中共前黨魁江澤民的「姘頭」之一。陳至立曾

與江澤民大兒子江綿恆同在中科院上海矽酸鹽研究所工作。江澤民任中共上海市委書記後，在江綿恆的引見下，陳至立與江澤民一拍即合。

八九「六四」前，江澤民整肅支持學運的上海《世界經濟導報》，被時任中共總書記趙紫陽嚴厲批評江處理導報事件不當，江感到大禍臨頭。陳至立向江表示：中央怪罪下來，她一個人把責任全攬下來。

江澤民上台後，將陳至立調到北京。1998 年中共兩會，陳至立最低票「當選」中共教育部長後，中國的教育領域迅速腐爛。

18.「學習小組」列江澤民黑白照

8 月 21 日，微信公眾號「學習小組」撰文盤點中共黨魁閱兵情況，將當年《人民日報》的相關版面中江澤民與已故的毛、鄧等人彩色照片改以黑白照片呈現；相關的標題文字卻保留彩色。時政評論人士分析，圖片做成黑白照，暗示江澤民處境已形同「死人」；「學習小組」公眾號的配詞暗示該文發表傳遞的就是習近平的意思。

17. 江澤民黨校題字巨石被移走

8 月 22 日新浪罕見報導了中共黨校校名題詞巨石被整塊鏟掉、連根拔除的圖片新聞。北京時局觀察員華頗表示，這是習近平有步驟的在「去江化」，將來這種事情會越來越多。

16. 網路熱傳「江澤民被控制」圖片

就在中共中央黨校南門江澤民題詞的巨石被鏟走之際，8 月 22 日，大陸網路熱傳「江澤民被控制」為題的圖片。從網民的留言可以看到，很多人表示很開心，正等著這一天的到來。分析認為，這是民心所向的表現，大陸民眾期待江澤民被審判的日子到來。

15. 上海寶山姜燮富被提公訴

8 月 21 日，上海市檢察院第二分院以受賄罪對上海市寶山區原區委書記姜燮富提起公訴。姜燮富長期任職均與上海的城建、房地產密切相關。而此前，江澤民次子江綿康掌控上海市政建設的內幕被曝光。姜燮富與江澤民次子江綿康有密切交集。

14. 微博解禁「法辦江澤民」 震撼照片

8 月 20 日，在大陸新浪微博搜索「訴江」，出現很多網民近期發布的關於訴江大潮的帖文，「法辦江澤民」、「停止迫害法輪功」的橫幅圖片，以及法輪功學員在海外的盛大遊行照片。

13. 上海副祕書長被免職

今年 63 歲的戴海波曾任上海南匯區委書記、浦東新區常務副區長、上海市政府副祕書長等職。2015 年 4 月被免去上海市政府副祕書長職務，後以涉嫌受賄正式被立案調查。上海是江澤民老巢。港媒曾評論分析，戴海波與江澤民兒子江綿恆、江綿康關係非常密切。戴海波被查或將引爆上海官場大地震，或有更大「老虎」被抓。

12. 中移動高管密集落馬

8 月 19 日，財新網報導，中移動通報廣東移動黨組書記、董事長、總經理鍾天華，因被巡視發現有不合規問題被免職；重慶移動董事長、總經理秦大斌因涉嫌腐敗被免職；一批中層人員受到警告、記過、降級等內部處分。

江澤民長子江綿恆被稱為中國「電信大王」，其「電信王國」覆蓋中移動、聯通和中國網通。中移動高管落馬和離職潮，顯示江綿恆已經被習近平當局鎖定。

11. 批周薄徐令蘇「全家腐」 釋信號

8 月 18 日，中共官媒《人民日報》刊文稱，習近平上任後，習近平母親齊心立即召開家庭會議，要求其他子女不得在習近平工作的領域從事任何經商活動。文章還稱，周永康、薄熙來、徐才厚、令計劃、蘇榮等人的落馬，都有「全家腐」甚至是家族式腐敗的特徵。

分析認為，反腐打虎已鎖定最後目標江澤民，其兒子江綿恆的電信王國壟斷全國電信市場，是家族貪腐的典型代表。

10. 江澤民缺席尉健行葬禮

　　8月16日，隱身多日的習近平等7常委與胡錦濤露面參加中共前常委、前中紀委書記尉健行的葬禮。江澤民缺席。

　　此前，6月19日，中共前人大委員長喬石遺體火化；7月22日，中共前人大委員長萬里遺體火化。喬石、萬里、尉健行去世後，官媒均突出「江澤民在外地送花圈」。外界質疑，江澤民或已被習近平當局限制行動，不准其進京。

9. 天津爆炸後 江父子被限制行動

　　北戴河會議期間，8月12日夜，天津發生爆炸慘案，傷亡慘重。網路上不斷流傳這次爆炸是江澤民集團針對習近平的破壞行動。

　　接近中南海的知情人士稱，天津大爆炸後，習近平兩晚沒睡著，8月15日，習近平當局對江澤民及其2個兒子採取行動，暫時限制其行動自由，曾慶紅也被控制在家。

8. 上海國企高管被密集處理

　　8月12日，官媒報導，上海華誼（集團）公司原副總裁李軍、上海氯鹼化工股份有限公司原總經理何剛涉嫌受賄案偵查終結，同日被上海市第一中級法院提起公訴。

　　8月11日，上海友誼（集團）有限公司總經理、上海聯華超市股份有限公司董事長王宗南一審被判18年。

8 月 13 日，「法廣」引述評論稱，上海堪稱江澤民的「大本營」。習近平就任中共國家主席後，上海幫勢力幾乎被瓦解。

7. 官媒影射江澤民干政

北戴河會議期間，8 月 10 日，《人民日報》發表題為《辯證看待「人走茶涼」》一文，影射中共前黨魁江澤民退休後，仍安插「親信」、發揮「餘權」，讓新領導「左右為難」等。

時政評論員吳少華表示，江澤民退而不休，安插親信架空胡、溫政府，不斷干政的醜聞眾所周知。《人民日報》評論文章幾乎半公開點名江澤民，等於是抓捕江澤民前輿論造勢的又一個升級信號。

6.「獵江行動」已進入收割期

香港《明報》8 月 11 日署名潘小濤的評論文章表示，習近平想要避免重蹈胡錦濤被江澤民架空的覆轍，就必須與江爭奪軍權，徐才厚、郭伯雄 2 人先後出事，表明習已占上風，其「獵江行動」已進入收割期。

5. 陸媒影射江澤民處境不妙

8 月 9 日，中共官媒人民網及各大門戶網站高調報導，江蘇一女研究生吃癩蛤蟆治痘痘，中毒進醫院。文章詳細列舉蛤蟆的毒性，並稱，「聽說要被當偏方煮著吃，癩蛤蟆的內心相當崩潰。」

　　因民間皆稱江澤民是蛤蟆，民眾稱，這篇報導是「高級黑」啊。

4. 陸媒列領導人名單　不提江澤民

　　8 月 5 日，澎湃新聞網在「熱門推薦」欄目重發 2014 年 8 月 8 日的一篇舊文《曾經的「夏都」北戴河：重構中國政治地理版圖》。文章列舉毛澤東、鄧小平、胡錦濤、習近平與北戴河的種種關聯往事，但文中隻字不提江澤民。

　　8 月 5 日，中共新華社《財經國家周刊》微信公號發表文章《別等了，北戴河無會》，文章也提到了毛、鄧、胡、習主政時有關北戴河的往事，仍對江澤民隻字不提。

　　北美著名政論家陳破空撰文表示，江澤民已從領導人行列中除名，「照以往中共文宣慣例，這幾乎就是被『打倒』的象徵。」

3. 江澤民缺席北戴河會議

　　據香港《動向》雜誌 8 月號報導，北戴河會議於 8 月 2 日召開，會議長達 12 到 15 天。期間，專門召開了中共退休高層的座談會。當談到中共面臨「亡黨危機」時，退休高層痛哭，會議多次中斷。

　　從報導看，中共前黨魁江澤民未出席這個退休高層會議。

2. 財新網點名江澤民　一路提拔郭伯雄

　　7 月 30 日，中共官媒通報中共前軍委副主席郭伯雄被開除黨籍、移送司法。中共官媒通報郭伯雄落馬 1 個小時後，親習近平陣營的「財新網」發表長文《郭伯雄沉浮》。文章起底郭伯雄在江澤民任軍委主席期間被一路提拔的細節，並罕見直接點名江澤民。

時政評論員謝天奇分析，這暗示習近平當局已鎖定郭伯雄後台江澤民。

1. 大陸逾 18 萬 2000 人控告江澤民

1999 年 7 月，江澤民一手挑起對信仰「真、善、忍」的法輪功學員的迫害運動，16 年來，導致眾多法輪功學員遭受酷刑折磨、被活摘器官及被其他方式迫害致死。

習近平當局 2015 年 4 月 15 日公告，大陸法院 5 月 1 日施行「有案必立，有訴必應」。法輪功學員迅速掀起在大陸控告江澤民的浪潮。

據法輪大法明慧網統計，截至 9 月 22 日止，已超過 18 萬 2000 名海內外法輪功學員及家屬向中共最高檢察機關控告、要求起訴前中共頭目江澤民。

第八章

天安門閱兵
習江同台鬧劇

「九三」閱兵被認為是習近平要對內展示大權在握，震攝反改革的江系殘餘勢力。然而，閱兵前發生了天津大爆炸等惡性事件，江、曾等一干邪惡勢力出乎意料的被安排同台閱兵，但此事並沒有為其解套，相反開啟了新一輪「去江」舉措。

去江化已在中共黨內外達成一致的形勢下，宣示軍權是習近平當局下一步打擊江派殘餘勢力的保障。（Getty Images）

第一節

「九三」閱兵總盤點
習開啟去江時期

　　2015 年 9 月 3 日，中共總書記、國家主席、軍委主席習近平在天安門廣場檢閱了 1.2 萬人組成的中共陸海空三軍和導彈部隊。此舉在中國國內和國際上引起反響。除中共黨媒和受邀參加閱兵報導的海外媒體做了大量報導外，更有輿論認為，「九三閱兵」標誌著中共正式進入真正的第三代黨首習近平統治時期。

　　2012 年 11 月 14 日，建政 63 年的中共 18 大閉幕，在這個按北方方言很不吉利的諧音日，習近平正式成為新黨首。飽受共產踐踏的中國人民，一開始冷眼旁觀新執政者的施政動作。三年過去，人們也確實看到不同於前朝江、胡時代的變化——數百高官紛落馬，刑罰懲治上國級。

　　打虎拍蠅令江澤民 20 年汲汲經營的腐敗治國政策一朝潰堤，其所培植的軍政要員排著隊進了秦城。知名者如前中共常委、政法委書記周永康，已死的前軍委副主席徐才厚，同級同職的郭伯雄，前中辦主任令計劃，還有前重慶書記、紅二代薄熙來……

江曾殘餘勢力近年製造的大案

正當人們饒有興致的觀賞前所未有的中共末世大戲之際，以江曾為首的殘餘勢力開始反撲，三年來製造了多次令習李王當局尷尬棘手的如下大案，造成中國政局激烈震盪。

2012 年 4 月發生山東盲人維權律師陳光誠進入北京美國駐華使館事件。

2012 年 6 月至 9 月，周永康、曾慶紅聯手發動以愛國為名的釣魚島反日事件。

2013 年 6 月起，國內打虎正酣，海外江系媒體突然爆料稱，包括習、胡、溫在內的一批中共高幹親屬，在英屬維爾京群島、加勒比海避稅天堂擁有大筆不明資金，一時造成海內外輿論轟動，而人所共知的江澤民、曾慶紅、周永康這三個中共最大貪官卻毫無提及。

2014 年 1 月，所謂大陸「首善」陳光標造勢，假以 10 億美金購買市值 23 億的《紐約時報》，實際受江曾指使，到紐約為抹黑法輪功的「天安門自焚」偽案站台。

3 月 1 日，發生震驚世界的昆明血案，共造成平民 31 人死亡、141 人受傷。

3 月 8 日，馬航 MH370 神祕失蹤。時間點、失聯技術疑點和機上大部分乘客為中國人的事實，令中國各界質疑其或為政治事件。

最近的一起則是轟動全球的 2015 年 8 年 12 日天津大爆炸。

時值中共高層北戴河會議、閱兵前夕，極為敏感，爆炸造成上千人死傷，財產損失高達千億，巨量有毒化工品造成的後續生態污染無法估量。

江、曾數次策劃刺殺習、王

江曾企圖扭轉頹勢更為直接的動作，是數次策劃直接刺殺習、王。

據多家媒體報導，周永康曾至少 2 次試圖暗殺習近平，包括在會議室放置定時炸彈和趁習到北京 301 醫院體檢時施打毒針。

2014 年 4 月 30 日，新疆烏魯木齊市火車南站出站口發生的一起持刀砍殺平民、同時引爆爆炸裝置的自殺式恐怖襲擊事件。造成 3 人死亡，79 人受傷，其中 4 人重傷。爆炸發生時正值中共總書記習近平最後一天視察新疆。

8 月 4 日，陸媒《長白山日報》披露習近平的內部講話稱腐敗和反腐敗呈「膠著狀態」，「與腐敗作鬥爭，個人生死，個人毀譽，無所謂」。此文後被刪除。此前有報導稱，習近平已經做好最壞打算。新成立的「深改組」和「國安委」中，中共總理李克強分別擔任第一副組長和第一副主席，成為習近平的「後備」。

香港《動向》雜誌披露，習近平自 18 大起已遭遇六次暗殺，事後查明全是內部人僱凶作案。文章指，習為防不測，於中共「八一」前夕親自提出《關於總書記、國家主席、中央軍委主席在任期中如發生或遇到「意外」「突發」等事件，成立領導小組，暫代行中共中央總書記、中央軍委主席職權的提案》。作為「備份」的領導小組組長是李克強。

習近平的打虎搭檔王岐山也同樣遭到江派多次暗算。

據《動向》披露：2014 年 2 月下旬至 3 月初，王岐山先後到山西、天津調研。當天安排王岐山等到山西省黨校、省警官高等專科學校視察的行程取消。因前往黨校、專科學校必經路段查獲有專業槍手正布署針對王下手。被僱槍手是兩名被開除的省武警官員。在被攔截檢查時咬衣領內劇毒自殺身亡。當局已列作重大暗殺事件專案調查。

據港媒曝料，2015 年 3 月 27 日至 28 日，王岐山赴河南省調研。28 日清晨，河南省委招待所發生兩宗針對王岐山的暴力攻擊、暗殺事件。清晨 4 時許，招待所全部停電，4 時 20 分備用電機啟動後，5 時 10 分再次停電，同一時間三輛省委保衛部專用車在停車房起火爆炸。王岐山一行當晚只好改在鄭州警備區招待所休息，中共中央保衛部門已將此事列作「3.28」暴力暗殺事件展開調查。

「近期中央通報資料」披露，2013 年以來，中紀委主要官員在工作期間遭遇暴力攻擊、暗殺等事件 40 餘次，其中針對王岐山的有 12 次以上。

所有一切，都反映出中共當朝和前朝間無法調和且愈演愈烈的政治搏殺。結果是，隨著習近平當局的三年反貪打虎，到 2015 年下半年北戴河會議前夕，江澤民血債派已經式微，中共內部到了結束一個時代，開始一個時期的十字路口。「九三」閱兵此時上演，正是習近平當局對內對外宣稱大權在握的標誌性活動。

閱兵：向日本和國內腐敗勢力示威

最早披露閱兵的，是 2015 年 1 月《人民日報》微信號的消息。BBC 報導了相關內容：

文章宣稱這次閱兵有四大目的，包括震懾日本和中國國內的腐敗分子。這將是在「五年一小慶，十年一大慶」規律之外舉行的閱兵式，也是習近平就任中共總書記兼國家主席以來的首次。親北京的香港《文匯報》稱，閱兵式將在 9 月 3 日法定「中國人民抗日戰爭勝利紀念日」舉行。

從文章主調看來，舉行閱兵的目的以向日本和腐敗分子示威為重點。「反腐兩年多，成果豐碩；整風兩年多，成效顯著。」舉行閱兵可以「向腐敗分子展示，除了紀委、政法系統這兩個『刀把子』外，解放軍這個『刀把子』也牢牢地掌握在黨和人民手中。」

文匯網報導傅政華言論中提到這次閱兵式「是有史以來第一次有外國首腦參加的閱兵儀式」，公安部已將閱兵式列為今年最重要的安保任務進行籌畫。這篇報導不久就被撤稿。

京津冀政治任務：製造「閱兵藍」

閱兵前，為保證北京不出現已成為常態的霧霾天，製造「閱兵藍」被作為政治任務。京津冀及周邊省市實施了大氣污染聯防聯控機制。

北京市 8 月 20 日起，機動車單雙號限行，公車全天停駛 80％；部分企業停產限產；所有土石方、拆除工地停工。

天津市 8 月 23 日起，分期分批啟動實施包括機動車單雙號限行，主幹道和中心城區每日機掃水洗 3 次以上，關停煤電機組 10 套、346 萬千瓦，占全市總裝機容量的 36％，1325 家企業採取停產、限產或提高環保設施運行效率，所有施工工地和混凝土攪拌站全部停止土石方作業，8 月 28 日起又將停工範圍擴大到所有與建設工程有關的生產活動。9 月 1 日起，天津市範圍內全天實行道路機動車（含外埠車輛）單雙號限行措施。

河北省保定市 8 月 20 日起，對納入保障範圍的工業企業實施限產停產，全市主要建築工地停工，機動車單雙號限行。

滄州市 8 月 24 日起，中小學延遲開學，機動車單雙號限行，運輸土方、渣土和危險化學品車輛及低速載貨汽車、三輪汽車、拖拉機一律停駛。

邯鄲市 8 月 26 日起，邯鄲鋼鐵集團按日制訂詳細停運設備減排和強化脫硫設施減排排班計畫，28 日至 9 月 4 日期間安全有序停限產，實現污染物減排 50％以上。

山東省濟南藍星和長城等企業停產，9 月 1 日起，全市範圍內禁止露天燒烤等。

輿論管控

據自由亞洲披露，中國網信辦發出 5 點指令，23 日至 9 月 5 日，大陸互聯網進入一級管控狀態，所有網站及流動用戶必須嚴格管理涉及閱兵的信息，確保萬無一失，否則從嚴處理。

5 點指令為：

1. 對所有閱兵相關新聞跟帖評論一律先審後發，務必保證跟帖評論的正面、積極，不得出現抹黑、歪曲、攻擊軍隊和閱兵活動內容；不得出現攻擊黨、國家、制度內容；不得出現攻擊領導人內容。

2. 新聞及各頻道文字、視頻、圖片等所有涉閱兵、軍事、歷史內容的報導跟帖，務必保持正面、積極，不得出現歪曲黨史、國史的評論，不得出現導向錯誤評論，不得出現有害信息。

3. 要積極將正面陽光的網民跟帖置頂。

4. 嚴格做好審核值班管理，不得出現審核無人值守情況。23日上午 10 時前，請北京通知百度、新浪、搜狐、網易、鳳凰、一點信息、財經網、財新網、今日頭條，廣東通知騰訊、ZAKER，上海通知澎湃，上報跟帖每日審核人員名單與負責人聯繫方式至網評督查帳號。

5. 網評督查帳號將對違反上述要求、執行指令不堅決的網站記錄台帳，造成嚴重影響的，將從嚴處理。

各界反應

BBC 刊發中國歷史學者章立凡評論稱，9 月 3 日的閱兵式上，習近平發表的紀念抗戰講話，連同標題僅 1720 字，是 20 年來中共領導人同題講話中最簡短的。通篇內容立足於「中國人民抗日戰爭的勝利」之新高度，不再沿襲傳統主旋律，糾纏於「兩個戰場」和黨派之見，更未使用「中流砥柱」一詞。

這種新尺度是出於統戰策略的考慮，還是表達了對歷史真實性的某種認同？

習近平想樹立自毛澤東及鄧小平後中國最有權力領袖的形

象，因此閱兵式是展示其權力和進一步加強對軍隊控制的良好方式。

台灣方面，中共閱兵前，中華民國國防部及總統府表示，已經透過各種管道「強力勸阻」受邀的台灣官方人士出席大陸的閱兵儀式。中華民國行政院大陸委員會向受邀參加大陸閱兵儀式的台灣民間人士發出呼籲，應「慎重考量台灣社會觀感」，最好避免出席。

前中國國民黨主席、前中華民國副總統連戰宣布將以「個人身分」參加 9 月 3 日的北京抗戰閱兵儀式後，引發台灣官方及社會輿論的激烈反應。總統馬英九表示，連戰「不宜參加」北京的閱兵式，並且「這就是我們中華民國政府的立場」。

民進黨主席蔡英文表示，連戰身為前國家副元首卻參加閱兵，與台灣人民的觀感背道而馳，也很可能對國際社會釋放錯誤信息。名嘴蔡玉真表示，連戰此次參加閱兵儀式，實為牢固國民黨在中國大陸的「黨營事業」以及連家在大陸的家族產業。

8 月 28 日日本外務省發表聲明稱，聯合國祕書長潘基文出席中國紀念抗戰勝利 70 周年活動是一項「草率的決定」，要求他在政治上「保持中立」、回避在北京舉行的閱兵儀式。

8 月 31 日，美國國務院副發言人馬克・託納（Mark Toner）出席記者會，對於因反人道罪行而於 2009 年被國際刑事法庭通緝的蘇丹總統奧馬爾・巴希爾將出席中國閱兵儀式一事表示「關切」。

有美國官員認為，中國此次閱兵所展示的東風 -15 短程彈道導彈、東風 -5 型洲際彈道導彈以及東風 -26 彈道導彈為專門針對美國在全球的軍事基地而設計。

　　歐盟方面，大部分參加閱兵儀式的歐洲國家均只派出政府代表而非國家元首出席。歐盟駐中共大使向路透社表示，由於俄羅斯總統普京將出席閱兵儀式，鑒於歐盟與俄羅斯的緊張關係，大多數歐盟國家的首腦「不太可能」參加此次閱兵。

　　8 月 25 日，韓聯社引述外交人士的消息透露，北韓最高領導人金正恩拒絕了中共的閱兵儀式邀請。此事說明，兩國的關係已經變得緊張。

　　另據韓國《東亞日報》引用消息人士的話稱，北韓將在 10 月 10 日舉行朝鮮勞動黨成立 70 周年閱兵活動，金正恩已作出指示，要把閱兵式的規模辦得比 9 月 3 日中國的閱兵式還要大。

外界輿論

　　美國之音認為，中國的抗戰閱兵選擇在「糟糕的時機」。中國如今正面臨經濟全面衰退、股市的低迷以及人民幣貶值等一系列問題，而政府卻將工作重點放在閱兵而不是改善經濟上。同時中國周邊國家可能以中國的大閱兵為藉口增加軍費，掀起全球軍備競賽狂潮。

　　台灣中央通訊社寫道，除了強化愛國主義思想、爭奪抗戰歷史話語權等目的外，此次閱兵還有「把日本打入國際正義的黑暗面」的意圖。

　　日本 NHK 新聞記者認為，「中國首次舉行紀念抗戰勝利閱兵式，是要強調共產黨政權的正當性，看來也有炫耀中國已經強大的軍力和領導人威信的意圖。」

　　韓國媒體表示，從韓國總統朴槿惠與朝鮮勞動黨中央委員會書記崔龍海的站位安排來看，認為是中國逐漸「近韓國、遠朝鮮」的關係寫照。

英國《衛報》報導，中國此次舉行閱兵，目的並非為了宣揚和平，而是炫耀其軍事實力。習近平通過閱兵式進一步鞏固其在國內政壇的領導地位。

美國海軍戰爭學院教授艾立信表示，中國的閱兵對內投射愛國主義，對外謀求震懾，「要是不顯露讓敵手刮目相看的武器，震懾的目的是達不到的。因此，中國就需要展示大棒，實際上好幾個大棒是初次對全世界亮相。」

《華盛頓郵報》社論稱，在面對歷史問題時，中國採取的是雙重標準。中國不允許自己的老百姓了解 20 世紀的歷史，不讓他們了解究竟是哪支軍隊在抗擊日本侵略者；不讓他們了解在 1958 年到 1961 年期間，因為毛澤東的錯誤政策導致數百萬人死亡；不允許他們了解 1989 年天安門事件的真相，但是，中國官員卻可以理直氣壯評論日本的教科書問題以及對日本官員對二戰歷史的講話逐字做出解讀。

美國普林斯頓中國學社執行主席陳奎德指出，本次閱兵對內是要確定習近平軍事統帥的地位，對外則是要展現中國軍事崛起的實力。在面對釣魚島、南中國海等挑戰時，與美國關係微妙緊張，中國要展現其軍事實力。

另外，之前天安門廣場曾發生「六四」事件，現在在同一地點閱兵，「很不妥當」。

美國國務院前亞太副助理國務卿施瑞福撰文稱，中國當局很熱中討論 1931 年到 1945 年之間的歷史，但是卻不願意坦率討論 1949 年到現在的歷史。

　　自 1949 年中共建政以來，與在太平洋戰爭期間，死於外國侵略者之手相比，更多的中國人死於中國共產黨的威權統治。

　　中國民間學人王康認為，有兩種世界潮流，一種是自由、和平、民主、人權；另一種則相反，專制、集權、暴力和戰爭。北京閱兵既是對 5 月 9 日莫斯科閱兵的呼應，更是形成國際反美陣線的嘗試。

　　專欄作家陳破空認為，北京大閱兵，發生在南海爭端激化、亞洲軍備競賽加劇、中美對抗升級的大背景下，儘管有裁軍宣示，儘管有和平鴿放飛，但主流國際社會不會相信中共大閱兵的目的是為了和平。這是大多數國家、尤其民主國家首腦婉拒出席的根本原因。而出席大閱兵的領導人，不少屬於獨裁國家、腐敗國家。北京大閱兵，反而提醒國際社會留意遭中共百般篡改和掩蓋的歷史真相：是美國而不是中國打敗了日本；是國民黨而不是共產黨領導了抗日戰爭；是中華民國而不是中華人民共和國躋身戰勝國行列。

第二節

北京閱兵出狀況
當局死命令被打破

北京閱兵前，天津發生大爆炸，之後多地爆炸頻發。北京因此風聲鶴唳，安保持續升級。中共公安部副部長黃明曾表示，要確保閱兵期間「絕對安全」。

據海外媒體此前報導，中共當局已經下達死命令，要求閱兵期間要做到「三確保」，即確保大閱兵籌備期間北京不發生任何安全事件；確保全國不再發生大的事故與民眾事件；確保新疆等地不發生襲擊事件等。

但以下報導和信息顯示，當局上述死命令已經被打破。

習閱兵時背後多人神祕衝出

9月3日，中共在北京閱兵。9月4日，大陸互聯網流傳一段8秒左右視頻顯示，習近平在閱兵車上沿長安大街檢閱部隊時，突然從習身後約 20 米處，7 至 8 名穿制服的人員衝出大馬路，似要處理突發狀況。

目前未知當時發生了何事，是否有人對習不利，或有人突破防線申冤，或發生了其他意外事件等。

閱兵日凌晨新疆傳爆炸和槍響

據「中國人權民運信息中心」披露，9 月 3 日凌晨 1 時，曾多次發生暴力事件的喀什地區莎車縣突然發生爆炸並傳出槍聲，目前無從得知傷亡情形及事發原因。

中共當局為此動用大批武警及公安展開搜捕，包括和田、阿克蘇及吐魯番地區，大量裝甲車在各大路口重兵布署，氣氛詭譎緊張。

閱兵敏感期 西安現高射炮彈手雷

據西安《華商報》9 月 2 日報導，8 月 29 日中午 12 時到下午 2 時間，一學生模樣的男乘客上了「的哥」席師傅的車。他下車時沒有拿放在後備箱裡的行李，席師傅交班前打掃出租車時發現了這個包。

之後，席師傅將包上交到車隊。單位負責人打開包檢查，發現包裡有西安某高校的學生證等，還有一枚炮彈、幾枚手雷引信、100 多枚子彈彈殼和不少完整子彈，還有一頂老式鋼盔。

報導稱，目前該乘客已被移交警方，情況正在核實中。

傳有人圖謀閱兵放鴿子炸彈

海外博聞社 9 月 1 日報導，有多人蓄意在 9 月 3 日釋放「鴿子炸彈」已被捕，現在他們正連夜被審訊，以進一步確認他們的身分和動機。

報導稱，這些嫌疑人早在幾個月前一直在策劃破壞閱兵，最後確認可行的方式是在閱兵當天，當飛機飛臨天安門上空時，在北京二環主城區的胡同裡放飛大量鴿子，以此充當炸彈襲擊閱兵現場。

8 月 29 日下午，北京市農業局官方微博通報，9 月 3 日 0 時至 12 時，北京市內實施鴿子禁飛。

北京安保儼如戒嚴

綜合媒體報導，中共 9 月 3 日閱兵前夕，北京安保持續升級，氣氛森嚴。如：長安街附近住宅被禁止開窗；每個街口皆有重兵把守；醫院因閱兵停診，孕婦提早 2 日集體剖腹分娩；長安街邊有軍隊士兵掃雷；9 月 1 日起，天安門周邊已採取封路措施；2 日晚，駛經天安門的地鐵 1 號線全線停駛；10 多條路線會「飛站」及「封站」。

之前，進京包裹郵件等實行實名收寄和過機安檢；有 85 萬民眾參加安保等。

另據網民透露，北京有酒店洗浴中心推出「洗澡實名制」，用某些公廁的人需登記身分證號，天安門附近有餐館客人點餐前要先登記身分證等。

　　北京學校停課、道路封路、飛機停飛、商店關門，被輿論稱為「戒嚴式」保安。《華爾街日報》報導稱，為了閱兵，北京儼如戒嚴。

敏感時期北京局勢緊張

　　8月12日，有海外中文媒體引述接近中南海的人士透露，中共中央辦公廳從各地收集到情況彙總後判定，有部分圖謀不軌者極可能利用敏感期間製造一些轟動事件。

　　消息人士指，隨著貪官紛紛落馬，習、王也因此成為落馬貪官及其受益者、追隨者的眼中釘。

　　據報導，在「大老虎」聚集地北京，也因「老虎」被打，其黨羽蠢蠢欲動跡象明顯。

　　據稱，當局加強安保，除應對上述重大因素外，還要應對貪官可能對高層實施暗殺。

第三節

對比兩次閱兵
官媒半公開「兩個中央」

對比《人民日報》2015 年（左）及 2009 年（右）閱兵的版面，釋放江澤民當年架空胡錦濤、「兩個中央」的事實。（大紀元合成圖）

9月4日，大陸微信公眾號「時局眼」發文將《人民日報》2009 年的閱兵和 2015 年閱兵報導進行前後對比，釋放了江澤民當年架空胡錦濤、「兩個中央」的事實。

有分析認為，習近平當局在釋放破除江澤民干政的信號，同時再次半公開江澤民當年架空胡錦濤、「兩個中央」的事實。

北京閱兵釋終結「老人干政」信號

2015 年 9 月 3 日北京閱兵活動中，中共央視當天的直播只突出習近平一人，沒有給習近平、江澤民同時出鏡的畫面，江的鏡頭只是一掃而過。而《人民日報》第二天的頭版整版都是習近平一人閱兵，沒有江澤民的畫面，在內文中江的名字也排在所有現任常委的後面。

9月4日，大陸微信公眾號「時局眼」發表題為「《人民日報》報導閱兵的變化你讀懂沒？」的文章，文中對比了《人民日報》對2009年10月1日閱兵與2015年9月3日閱兵報導的不同，稱「在講究秩序的中國政壇，關於國家領導人的報導，名字排序、新聞時長、新聞安排在第一條或者第二條都有其規則和邏輯。」

文章說，在中共前任領導人和現任領導人同時公開露面的情況下，官方媒體不再通過排名等報導方式表達對前任領導人的「尊重」，是18大以來的「新規則」。文章隨後直接點名江澤民在新聞中排名的變化。

從《人民日報》2009年10月2日報導閱兵的版面可以看到，當時在紅色副標題上列出了江澤民和9個政治局常委的名字，而且江澤民緊跟在胡錦濤之後。中間是胡錦濤和江澤民並列的2張單人圖片，顯示中共高層是有兩個中心。

「時局眼」最後解讀說，《人民日報》此次在閱兵報導上主要是突出處理閱兵中最重要的新聞點。換言之就是要突出習近平。

時事評論員石久天分析認為，這是習近平當局在釋放破除江澤民干政的信號。尤其是文末的提醒，「如果你還不太明白，點擊文末左下角的『閱讀原文』，或許會有幫助」。點進去後發現是北戴河破除「老人干政」不開會的報導，更清楚說明了江只是在給習做陪襯的處境，已無法再「老人干政」。

時事評論員夏小強表示，北京閱兵是習近平終結「老人干政」

局面、展示軍權的閱兵，江澤民作為陪襯出場，並且大事不妙。

前香港《文匯報》記者姜維平發文表示：「江澤民連頭髮也不染，可能是臨時通知來不及，表明處境不妙，他可能已失去了一部分自由」。

眾所周知，胡錦濤執政 10 年，權力被架空，使其難以施政。江澤民直到 2004 年才交出中共軍委主席位子，同時江在軍中安插了徐才厚和郭伯雄等大批親信，使得胡錦濤一度無法穩定軍權，甚至連性命都差點不保。據報，胡錦濤至少 3 次遭遇江派的暗殺。

2015 年中共兩會期間，中共原軍事科學院軍建部副部長楊春長也談到徐才厚軍中賣官內幕，同時罕見提到，徐才厚他們架空了當時的軍委領導人。這也是中南海首次半公開胡掌權時被江澤民干政的消息。

第四節

閱兵搞「小動作」
李長春被曝光醜聞

在拿下薄熙來、周永康、令計劃、徐才厚、郭伯雄等大老虎，特別是在天津大爆炸之後，北京如期舉行「九三」大閱兵，被視為習近平藉此對外宣示已掌控中共政權的實力，並對外宣布他已基本擊敗了政敵，一統軍權。

並藉由讓江澤民、曾慶紅等江派人物與胡錦濤、溫家寶等人同台露面，營造出一個「大團結」、「大平衡」的局面，也讓江派嘍囉們看清在江習陣營雙方力量對比中，習已占據絕對優勢。此前有消息說，江澤民、曾慶紅已被習祕密監控。

李長春搞小動作蔑視習近平

不過，在這個對中共而言嚴肅且重要的場合，卻出現了突兀的一幕：江派成員、前中共中央政治局常委李長春拿著一架長鏡頭照相機，不時拍照。

李長春的刻意舉動，被視為是想貶低和羞辱習近平：看，我並不把你習看在眼裡。你認為非常嚴肅的閱兵，在我看來不過是登城樓看風景，小菜一碟。為此，港媒《明報》9月7日報導稱，習頗為不悅。緊接著人們就看到有關李長春的醜聞滿天飛。

《明報》文章稱，在閱兵時，李長春在天安門城樓拿出單反相機過拍照癮，被批評為「有失體統」。那天李長春的動作異常高調，只見他拿出一架日本生產的長鏡頭照相機不停地拍照，與其他前常委比較，顯得好不休閒自在。

前香港《文匯報》記者姜維平9月4日在自由亞洲電台撰文表示，李長春做出如此誇張的動作，故意擺弄他的「高射炮」，其目的是告訴他人，雖然他是江澤民派系的大將、薄熙來的盟友，但他退休之後從來不干政，只玩攝影，不要把他劃入《人民日報》影射的「人走茶不涼」這一類人。

李長春被指深涉薄、周政變。姜維平透露，李長春曾帶著江澤民的指令，去重慶告知薄熙來：驚天動地大膽地幹，就可能改變初步形成的由習接班的政治格局。

此外港媒《前哨》9月號報導說，在周永康、徐才厚等落馬後，處於恐懼的江澤民、曾慶紅曾在2015年3月欲策劃「倒習行動」。據報，中共前幾屆常委中李嵐清、李長春、賈慶林等全數加入此行動，最後因胡錦濤、李瑞環等斷然拒絕，江派一手策劃的政變再次落空。

從河南拉走 5 車廂古董字畫財寶

　　姜維平還披露，儘管習近平當局把李長春安排到天安門閱兵，也沒減輕李心靈的恐懼，因為只有他和大祕知道他們以往的仕途上，深藏了多少罪惡的腳印。

　　單就河南愛滋村來說，受害的老百姓到死都不能釋懷。而且李離開河南時，光古董字畫和金銀財寶拉走了 5 個火車車廂，見證者至今尚在。

　　李長春 1990 年由遼寧省委副書記、省長調任河南省委副書記、代省長，職位略微有所下貶。據報，李長春為傍上江澤民，首先接近江身邊重要馬仔、江澤民辦公室主任賈廷安，向居住在河南漯河的賈母大獻慇勤。

　　透過賈廷安的關係，李長春得到江的重用。1992 年，李長春升任河南省委書記；1997 年，李長春升任中共政治局委員。

　　李長春主政河南時，河南政府大力推行「血漿經濟」，造成上百萬人感染愛滋病毒、數萬人因此死亡。當年的肇事官員們欺上瞞下，不但沒有受到處罰，反而升官發財，而主政的李長春等包庇縱容、隱瞞疫情，成為河南愛滋疫情一發不可收拾的罪魁禍首。

　　據陸媒 2007 年報導，李長春主政河南時，動員農民賣血漿，當時官方的口號是：「要想奔小康，趕緊賣血漿」。河南省衛生廳下屬的「開發辦」、「發展中心」、「中心血站」、「萬達公司」等機構紛紛成立，在全省宣揚「救死扶傷，賣血光榮」。

　　在河南官方的誘導下，河南上百萬農民加入「賣血致富」的運動。河南當時有 200 多家合法血站和數不清的非法血站，當時全省有 140 多萬人賣過血，多數是農民，他們每賣一次血可得 50 元人民幣的報酬。但收購血液的「血頭」只顧賺錢，用不潔設備及原始採血方式，結果造成大範圍的愛滋病毒交叉感染。

《新紀元》曾報導，當時有的河南採血站為了讓農民反覆賣血，把幾個血型相同的農民的血採集來後，混合一起離心分離，只取走血清做生物製劑，把剩下的血紅蛋白再分成幾份回輸給賣血者。

如此，賣血者不會因為損失太多血紅蛋白而出現身體不適，賣血者過幾天就可以再來賣血。但這樣做的危險是，其中一旦有人患有愛滋病等血液病毒，其他人馬上就被傳染，如此一來，愛滋病患者就呈幾何數列的增長。

李長春當時隱瞞、封鎖了 15 個地區 30 萬愛滋病患的狀況，封鎖了 2000 多萬人處於沒有溫飽的情況。直到 2001 年，中共官方才正式承認河南省因為賣血而導致愛滋病流行。

但李長春非但未受河南省血漿經濟黑幕的影響，反被江澤民看好後，一路升遷。李於 1998 年被調任到廣東省委書記；2002 年到 2012 年任中共政治局常委。

更為諷刺的是，李長春還曾擔任中共「中央文明委」主任，主管意識形態。

第五節

「九三」閱兵出現的意外
傷了韓正？

韓正領導的上海市政府，藉經濟開發建設而謀取私利，任憑各大利益集團公開掠奪老百姓的財產，老百姓對韓正不滿的聲音充斥國內外。（AFP）

「九三」閱兵日 上海訪民喊冤

9月3日上午北京舉行閱兵式，中共央視進行了現場直播。當天上午10時左右，北京建國門南紅綠燈路口處發生了一起意外，有上海訪民欲衝入閱兵車隊喊冤，控訴上海當局的長期迫害。

據胡建國9月4日發布的信息稱，3日上午10時許，胡建國和老母親郭龍英在北京建國門南紅綠燈路口處，當看見閱兵的前導摩拖車車隊及警車駛來時，胡背著4個大包突然衝上馬路，欲爬過護攔衝到馬路中間喊冤。

當時，胡建國高聲呼叫「打倒腐敗」、「打倒法西斯共產黨」、「打倒上海市長韓正、沙海林」等口號。胡建國一邊呼喊口號，一邊準備翻過中間鐵欄時，被 6 名急奔過來的警察摁倒在馬路中間，接著 6 名武警和 2 名年長警察將胡圍在中間，並將胡抬離到高架橋下。郭龍英則在路邊拿出印有 3 位親人的冤魂照片及標語向路人展示。

隨後，北京公安、武警 4 部攝像機對著郭龍英母子拍攝，並且詢問上訪原因及訴求，之後被警車送到北京站派出所關押。他們先被送到久敬莊黑監獄，當晚 8 時後再被轉送至北京南站接濟站關押。北京接濟中心當天關押上海訪民約 200 人。

因要求落實父親退伍軍人安置政策，胡建國一家被上海當局欺騙、迫害 15 年。郭龍英因上訪被無數次軟禁失去自由；其長子胡霖 2006 年被判刑 1 年半；胡建國 2006 年被判刑 1 年、2009 年被勞動教養 1 年 9 個月、期間多次被拘留。這期間還有 3 位親人自焚、悲憤離世，房屋被政府強搶，家裡共有 5 人被判刑及被關押勞教。

胡建國向《大紀元》記者表示，那天閱兵他喊了「打倒法西斯共產黨」、「打倒上海市長韓正、沙海林」的口號，這些年，上海官場腐敗嚴重跟韓正有直接關係。他說：「當年，上面有文件下來要解決我家的問題，但韓正、陳良宇不同意落實政策。2006 年，原盧灣區代區長沙海林找我去談話，說要幫我家解決問題，結果把我全家弄到監獄去了。」

對韓正不滿之聲充斥國內外

前香港《文匯報》記者姜維平 9 月 7 日在自由亞洲電台撰文表示，在每月底的周五，訪民集體上訪中共國務院、中紀委信訪辦，投訴、反映、控告上海市委、上海市政府不作為、亂作為，不依法化解老百姓的信訪問題，成了北京街頭一景，歸納他們的訴求主題不外乎是「維權」和「反腐」。

由於韓正領導的政府官員，藉經濟開發建設而謀取私利，大搞動遷，不依法補償，任憑各大利益集團公開掠奪老百姓的財產，致使老百姓有的流離失所，有的家破人亡，許多人傾家蕩產常年上訪，這足以證明老百姓對韓正及地方政府不滿。而上述衝擊閱兵車隊就是例證，可能它是 9 月 3 日具有代表性的事件。

此外，中共政治局常委、人大委員長張德江於 8 月 30 日至 9 月 2 日在紐約參加第四次世界議長大會。這期間，張遭遇來自上海的多位訪民在酒店外守候抗議。

姜維平說，8 月 31 日張德江在美國遭到上海訪民圍追堵截，到 9 月 1 日，他下榻的華爾道夫酒店門口被上海訪民圍住一小時。人們不禁要問：韓正還要臉嗎？總之，從市內到市外，從國內到海外，對韓正不滿的聲音充斥全世界。

第九章

王岐山提
中共合法性的含義

2015 年 9 月，習近平閱兵之後訪美，希望從戰略層面定位中美關係。而值此反腐遇到巨大壓力、訴江大潮海內外湧動之際，習近平的鐵桿搭檔王岐山在會見外國政黨代表團時，提出中共執政合法性的問題。拋棄中共從而成為最熱的話題。

王岐山提及中共執政「合法性」的問題，引發海內外熱議。（Getty Images）

第一節

獨家揭習訪美絕密話題

習近平 2015 年 9 月的訪美之旅，是其就任中共國家主席之後第一次對美國進行正式的訪問，也是「九三」閱兵之後最為重要的一項外交活動，官方希望此次能「從戰略層面上定位中美新型大國關係」，並有望推出中美第四次聯合公報，不過外界普遍對此不樂觀。

中共不僅繞不開人民幣匯率、經貿投資乃至台灣明年大選等問題，中美在軍事、網路、海洋等領域的博弈，更是棘手的問題，不過有消息指，習近平與奧巴馬要談的絕密話題，是在習江生死博弈中，習近平能獲得美國支持來穩定中國政局。

習近平正式訪美一周

中共國家主席習近平這次訪美是從 9 月 22 日到 28 日。22 日抵達美國，23 日在西雅圖與美國頂尖科技企業高層會面，24 日飛往華盛頓，與奧巴馬共進晚餐。25 日白宮舉行正式歡迎儀式，習奧正式會晤。26 日習近平與國會高層會談，27 日在紐約出席聯合國相關活動，28 日習在聯合國總部演講。

美國媒體稱，由於中美關處於 30 年來最低潮，習的很多公開活動避開了不太友好的華盛頓，而在西雅圖舉行。中共外交部一直爭取習能在美國國會演講，被美方拒絕。至今為止，能在國會演講的華人，只有二戰時蔣介石的夫人宋美齡。

22 日，習近平將在西雅圖與美中企業領袖會晤，出席企業領袖圓桌會議，發表演講，美國前財長保爾森（Henry Paulson）擔任主持。23 日由中共國家網信辦主任魯煒和微軟聯合舉辦的「中美互聯網行業論壇」，邀請了蘋果、Facebook、IBM、谷歌、優步（Uber）等美國頂尖科技企業的高管，百度的李彥宏、阿里巴巴的馬雲等中國科技業代表也應邀出席。當晚習近平會在微軟創始人比爾·蓋茨的湖邊別墅共進晚宴。

《紐約時報》引述 2 名美國官員的話說，該科技論壇的安排讓奧巴馬政府心懷不滿，因為它背離了雙方精心安排的行程。他們還擔心，這個會議會削弱奧巴馬對中國的強硬立場，因為這個論壇將中共領導人，塑造為建設性地幫助美國公司參與中國市場的人，而美國政府卻認為，美國企業正因為中國採取抑制競爭的手段遭受損害。

有評論表示，這次美國對習近平的態度處於兩難之中。2013 年加州峰會上，奧巴馬曾首次向習近平概述了中國的網路犯罪行為，並要求中方採取行動。但之後情況不斷惡化，出現了中方軍事駭客偷盜美國數千萬公務員的個人信息等機密。2015 年 4 月，奧巴馬簽署行政命令，可以就電腦入侵問題，對有關國家實施經濟制裁，凍結涉嫌盜竊數據的外國公司的金融和房產。

相對於一些專家提出的「習近平訪美，白宮國宴可能硌牙」，台灣大學政治學教授明居正表示，這次訪問氣氛不會太差，雙方有和有鬥，但總體會是和緩、友好的，美國要向全世界放出信號：習近平是美國喜歡的人。同時，雙方在網路安全、南海爭端等方面也會有很多爭執，雙方都不會期待對方會做出多大的讓步。

9 月 10 日鳳凰網的博客主詹晟則發表文章《第四個聯合公報？習近平訪美釀破舊局》。作者表示有消息稱，習近平此次訪美可能簽署第四個中美聯合公報。

中美之間曾經簽署和發表過三個聯合公報，分別是 1972 年尼克森總統訪華期間簽署的《上海公報》、1979 年雙方簽署的《中美建交公報》和 1982 年雷根總統訪華期間雙方發表的《八一七公報》。

中國經濟處於停滯狀態

儘管中美雙方在網路攻擊、亞太區域的平衡、人民幣匯率、世界安全等諸多方面需要尋求共識，但華府中國問題專家季達分析說，中美之間最關心的問題是中國經濟出現的巨大危機，假如處理不好，一旦出現類似敘利亞那樣的難民潮，那是全世界都擔心的事。

季達表示，最近大陸經濟局勢相當危險，大的投資基本全部停下來了，無論是在香港還是在大陸，人們都在觀望。現在所有人都消化、認可了《新紀元》3 年前關於「習江大戰」的局勢分析，也都看清了習反腐打下來的幾乎都是江派人馬。

「不過，在最後決戰到來之前，這些投資者都在觀望，都拿不準哪邊會贏，都不知道該怎麼辦，誰也不去投資，整個經濟停下來了，今（2015）年6％（經濟成長率）都保不住，從火車運輸量、原材料消耗量、能源消化，購買經理指數等，全是在下滑，經濟出大問題了，連帶著國家安全都要出問題了，沒有發展動力了。」

季達說，再看股市，現在把深圳、上海兩個市場20多年來的發展成果都賠進去了，人民幣還在迅速貶值，現在官方強力封鎖地下錢莊，想堵死資金外逃的管道，到處抓影子銀行、地下錢莊，印刷鈔票，提高銀行準備金等，一系列措施都用上了，但效果甚微。現在外資都看清了，中共搞的經濟神話破滅了，現在海外投資者都在拋售人民幣資產。比如在東南亞，人們都把人民幣換成美元，這樣發展下去，人民幣就得崩盤。

「李克強在大連說，中國經濟沒有大問題，『形有波動，勢仍看好』，那是在安撫人心，內部的人都知道中共經濟出大問題了。」

美國擔心中國經濟拖垮全球

由於國際金融貿易的一體化，中國經濟一旦出現問題，會影響全球經濟。比如2015年的中國大陸股災，人民幣貶值，中國經濟放緩，贊比亞的貨幣克瓦查一個月內就貶值超過30％；大陸股市一下跌，香港、美國、東南亞、日本股市都應聲下跌。

面對敘利亞的難民問題，西方國家更擔心中國出現問題，一旦中國出現難民潮，全世界都難以承受。有專家分析，美聯儲遲遲不增加美元利息，就是因為擔心中國經濟因此出問題，一旦資金外流加劇，中國經濟隨時可能出現停擺。

如今大陸資金外流非常嚴重，一年流出了 5000 億美金，流動性緊缺，資本管制加強，在過去 40 個月內，通縮持續出現，加上股災，中國經濟是雪上加霜。很多企業發工資都沒錢，單位出納得到銀行排隊，才能取得一點現金，整個經濟處在危機的邊緣。

因此，與奧巴馬談中國面臨的巨大經濟危機，尋求對人民幣的保護，這是習奧會要談的主要經濟問題。同時，有中國問題專家分析稱，目前共產黨面臨翻船，中國局勢如何在習江博弈中走出一條新路，也才是習奧會要談的祕中之祕。

王岐山談中共合法性的反意

就在這個時刻，王岐山故意出來講話，談共產黨的執政合法性。中國有句俗話叫：「哪壺不開提哪壺」，不具執政合法性的中共，此時卻拋出這個話題，似乎等於變相引導人們去認清中共沒有執政合法性。

執政合法性一向是中共的禁忌話題，就如同 2004 年《大紀元》發表系列社論《九評共產黨》以來，中共隻字不提《九評》，《九評》成了互聯網上被封鎖最嚴密的信息。因為該書詳盡剖析中共的邪教本質，也詳述中共如何以暴力及謊言竊取政權，嚴密的論證被認為徹底否定中共執政的合法性。

據知情人透露，中共中央政治局幾次開會討論未來政局走向，一旦中共崩潰，到時該怎麼辦。共產黨已經走到了窮途末路，很多黨內人士心知肚明。

2012 年王岐山曾推薦 100 多年前探討「法國大革命」起源的一本書，很多人認識到，中共的現狀和當年法國革命爆發時很相似。

2015 年 7 月，清華大學的加拿大籍教授貝淡寧（Dr. Daniel Bell）在他的《中國模式》一書中，建議中國共產黨改名，拋棄中共。

幾年前中共黨校曾有專題研究，當官方反腐改革走不下時，走投無路時，最後一個選項就是解散中共，重新組黨。

知名軍隊作家、原中國軍事科學院出版社社長辛子陵透露，據他所知，至少有三個體制內高官倡導共產黨改名，包括鄧小平、李瑞環還有李銳。辛子陵認為，目前第一步是先清算江澤民，第二步倡導共產黨應該改名，否則中國無法施政。「共產黨整個的名字，指導思想，意識形態都得改，整個理論都要改。做不下去的話，會被歷史淘汰了。」

若在中共體制下運作　習近平必輸

季達還表示，面對江習大戰，各大投資機構都停下來觀望，除了局勢不明朗外，還有個重要原因，「他們都看明白了，在中共體制下，無論是搞改革也好，搞反腐也好，都是死路一條，都不可能成功的，也就是說，中共體制決定了習走不下去，所有人都認為習近平必然失敗。」

季達說，不過他們沒有想到的是，習近平還有一條路，那也是唯一的一條出路，那就是拋棄中共，從中共體制中跳出來，跳出現有的各種條條框框，打破原來的各種規矩，從頭開始。

種種跡象顯示，北京當局似乎已經在走這條路。2015 年 5 月 1 日，習近平搞立案改革，提出「有案必立」，短短五個月超過 18 萬法輪功學員控告江澤民。有消息說，習辦還打電話讓人控告江，就擺明了就是要清算江的罪行，這樣發展下去，解散中共也就不是不可能了。

令人玩味的是，就在習近平 9 月 3 日閱兵結束後，大陸論壇上流傳一份疑似習近平當天題寫的一封信，稱：「未來中國，是一群正知、正念、正能量人的天下。真正的危機，不是經濟、金融危機，而是道德與信仰的危機。誰的福報越多，誰的能量越大。與智者為伍，與良善者同行，心懷蒼生，大愛無疆。」

雖然無從考證這份題詞的真偽，不過許多人表示，這說話的口氣、用詞還有筆跡，都很像習近平寫的。

面對江派媒體的不斷放風，最近習陣營也在試探民意。比如有一篇習近平前妻柯小明（柯玲玲）談習的文章，她說：「我還是認為他是一個正直的人。這是我以前非常看重他的一點。以前我認為他太過於固執，也可能是因為我們相處的時間很

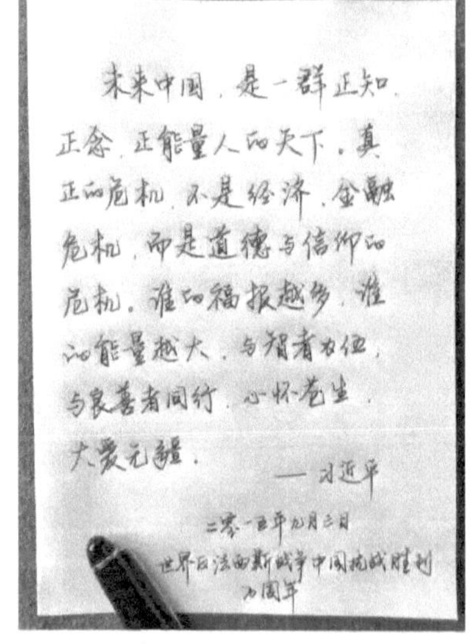

9 月 3 日北京閱兵結束後，大陸論壇上流傳一份疑似習近平當天題寫的一封信。（網路圖片）

短暫，我對他不是很了解吧。現在回過頭來看，其實他做的很多事情都是對的，只是自己當年太年輕，比較容易衝動。他不是一個理想主義者，他做事是有規劃，有步驟的。我可能會更理想主義一些，畢竟女性都會喜歡懂得浪漫的男人，但是習近平不是，我很多時候覺得他過於刻板，這與我們的成長環境和教育背景有很大關係。」

這篇採訪有人先發表出來，然後又說是假的，真真假假讓人搞不明白，不過有些人認為，這裡面說的都是實話。

習近平與反改革勢力到了攤牌階段

2015 年 8 月 21 日，《人民日報》公開表示，習近平推動從政治到軍方全面改革的努力，「遇到難以想像的強大阻力」。如此強烈的措辭在這份中共黨報上相當罕見。第二天，該報再發文章，威脅中共官員要麼推進改革，要麼官位難保。

9 月 12 日，香港《南華早報》刊發文章表示，習近平的改革有三道坎：改革、軍隊、經濟。《南華早報》評論稱，中共官媒措辭如此強烈的評論，引起了不少關注，還因為北戴河會議剛剛結束後發布，時間點敏感，在這個會議上，中共高層本預期就一些重大問題達成共識。

習近平的改革計畫必將撼動既得利益者，而後者不會善罷甘休。

港媒《東方日報》發表評論文章稱，習近平陣營和這股「反改革勢力」已進入攤牌階段。並提到下面多條信息，暗示這股「反改革勢力」是中共前黨魁江澤民。

　　中共官媒《人民日報》之前題為《辯證看待『人走茶涼』》的文章話中有話，耐人尋味。江澤民退而不休，安插親信架空胡、溫政府，不斷「老人干政」的消息眾所周知。據說，習近平在查辦前中共中央政法委書記周永康及兩名中共中央軍委副主席徐才厚、郭伯雄等人時，江澤民曾一度向習近平打電話，但遭到冷遇。

　　8 月 31 日，陸媒《南方都市報》發表《古代的退休制度》為題的評論文章，斥責退而不休的干政者。文中舉了唐朝的兩名官員，一名已到 70 歲了仍裝糊塗就是不退休，另一個是到了 80 歲仍然不想退休，而且當官更上癮了等例子。文章還稱：「這種退而不休，說白了就是活膩了。」

　　有分析稱，該文明顯就是以借古諷今的方式針對江澤民。尤其是一句「這種退而不休，說白了就是活膩了」，很可能是對江的直白警告。

　　不難看出，這幾篇文章的接連出台，標誌習陣營已發出要對江派勢力動手的信號。

第二節

王岐山提「合法性」
為棄船做準備

王岐山提「合法性」問題有深意

2015 年 9 月 9 日，中共中央政治局常委、中紀委書記王岐山在北京大會堂會見出席「2015 中國共產黨與世界對話會」的外方代表 60 餘人，首次提到中共的「合法性」問題。

王岐山說：「中國共產黨的合法性源自於歷史，是人心向背決定的，是人民的選擇。」但是並沒有給予論證。

中共高層一向避免談及「合法性」這個敏感話題，故王岐山此舉引起外界的普遍關注和民眾熱議。

美國華府中國問題專家季達認為，王岐山主動談中共的執政「合法性」，表明中共現在面臨很大的危機，共產黨已經罩不住了，中南海高層在做準備，試圖採用改名的方式，拋棄中共。

中共黨媒承認存在執政合法性危機

9月10日，中共黨媒《人民日報》微信公號「學習大國」刊文解讀中共「合法性」問題。

文章稱，政治學上的合法性，是指人們對某種政治權力秩序是否認同及其認同程度如何的問題，也稱為「正統性」、「正當性」。合法性的基礎是同意。當合法性受到侵蝕時，政治權力的行使或者政府的統治就會陷入危機。

文章還宣稱，這個問題的提出，顯示了中共執政的「自信」以及中共執政的「理直氣壯」云云。

不過，文章也承認，前中共領導人過去從未明確討論共產黨執政合法性的問題。之所以現在提出「合法性」一詞，是因為如果共產黨不預防或克服它的統治合法性的危機，而僅僅沉湎於「打天下就可以坐天下」的陳舊觀念，那麼它有可能將重蹈蘇聯的覆轍。

文章認為，王岐山在講話中「提出執政合法性問題，蘊含著深刻的危機意識」。

很多網民對黨媒的上述解讀大加諷刺，有網民稱：「別跟我談什麼自信，敢做個不記名調查不？」「如果人民不再希望你們代表了怎麼辦，你們也不見得讓位呀。」「只有貪官會滿意、會高興、會答應！人民不可能！」

還有網民稱：「所有監獄裡的人歷史上都合法；人心所向，證據呢？」「你有槍有軍隊，你說了算，你高興就好。」「連投票權都沒有，還說啥呢，貴黨開心就好。」

西方媒體關注王岐山提「合法性」

王岐山提「合法性」，也引起了西方媒體的關注。

9月11日，據美國《石英》（Quartz）雜誌報導稱，「合法性」一詞首次出現在共產黨官方公開的文字當中，暗示這個問題在中國被廣泛而公開的討論。

9月12日，美國之音報導稱，這是中共執政數十年來，高層首次談到自己執政的合法性。但有海外觀察人士認為，中共作為非民選的政權，稱自己是源自「人民的選擇」並不合適。

旅美政論家、《北京之春》前主筆胡平認為，王岐山的這番講話並不是中共首次探討執政合法性。他說：「當年胡錦濤也講過類似的話，就講共產黨怎麼受到人民的擁護，有了政權，但是過去有、現在有，不代表以後也會一直有。」

胡平認為，王岐山在當下這個時間節點再次探討執政合法性有三個原因。第一是目前反腐敗運動遇到一些問題，他藉這個機會為反腐敗作一種辯護；第二是用西方常用的概念「迷惑」西方人，為習近平月底的訪美之行鋪路；第三是中國社會目前處於相當脆弱的狀態，經濟動盪、人權狀況也在惡化。

有西方學者認為，中共政權的合法性源於經濟績效和政府提供的各種公共物品。但是胡平表示這種說法「站不住腳」。

胡平說，「用政績來確定合法性這本身是違背合法性的本意。因為合法性的意思就是說一個政權它不管做得好做得壞，那麼它如果是合法了，它依然就是合法的。」

胡平舉例說：「像馬英九他一度民調支持率只有9％了，但大家依然承認他是一個合法的總統。」「所以它關鍵就是政權的合法性是取決於它的來源，而不是它的內容。」

胡平還用婚姻比喻執政合法性和政績的關係。

他說，「好比婚姻的合法性一個道理，婚姻的合法性得雙方同意，還得辦一個手續那就是合法的婚姻。哪怕其中一個人他（她）沒有很好的履行他（她）作為配偶的責任和義務，但是你也得承認只要沒有離婚，法律上他們依然是合法的夫妻、合法的配偶，這個是毫無疑問的。」相反，一開始是用買賣、霸占而形成的婚姻，即便丈夫為妻子提供充足優越的生活保障，也是不合法的。

胡平認為，王岐山的話，等於是承認「政權的合法性取決於人民，取決人民的支持率」。但是，要真實的了解人民的支援率，就需要保證言論自由。胡平說：「如果一個政權它可以禁止一切反對意見，那它永遠可以擔保它是被人民所擁護，因為它把反對它的人都排除在人民之外了。」

中共 11 年不敢提《九評》

中國問題專家季達則表示，中共的「合法性」早已經被《九評共產黨》的嚴密論證所徹底否定，這是中共從來不敢公開提《九評》的重要原因。現在王岐山突然提及中共「合法性」問題，說明中共內部有高層認為拋棄中共已經是迫在眉睫的事情。

2004 年 11 月 19 日，《大紀元》發表系列社論《九評共產黨》，將中共這個「西來幽靈」從起家到現今，以歷史事實的角度，全面徹底剖析了其「假、惡、暴」以及反人類、反宇宙的邪惡本質。

《九評》指出中共邪黨是目前中國社會一切苦難和罪惡的根源，徹底地打開了禁錮中國人幾十年的黨文化的思想枷鎖，將長期生活在中共謊言欺騙與暴力恐嚇控制下的廣大民眾喚醒。

《九評》發表後，引發了全球華人的「三退」（退黨、退團、退隊）大潮。2004 年 11 月 29 日，第一則退黨聲明在《大紀元》刊出。

隨著《九評》廣泛傳播，「三退」人數不斷增長，如今每天有 7 萬到 10 萬人在《大紀元》網站上發表聲明退出中共相關的組織，截至 2015 年 10 月 7 日「三退」總人數已超過 2 億 1585 萬 246 人。

中共對《九評》自然恨之入骨，但近 11 年來，卻對《九評》噤若寒蟬，既不敢公開承認，又不敢公開反駁，罕見而反常地採取了鴕鳥政策，只是在背地裡瘋狂封鎖、查抄，千方百計企圖阻止《九評》的傳播。

據悉，中共高層內部也曾打算組織寫手寫反駁文章，但是因為《九評》寫的都是事實而作罷。

蓋因《九評》擊中了中共的要害，撕下了它的畫皮，還原了它的真面目，令它無處遁形。中共害怕，如果試圖去批駁，反而會加速《九評》的傳播，將有更多的人「三退」。

中共臭名聲成為習近平的最大掣肘

季達認為，中共的臭名聲早已經成為習近平執政的最大掣肘。在中共體制內，習近平想要做的事情，比如「改革」和「依法治國」等，根本就做不成。這成為習近平執政的一個「死穴」。

　　江澤民集團則不斷利用中共的臭名聲進行自保，同時阻擊習近平。江澤民大管家曾慶紅曾利用國際和國內對中共的不信任和厭惡，反過來捆綁與江澤民集團博弈的當權者。

　　如2014年1月21日，美國一家新聞機構「國際調查記者同盟」在其報告中稱，至少有5名現任或前任中共中央政治局常委的親屬，在英屬維京群島和科克群島等離岸金融中心持有離岸公司，其中包括現任國家主席習近平、前總理溫家寶及李鵬、前主席胡錦濤以及已故領導人鄧小平。

　　與此相對應的是江派的三個巨貪，即江澤民、曾慶紅和周永康，卻榜上無名。有消息稱，這次的詭異消息的放出，與曾慶紅有關。江澤民集團藉此恐嚇中共內部最有權勢的家族，發出了「要死大家一起死」的信號。

　　曾慶紅和周永康之前最典型的做法就是利用中共的臭名聲，先把某個人「搞臭」，再嫁禍於這個人，讓其人處於「有苦說不出」的狀態。這些手法也早就開始被運用在捆綁習近平、溫家寶身上。

　　季達透露，現在外界有人相當不看好習近平，認為在中共那種體制內，習近平的很多做法根本就不可能成功，認為在和江澤民集團博弈的過程中，「習近平輸定了」。不過，這些人都沒有想到共產黨可能會被拋棄。一旦中共被拋棄，大陸政局將完全是另外一幅圖景。

　　季達表示，當前已有超過17萬人控告江澤民，習近平當局已經在準備審判江澤民，在這個過程中，或許會開始連帶著做推動拋棄中共的事。王岐山提「合法性」，或許就是釋放了一個準備拋棄中共的試探性信號。

第十章

蘇共被迫解體
與今日中共

蘇聯在戈爾巴喬夫後期，在政治、經濟、體制和國內外各種矛盾全然無解的糾結下，戈爾巴喬夫快刀斬亂麻，被逼解體蘇共。而當今的中共政局，也正遭逢此一歷程。

1991 年 12 月 25 日蘇聯總統戈爾巴喬夫宣布辭職，蘇共解體。圖為隔天歡送戈爾巴喬夫的宴會。（AFP）

第一節

天意：
戈爾巴喬夫被逼解體蘇共

當戈爾巴喬夫上台6年後，他突然面臨一種走投無路的處境，政治、經濟、體制和國際國內的各種矛盾交織在一起，已經無法解開了。最後，戈爾巴喬夫快刀斬亂麻，被逼解體蘇共。歷史是一面鏡子，回顧這段歷史，或許對於我們今天了解中國政局的走向有所幫助。

蘇共意識形態的破產

1985年3月11日，戈爾巴喬夫以54歲之齡，當選為蘇聯最年輕的蘇共總書記，成為蘇聯最高領導人。

戈爾巴喬夫上台之初，力圖經濟改革。但一年之後，他的改革遭遇來自蘇聯龐大黨政機關的巨大阻力。這使戈爾巴喬夫意識到，他必須先進行政治體制的改革。

1987 年 1 月，戈爾巴喬夫以「公開化」正式地拉開政治體制改革的帷幕。這使得蘇聯的媒體審查機制和禁忌逐漸獲得解除。

1988 年 2 月，戈爾巴喬夫在蘇共全會上提出了「民主化」的口號。隨後，戈爾巴喬夫修改了憲法，取消蘇共的領導地位，規定蘇共必須和其他政黨自由競選，使得當時的蘇維埃體制成為議會制和總統制的過渡期。

1988 年 6 月，在蘇共中央第 19 次代表會議上，戈爾巴喬夫首次提出了「人道的民主的社會主義」概念，實質內容是建立「真正的人民政權制度」，實現社會公正。接著，戈爾巴喬夫提出「黨的地位不應當依靠憲法來強行合法化」，「蘇共要在民主程序範圍內的嚴格限制下」去爭取執政地位。

媒體言論的開放，讓歷史真相得到公開和還原，進而引發了蘇聯解體前的退黨潮。自 1989 年 1 月到 1991 年 1 月，蘇共黨員由 1,948 萬餘黨員驟減到 1651 萬餘人。其中蘇聯最大的烏拉爾汽車製造廠在 1989 年還有 9072 個黨員，到了 1991 年 1 月，只剩 1646 個黨員，其中還有 300 個人不交黨費。

當時戈爾巴喬夫在蘇共中央曾說，蘇聯有 420 萬人退黨。那時距蘇聯解體只有一個月。

蘇共退黨潮的出現，表明蘇聯「共產主義」意識形態的徹底破產，這正是蘇共解體的最重要原因。

蘇聯權貴階層倒向資本主義

蘇聯從 1922 年開始實行新經濟政策，列寧對「戰時共產主義」政策進行改革，並強調更加發揚「黨內民主」。

　　然而，自 1926 年史達林當權以來，形成了高度集中化的政治經濟體制。雖然在這種體制下蘇聯實現了工業化，但到了 1950 年代，弊端日益暴露，阻礙了蘇聯的發展。

　　隨後，赫魯雪夫和勃列日涅夫先後進行了改革，但他們只是對原有體制進行小修補，沒有從根本上徹底改變高度集中的政治性計畫經濟體制。

　　最明顯的就是蘇聯內部的特供商店，特供商店裡充滿了外國名貴以及蘇聯國內極缺的商品，專供蘇聯的特權階級享用。相較之下，大部分蘇聯人民必須忍受劣質、陳舊且無人想買的東西。

　　此種體制傾向於犧牲下層人民的利益來解決上層權貴的問題。從 1989 年開始，蘇聯由於改革失利與嚴重的通貨膨脹，開始對下層人民實行進一步的緊縮政策，並在蘇聯龐大的煤礦礦區造成了嚴重的消費品短缺，導致長期受壓迫的煤礦工人進行大罷工。

　　在勃列日涅夫時代，高層領導幹部和普通黨員與民眾收入的差距達 30 到 44 倍。據俄國學者估計，蘇共後期特權集團的人數約有 50 萬至 70 萬，只占全體黨員的 3.3％左右。但這不到 4％的權貴卻掌握了全國的經濟特權。

　　蘇聯解體之前，蘇聯科學院就「蘇聯共產黨究竟代表誰」進行調查時，就得出一個結果：認為蘇共代表勞動人民的只占 7％、代表工人的只占 4％、代表全體黨員的只占 11％，而認為蘇共代表官僚、幹部、機關工作人員的竟高達 85％。

　　1991 年 6 月，美國一社會問題調查機構在莫斯科做了一個關於意識形態問題的調查，調查對象是掌握著高層權力的黨政要員。

分析結果是大約 9.6％的人具有共產主義意識形態，他們明確支援改革前的社會主義模式；12.3％的人具有民主社會主義觀點，擁護改革，並希望社會主義實現民主化；76.7％認為應實行資本主義。

超過四分之三的蘇聯權貴倒向資本主義，這是蘇共解體的社會基礎。

蘇聯計畫經濟崩潰

作為世界超級大國之一，蘇聯和美國展開了長期全面的對峙。美蘇兩國間的軍備競賽，使蘇聯的國家財力過多地投入國防軍事預算，加劇了國民經濟的比例失調，特別是勃列日涅夫時期窮兵黷武，發動阿富汗戰爭，使國防軍事開支猛增，國內各類矛盾積聚，成為蘇聯解體的歷史原因之一。

有觀點認為，是 1982 年美國雷根總統實施「星球大戰」計畫弱化了蘇聯經濟而導致了蘇聯解體。當時，與美國軍備競賽消耗了蘇聯國內資源的 40％。戈氏經濟改革時期國家訂貨占 GNP 的 90％，嚴重扭曲了實體——財政金融平衡。

蘇聯將本國大量的資源投入到軍事重工業。但相較於西方，其經濟效率低下，科技水準落後，只能選擇對軍事重工業的資源投入比率，用投入換產出。這極大的嚴重壓縮了民用輕工業、食品業的發展，到了最後，便出現了普遍性的民用產品緊缺。「排隊經濟」、「短缺經濟」成了蘇聯民用品經濟發展現狀的代名詞。

20 世紀 80 年代，蘇聯極度依賴油氣出口收入來維持經濟運轉，油氣價格下跌使蘇聯國力遭受重創。戈爾巴喬夫改革時期，蘇聯陷入了用增產維持石油美元收益的怪圈。

　　始於 70 年代中期的經濟停滯，到 80 年代演變為關鍵經濟部門的危機：經濟結構失衡，技術工藝落後。蘇聯 80 年代初已形成極度的軍工經濟特徵。軍品占機器製造業的 60％以上，軍事支出占國民總產值的 23％；80 年代末上述指標分別提高到 80％和 28％。

　　蘇聯農業增速從 60 年代的 4.3％降至 80 年代初的 1.4％。在此期間，工業增速從 8.4％降至 3.5％。消費部門長期衰退，限制了民眾生活水準和生活品質的提高。

　　從數據上看，蘇聯國內生產總值的增長率在 1985 年是 0.9％，1986 年是 4.1％，1987 年是 1.3％，1988 年是 2.1％，1989 年是 1.5％，1990 年國內生產總值出現負增長，是 -3.7％，1991 年，據估計國內生產總值下降 13％。

　　1990 年蘇聯取得了歷史上破紀錄獲得最好的農業收成，但是由於囤積大增，一些食品出現短缺。

　　1991 年，親資本主義聯盟有了足夠的力量，迫使中央控制生產和分配的舊制度瓦解，經濟開始崩潰。

　　1991 年 7 月 1 日，取消了國家計畫委員會和物資部，國家訂貨和經濟計畫制度宣告終結。但是，他們還沒有力量建立起資本主義制度。於是，舊的經濟聯繫被破壞，新的經濟聯繫尚未到位，在生產和分配系統中出現了越來越大的混亂，中央計畫不再協調經濟，但是市場力量尚未發育成熟。

　　至此，蘇聯計畫經濟在持續了 69 年之後，突然在一夜之間發生了崩潰性危機，這場危機是導致蘇共解體的重要原因。

加盟共和國紛紛要求獨立

蘇聯是在俄羅斯帝國的廢墟上建立起來的、以民族為特徵的邦聯制國家。因而民族問題由來已久。

到戈爾巴喬夫當政的後期，擺在他前面的，還有一個很頭痛的問題，即蘇聯的各加盟共和國的獨立傾向不斷強化的問題。波羅的海三國則是獨立運動的帶頭者。

歷史上，沙俄是經過與瑞典兩次戰爭、三次參與瓜分波蘭和大勝拿破崙之後，才在 19 世紀初奪取了波羅的海出海口——立陶宛、拉脫維亞和愛沙尼亞。

在沙俄統治期間，波羅的海三國的「民族主義」運動時起時伏。1918 年和 1919 年，三國的資產階級宣布成立資產階級共和國。1920 年 7 月，三國的獨立得到蘇俄政權的承認。

二戰前夕，蘇聯與德國於 1939 年 8 月 23 日簽訂一個「互不侵犯條約」。其後，蘇聯與德國又簽署了兩個祕密議定書，把愛沙尼亞、拉脫維亞和立陶宛三國「祕密」地劃入蘇聯的勢力範圍。

1939 年 9 月 1 日，德國首先發動了對波蘭的戰爭。蘇聯藉口「預防」或是「防止」德國東進，「保障」蘇聯和愛沙尼亞、拉脫維亞、立陶宛之間的「安全」，於 1939 年 9 月底和 10 月初，與三國分別簽訂了「互助條約」。蘇聯最終在 1940 年 8 月 3 日、5 日和 6 日，分別將立陶宛、拉脫維亞和愛沙尼亞「納入」蘇聯。

20 世紀 80 年代末，波羅的海三國民族主義運動再次出現高潮，譴責和要求取消上述祕密議定書的呼聲日益高漲，其目的就是掃除爭取重新獨立道路上的「法律」障礙。

當波羅的海三國不斷追求獨立時，其他民族共和國紛紛跟進。這反過來刺激了最大的加盟共和國俄羅斯聯邦，俄羅斯人的主權意識也不斷高漲。

1990 年 3 月 11 日，立陶宛最高蘇維埃首先宣布恢復獨立。緊接著，1990 年 3 月 30 日，愛沙尼亞最高蘇維埃宣布開始恢復獨立進程。1990 年 5 月 4 日，拉脫維亞議會宣布開始恢復獨立進程。

令人詫異的是，1990 年 6 月 12 日，俄羅斯發表主權宣言，宣布主權獨立，在其境內俄羅斯法律地位高於蘇聯法律。這使事態變得一發不可收拾。

1990 年 7 月 16 日，烏克蘭發表主權宣言；1990 年 7 月 27 日，白俄羅斯發表主權宣言；1990 年 8 月 22 日，土庫曼斯坦發表主權宣言；1990 年 8 月 25 日，塔吉克斯坦發表主權宣言；1990 年 10 月 25 日，哈薩克斯坦發表主權宣言；1990 年 10 月 30 日，吉爾吉斯斯坦發表主權宣言。

接下來，波羅的海三國又有了進一步的動作。1991 年 2 月 9 日，立陶宛舉行關於獨立的全民公決，90％以上投票者贊成立即獨立。1991 年 3 月 3 日，拉脫維亞和愛沙尼亞舉行關於獨立的全民公決，78％的愛沙尼亞人和 74％的拉脫維亞人贊成獨立。

事態的發展迫使戈爾巴喬夫作出反應。1991 年 3 月 17 日，舉行關於保留蘇聯的全民公決，76.4％的投票人贊成保留經過改革的蘇維埃主權共和國聯盟。但波羅的海三國、格魯吉亞、亞美尼亞和莫爾達瓦沒有參加投票。

1991 年 4 月 9 日，格魯吉亞宣布獨立。這標誌著蘇聯加盟共和國的獨立運動擴展到波羅的海三國以外的地區。蘇聯的解體已經是不可逆轉。

葉利欽在俄羅斯政壇的崛起

談到蘇共解體，避不開一個人，就是葉利欽。葉利欽全名為伯里斯・尼古拉耶維奇・葉利欽，是俄羅斯首任聯邦總統，他被認為在蘇共解體過程中擔當了關鍵的歷史角色。

1931 年 2 月 1 日，葉利欽生於蘇聯俄羅斯蘇維埃聯邦社會主義共和國烏拉爾州布特卡村一個農民家庭。父親尼古拉・伊格納季耶維奇・葉利欽在 1934 年被指參與煽動反蘇維埃活動，被送入古拉格集中營勞改三年，出獄後曾做建築工人。母親克拉吉雅・瓦西里耶夫娜是一名裁縫。

葉利欽中學畢業於彼爾姆州別列茲尼基市普希金第一中學，1950 年入烏拉爾國立技術大學建築系並於 1955 年畢業，學位論文講述電視塔的建造。葉利欽青年時尤其愛好體育活動，專門練過排球，並在市隊效力，獲運動健將稱號。他還曾偷偷爬入紅軍的軍火庫，在偷手榴彈時被炸傷。

1955 年至 1968 年間曾經在斯維爾德洛夫斯克市（今葉卡捷琳堡）的不同建築單位任職，由建築管工升至單位領導，直至 1961 年加入蘇聯共產黨。1952 年與妻子奈娜 ・ 葉利欽娜結婚，育有兩女——葉蓮娜和塔季揚娜。

1961 年，在他 30 歲的那年，葉利欽加入了蘇聯共產黨，並在斯維爾德洛夫斯克共產黨內漸露頭角，1968 年至 1975 年間任蘇共斯維爾德洛夫斯克州黨委建築處處長；1976 年至 1981 年間任蘇共斯維爾德洛夫斯克州黨委第一書記；1981 年至 1985 年成為蘇共中央委員會委員。

1985 年成為他政治生涯的轉捩點。該年 4 月起他領導中央委員會建築處；6月至12月時任蘇共中央委員會負責建築的書記；同年獲蘇共中央總書記戈爾巴喬夫調任為蘇共莫斯科市委第一書記。1987年11月至1989年5月任蘇聯國家建設委員會第一副主席。

葉利欽在莫斯科主政期間，以靈活大膽的作風著稱，挑戰當時僵化的黨政機構，但此舉激怒保守派，亦受到總書記戈爾巴喬夫的譴責。1987年11月11日他批評戈爾巴喬夫的政策而被免除莫斯科黨委第一書記職務。1988年2月17日，被進一步革除中央政治局候補委員職務，並於5月失去部長級職銜。

不過，與蘇共關係陷於谷底，卻無損他的仕途。1989年3月，他以89.4％得票率當選蘇聯國會議員，重返政壇，並成為「民主反對勢力」實際領導人。1990年5月俄羅斯聯邦舉行第一次人民代表大會，他當選為俄聯邦最高蘇維埃主席，兩個月後，在蘇共28大上，葉利欽代表的「民主綱領派」提出改造蘇聯社會的一系列措施，但未獲大會接納，會議結束後他隨即宣布退出蘇聯共產黨，結束近30年的黨內生涯。1991年6月12日，他以57.4％得票進一步當選俄羅斯聯邦總統。

葉利欽在俄羅斯政壇的崛起，事後被證明是促成蘇共最終解體的關鍵條件之一。

八一九事件成蘇共解體導火線

八月政變，又稱八一九事件，是指1991年8月19日至8月21日，蘇聯政府內部一些高級官員企圖廢除戈爾巴喬夫的蘇聯共產黨中央委員會總書記兼蘇聯總統職務並控制蘇聯，然最終未遂的一場政變。這一事件被認為是蘇共解體的導火線。

在 1990 年 12 月 11 日，蘇聯克格勃局長弗拉基米爾・克留奇科夫下令對位於莫斯科的中央電視台進行整肅，同日，他要求兩位克格勃官員準備若蘇聯進入緊急狀態時的應對計畫，其後他與蘇聯國防部長德米特里・亞佐夫、蘇聯內政部長伯里斯・普戈、蘇聯總理瓦連京・巴甫洛夫、蘇聯副總統根納季・亞納耶夫、蘇聯國防理事會副主席奧列格・巴克蘭諾夫、戈爾巴喬夫的祕書處長瓦列里・波爾丁和蘇聯共產黨中央書記局委員申寧共同參與此政變。

1991 年 7 月 29 日，戈爾巴喬夫、俄羅斯總統葉利欽和哈薩克總統納扎爾巴耶夫聚會商量開除強硬派如巴甫洛夫、亞佐夫、克留奇科夫和普戈並用更自由派的人物取而代之的可能，此次談話被克格勃竊聽，並讓在幾個月前就將戈爾巴喬夫設為目標 110 置於嚴密監視的克留奇科夫得知。

隨後，謀反者在克格勃的全力護航下立即於 8 月展開軟禁戈爾巴喬夫的行動，並強迫其交出政權。8 月 19 日，遭掌控的國營俄羅斯電台和俄羅斯電視台，在政變後的俄羅斯蘇維埃聯邦社會主義共和國官方的控制下，播送亞納耶夫的行政命令和國家緊急委員會所謂的「蘇聯領袖宣言」文宣，謊稱戈爾巴喬夫因病未能視事，因此取而代之。當時全國唯一的獨立政治電台「莫斯科回音」則早已被切斷線路。而部分軍方也參與了這項政變。

本在軟禁名單內的葉利欽，當天卻僥倖躲過一劫，並立即召集同盟發布聲明，聲稱一次反動反憲法的政變發生了，督促軍方不要參與此政變。聲明內並呼籲發起總罷工，使戈爾巴喬夫能向人民致詞。此聲明以傳單的形式在莫斯科傳播，並促成民眾走上街頭與支持民主改革的部隊共同粉碎了這場由克格勃和反改革份子所主導的政變。

在此過程的最後關鍵期間，仍掌有軍權的國家緊急狀態委員會謀反成員試圖與戈爾巴喬夫妥協，但遭到戈爾巴喬夫的嚴詞拒絕，他並在遭軟禁處所的通訊恢復後，宣布廢除所有國家緊急狀態委員會的決定並免除其成員的政府職位，並交由蘇聯總檢察署展開司法調查，終結了此次的政變。

1991 年 8 月 4 日，戈爾巴喬夫前往他位於克里米亞福羅斯的別墅度假，他計畫在 8 月 20 日，聯盟條約簽署時，返回莫斯科。

8 月 17 日，政變策劃者在克格勃莫斯科一間賓館內聚會並決定是時候行動了。8 月 18 日，禮拜日，巴克蘭諾夫、瓦列里·博爾金、奧列格·舍寧和蘇聯國防部副部長瓦連京·瓦連尼科夫將軍飛往克里米亞與戈爾巴喬夫會議，同一時間，福羅斯別墅的所有對外通訊線（其由克格勃控制）被切斷，柵門增設了得到命令禁止任何人離開的克格勃安全警衛，巴克蘭諾夫、博爾金、舍寧和瓦連尼科夫要求戈爾巴喬夫在宣布進入緊急狀態和辭職並任命副總統亞納耶夫為代理總統以使政變者得以在這個國家「恢復秩序」兩者擇一。

戈爾巴喬夫一直宣稱他在槍口下拒絕接受通牒，瓦連尼科夫則堅持戈爾巴喬夫說：「做你認為該做的，該死的！」當時同在別墅的人的證詞說巴克蘭諾夫、博爾金、舍寧和瓦連尼科夫在戈爾巴喬夫會面後顯然並不滿意且緊張。

政變者從普斯科夫的工廠定了 25 萬對手銬和 30 萬份逮捕表格，克留奇科夫將所有克格勃成員薪水加倍、從休假叫回並置於警戒，列福爾特監獄被事先淨空預備接收囚犯。

　　巴克蘭諾夫、博爾金、舍寧和瓦連尼科夫自克里米亞回來後政變者在克里姆林宮聚會，亞納耶夫、巴甫洛夫和巴克蘭諾夫簽署了「蘇聯領袖宣言」，在其中他們宣布因為蘇聯內的一些未註明因由的恐怖分子國家進入緊急狀態，並宣布國家緊急委員會的成立是為了管理這個國家和使能在緊急狀態維持政權。

　　緊急委員會的成員包含亞納耶夫、巴甫洛夫、克留奇科夫、亞佐夫、普戈、巴克蘭諾夫和瓦西里・斯塔羅杜布采夫（蘇聯平民聯盟主席）、亞歷山大・蒂賈科夫（國營企業和工業、運輸和通訊集團協會總裁）。

　　亞納耶夫以戈爾巴喬夫生病，無能履行總統職責為藉口，簽署行政命令任命自己為蘇聯代理總統。國家緊急委員會封禁了莫斯科除了共產黨控制下九間報社外的所有報社，委員會也發布一份民粹宣言題為「蘇聯男人的榮譽和尊嚴必須回復」，保證新聯盟條約將被每個人討論，「城市街道不再有犯罪」，委員會將專注在解決食物短缺問題，同時委員會向市民保證它支援「真正的民主進程」和改革。

　　8月19日，「蘇聯領袖宣言」、亞納耶夫的行政命令和國家緊急委員會的文宣在早上7點開始由國營俄羅斯電台和俄羅斯電視台在俄羅斯蘇維埃聯邦社會主義共和國官方控制下播送，同時，唯一的獨立政治電台莫斯科回音被斷線。

　　俄羅斯第2近衛塔曼斯卡亞摩托化步兵師和坎捷米爾第四近衛裝甲師的坦克、步兵戰車和裝甲運兵車陸續開進莫斯科，傘兵也參與了此作戰，四名俄羅斯蘇維埃聯邦社會主義共和國人大代表（基於某些原因他們被認為最「危險」）被克格勃逮捕並拘留在莫斯科附近的陸軍基地。

在 8 月 17 日趁俄羅斯蘇維埃聯邦社會主義共和國總統葉利欽自對哈薩克的訪問回到他在莫斯科的別墅時拘捕他的計畫曾被考量，但基於某些原因，未付諸實行。葉利欽抵達了白宮，並且在 8 月 19 日早上 9 點，他和俄羅斯蘇維埃聯邦社會主義共和國總理伊萬‧西拉耶夫以及俄羅斯最高蘇維埃代理主席魯斯蘭‧哈斯布拉托夫發布聲明聲稱一次反動反憲法的政變發生了，督促軍方不要參與此政變，聲明內並呼籲發起總罷工訴求使戈爾巴喬夫能向人民致詞，此聲明以傳單的形式在莫斯科傳播。

莫斯科市民在下午開始聚集在白宮並在周邊設立路障，亞納耶夫的回應是在午 4 點宣布莫斯科進入緊急狀態。亞納耶夫在下午 5 點的記者會宣布戈爾巴喬夫在休息，他說：「多年辛勞使他變得非常疲倦，需要時間休息以恢復健康。」亞納耶夫說國家緊急委員會有心繼續改革，不過他的軟弱姿態、顫抖的手和不安表情使他的話語缺乏說服力。

同一時間，一個塔曼摩托化步兵師坦克營受命防衛白宮的參謀長宣布他向俄羅斯蘇維埃聯邦社會主義共和國領袖效忠，葉利欽爬上其中一輛坦克車並向群眾致詞，出乎意料的，此插曲也在國營電視台的晚間新聞播出。

8 月 20 日下午，加里寧將軍被亞納耶夫指派為莫斯科軍事總指揮的莫斯科軍管區指揮官，宣布莫斯科晚上 11 點到早上 5 點宵禁，8 月 20 日開始生效，這在當時被視為對白宮的進攻即將開始的徵兆。

白宮的防守者進行準備，其中一些有武裝但多數自願者無武裝，向俄羅斯蘇維埃聯邦社會主義共和國領袖宣布效忠的謝爾蓋‧葉夫多基莫夫少校指揮的坦克連在傍晚離開白宮，領導白宮臨時防衛總部的人是康斯坦丁・科別茨將軍，一位俄羅斯蘇維埃聯邦社會主義共和國人大代表，他可運用的人包括一些自願參與防衛白宮的將軍和高級軍官，其中一些已退役。

8 月 20 日下午，克留奇科夫、亞佐夫和普戈終於決定進攻莫斯科白宮，此決定得到國家緊急委員會其他成員的支持，克格勃的根尼・阿格耶夫將軍，克留奇科夫的代理人，和陸軍將領阿恰洛夫，亞佐夫的代理人，計畫發起「雷霆作戰」，由克格勃特種部隊阿爾法小組（代表俄語第一個西瑞爾字母 A）和維姆佩爾組（代表俄語第二個西瑞爾字母 B，音 /v/，借用德文的「信號旗」）執行，傘兵、莫斯科俄羅斯特種警察部隊、內務軍捷爾任斯基師、三個坦克連和一個直升機中隊支援。

阿爾法組指揮官維克托・卡爾普欣將軍與其他同組高階將領同行的還有傘兵部隊副指揮官亞歷山大・列別德混入莫斯科白宮附近的人群評估執行類似作戰的可能，在這之後卡爾普欣和維姆佩爾組指揮官別斯科夫上校試圖說服阿格耶夫此作戰不可能成功，因將導致流血衝突，列別德在傘兵部隊指揮官帕維爾・格拉切夫同意下，回到莫斯科白宮並祕密告知防衛總部進攻開始時間為下午 2 時。

8 月 21 日，在約凌晨一時，距白宮不遠處塔曼斯卡亞摩托化步兵師的一個步兵戰車縱隊在一個隧道被由無軌電車和清路機構築的路障所阻，德米特里・科瑪律爬上一輛步兵戰車並企圖以帆布堵塞觀測孔但其後可能是從步兵戰車摔死或被射死，然後是弗拉基米爾・烏索夫，嘗試幫忙他，被射死（可能是被非蓄意的跳彈擊中），差不多同一時間第三個人，伊利亞・克里切夫斯基，也因不明原因被射死，另有多人受傷，此步兵戰車被群眾點火但未有士兵死亡。

8 月 24 日，莫斯科為科瑪律、烏索爾、克里切夫斯基舉行了隆重的葬禮，幾十萬人走上街頭為他們送葬。葉利欽等俄羅斯領導人和很多社會活動家都在追悼大會上講了話，戈爾巴喬夫沒有參加這個活動，但他頒布命令，授予三個死難者蘇聯英雄稱號。在整個蘇聯歷史上，這是最後一次授予蘇聯英雄稱號。

特種部隊阿爾法組和維姆佩爾組並未如原定計畫前往白宮，當亞佐夫得知此事件，他命令部隊撤離莫斯科。部隊在早上 8 時開始離開莫斯科，國家緊急狀態委員會成員在國防部聚會，並且決定派一代表團前往克里米亞與戈爾巴喬夫會面商議，克留奇科夫、亞佐夫、巴克拉諾夫、蒂賈科夫、蘇聯最高蘇維埃主席安納托利‧盧基揚諾夫和蘇聯共產黨副總書記弗拉基米爾‧伊瓦什科飛到克里米亞。在下午五時代表團到達福羅斯別墅，但戈爾巴喬夫拒絕與之會面，反而戈爾巴喬夫在別墅的通訊恢復後，宣布廢除所有國家緊急狀態委員會的決定並免除其成員的政府職位，蘇聯總檢察署遂開始調查此政變嘗試。

戈爾巴喬夫失權 蘇共解體

在政變過程中，表面上聲稱協助戈爾巴喬夫推動蘇聯改革的俄羅斯聯邦總統葉利欽，已經與蘇聯各國領袖私底下策畫另立聯盟以取得實權，然而突如其來的政變使原本欲簽訂聯盟條約的烏克蘭的態度轉向觀望，葉利欽隨後宣布接管俄羅斯境內的全部蘇軍，並要求軍民反對政變，各軍隊返回原駐地。

政變後，戈爾巴喬夫回到克里姆林宮，國家緊急委員會代表團隨後也返回莫斯科，當克留奇科夫、亞佐夫和蒂賈科夫在 8 月 22 日清晨抵達莫斯科後在機場被逮捕，8 月 22 日上午亞納耶夫在他的辦公室被捕，普戈和他的妻子在 8 月 23 日自殺，巴甫洛夫和斯塔羅杜布采夫同日被捕，巴克蘭諾夫、波爾丁和舍寧在 8 月 24 日被捕。

然而此時，戈爾巴喬夫已經大權旁落，原本就與蘇聯各國領袖私底下策畫另立聯盟以取得實權的葉利欽，藉由此次敉平政變的機會取代他成為蘇聯境內最大的實權人物。他並在政變後期，宣布接管俄羅斯境內的全部蘇軍，並要求軍民反對政變，各軍隊返回原駐地。

8 月 21 日俄羅斯最高蘇維埃授權俄羅斯總統葉利欽指派地區行政首腦，雖然當時有效的俄羅斯憲法未提供總統此權力。

8 月 22 日，俄羅斯最高蘇維埃決議宣布訂俄羅斯在歷史上的白藍紅國旗為俄羅斯官方國旗，替代蘇聯紅旗。

8 月 23 日至 24 日晚間，菲力克斯·艾德蒙多維奇·捷爾任斯基，契卡創始人，位於盧比揚卡國家安全委員會總部前的紀念碑被拆除。

8 月 24 日，戈爾巴喬夫辭去蘇聯共產黨總書記職位，伊瓦什科成為代理總書記直至 8 月 29 日並同樣辭職。

8 月 24 日，俄羅斯總統葉利欽在他的第 83 號行政命令將蘇聯共產黨檔案轉移給政府檔案部門，在 8 月 25 日葉利欽在他的第 90 號行政命令將蘇聯共產黨在俄羅斯的資產國有化（不但包括政黨委員會總部還包括教育機構、旅館等等）。

11 月 6 日，葉利欽在他的第 169 號行政命令終止蘇聯共產黨在俄羅斯的活動。蘇聯共產黨結束長達 74 年的執政黨地位。

其後，隨著各加盟共和國的紛紛獨立，到 1991 年 12 月 25 日，戈爾巴喬夫宣布辭去蘇聯總統職位，鎯頭和鐮刀紅旗自克里姆林國會建築前降下，取而代之的是俄羅斯三色旗，蘇聯不復存在。

俄羅斯步入高收入國家行列

2013 年 7 月 5 日，俄羅斯 RIDUS 新聞網報導，根據世界銀行的評估，俄羅斯被認為已經步入人均「高收入國家」行列。世行的專家稱，目前俄羅斯年均個人收入已達 1.27 萬美元。

世界銀行的報告顯示，俄羅斯已從中等收入國家（人均年收入 5 千至 1.25 萬美元）躍入發達國家行列。在「高收入國家」名單的總共 75 個入圍國家中，而俄羅斯排在第 73 位。此前俄羅斯列入中等收入水準國家已有 10 年。

1998 年的俄羅斯，人均年收入不到 200 美元；10 年後的 2008 年，俄羅斯的人均年收入是 5000 美元，超過 1998 年時數 10 倍。10 年之間，俄羅斯經濟變化令世界震驚。世界銀行的報告強調，從上世紀 90 年代末到 2009 年期間，俄羅斯的生活水準顯著提高。

不僅是俄羅斯，另據世界銀行的資料，拋棄共產黨體制的前東歐所有國家的國民年收入，在 2006 年就全部超過 5000 美元。這些國家的國民生活在走出共產黨體制的陰影後都在快速穩定的得到改善。2011 年，克羅地亞的人均收入已達 1 萬 4488 美元，匈牙利為 1 萬 4044 美元，波蘭為 1 萬 3463 美元，立陶宛 1 萬 3339 美元，拉脫維亞 1 萬 2726 美元，都已進入高收入國家的行列。

俄羅斯的經濟增長，開始於 1999 年。從 1999 年至 2006 年，年均增長速度約 6%，經濟總量增加了 70%。然而，俄羅斯的工資和人均收支卻增加了 500%，扣除通脹後，人均收入實際的增長，超過了 200%。八年間，俄羅斯的人均實際工資和人均實際收入的增長速度，比人均 GDP 的增長速度，高出二倍。俄羅斯的老百姓，實實在在地分享了經濟增長的成果。

　　實際工資增長大大超過 GDP 的增長速度，只是俄羅斯人分享經濟增長成果的一個方面。另一個方面，就是俄羅斯聯邦和各聯邦主體、地方政府，將三分之一的財政支出，用於教育、醫療、救濟等社會領域的。從而建立和維持了一套完善的社會福利體系。讓退休、失業、兒童、學生等等弱勢人群，也紮紮實實地分享到經濟增長的成果。

第二節

中共崩潰先兆
辭職成官場新趨勢

原山東濟寧市長梅永紅辭職引關注

9月9日，大陸媒體澎湃新聞報導，從深圳華大基因科技有限公司（下稱「華大基因」）獲悉，中共山東濟寧市委原副書記、市長梅永紅將加入華大基因，並任深圳國家基因庫負責人。

9月6日，《大眾日報》用戶端「新銳大眾」發布消息稱，中共濟寧市16屆人大常委會第31次會議決定：接受梅永紅辭去濟寧市市長職務。

2015年3月15日，中共「兩會」期間，中共全國人大代表、時任山東濟寧市長的梅永紅曾對媒體表示，公務員實際上已經變為一個職業化的崗位，而不是把公務員就理解為「官」。這就是一份職業，最後公務員如果有更好的職業追求，可以更加充分地實現個人抱負和理想，就可以另謀他職。

梅永紅還說，「我有很多朋友離開了公務員崗位，下海的，回學校做研究的，甚至有的到了司局級都不做了。」

報導還聲稱，梅永紅每天工作都在 10 個小時以上，早上 8 點出家門，很少在晚上 8 點前能進家門。每天工作 10 個小時是常態，而且幾乎沒有周末，沒有節假日。

梅永紅稱，濟寧市有 800 多萬人，GDP3800 多億，但他所有工資收入加起來，一個月才 7000 元。下面的縣委書記、縣長一個月收入 3000 多，還趕不上在工廠打工的。

中共官場湧現辭官高潮

在中共官場，梅永紅做官做到地級市市長的份上，算頗有「地位」，但他選擇辭官，自然引起外界的關注。

但是，梅永紅辭官，在中共官場上絕不是孤立的案例。事實上，中共官場 2015 年以來湧現辭官高潮，只不過由於中共對相關輿論的嚴密控制，故而沒有引起外界太大的關注罷了。

2015 年 5 月 18 日，《大紀元》曾報導，2015 年初以來中共內部、國家機關部門公職人員、官員辭職、離職潮進入高潮，其中有相當部分的申請辭職者被曝自身存在問題。為此，中共中央下發密件加緊控制，該文件下達至省部一級部門。

據港媒《爭鳴》5 月號報導，據不完全統計，至 2015 年 3 月底，申請辭職、離職的公職人員達 17 萬 5500 餘人，最引人注目的是地廳、司一級官員就有 1 萬 2000 多人。

報導稱，據中共國務院研究室披露，隨著反腐工作持續，沾上問題的人擔憂火燒上身，薪酬、福利也因此受限，斂財的空間收窄，家屬子女移民受約束度加大、晉升機會減少等。

對此，中共中辦、國辦、中組部 4 月中旬下達密件至省部一級部門，要求嚴格控制在接受審查的官員，已被列入待審查的官員一律不批准或暫停審核其辭職、離職等 8 項規定。

中共官員大面積怠工令高層頭痛

對中共高層來說，官員辭職還不是問題的全部，他們現在最頭痛的是中共官員的「不作為」，也就是大面積消極怠工。

2015 年 3 月，美國《華盛頓郵報》曾報導，自從習近平的反腐運動開始以來，超過 10 萬名官員被處分，這導致許多人無所事事，推遲決定或停止批准投資項目。他們要不是擔心可能在未來的腐敗調查中被抓，就是因為沒有賄賂讓他們缺乏任何行動力。這個問題已經嚴重到向中共最高層敲響了「警鐘」。

北京航太大學廉政教授任建明認為，中共官員不習慣於一個沒有腐敗的系統，「開發商不相信，沒有行賄，他們將獲得項目；官員不相信，沒有賄賂，他們將被提拔。」他說，官員們已經停止或推遲決策以避免風險。

北京一名中共官員則表示，沒有人想做事，「如果我們做事，我們就會暴露在各種各樣的風險之下，包括政治風險。」

8 月 28 日，據中共官媒報導，為了解決地方政府官員不作為等問題，2015 年 5 月下旬至 6 月中旬，中共國務院布署進行了第二次大督查。之後，經中共國務院監察部審核，遼寧、吉林、安徽、福建、四川、甘肅、青海 7 省對 59 名官員的不作為，給予中共黨紀政紀處分，甚至刑事處理。

　　7月上旬，李克強要求嚴肅追究相關人員不作為的責任。此次突出處理了一批該辦不辦、推脫責任、怠忽職守等不作為問題的官員。

　　在 8 月 26 日召開的中共國務院常務會議上，李克強再次要求與會各部門負責人更加主動作為，「堅決克服不作為的懶政、庸政」。

　　《北京青年報》微信公眾號「政知局」8 月 31 號刊文稱，李克強開始動真格的了。在這些人被查處的背後，李克強早已有言在先，一經發現就要嚴處。

　　4 月 15 日，李克強在國務院工作會議上拍桌怒斥部分官員「為官不為」，針對「政令不出中南海」的頑疾，李克強不僅拍了桌子、放了重話，更給出了 7 天印發的期限。

　　4 月 9 日至 10 日，李克強到吉林長春調研，現場「督陣」東北經濟。李克強說，看到東北的各項資料感到「揪心」，並警告說：「今年年底，我們要回過頭『算總帳』。」

　　2014 年 6 月 3 日，《第一財經日報》援引一名接近中共高層、曾任國務院督查組成員的消息人士稱，李克強為政策落實不到位「拍了桌子」，並多次強調要下大力氣整治。

　　據《華盛頓郵報》報導，美國美林銀行經濟學家陸挺 2014 年曾表示，這場反腐運動在製造「政治癱瘓」，它抑制了投資。他估計它可能削減 2014 年經濟增長一個百分點。

　　當前，中國大陸經濟不斷下行，但眾多中共官員為了自身的利益，繼續選擇消極怠工，該投資的不投資，該推動的不推動，這被認為是經濟增長放緩的重要原因之一。

分析：更大辭官潮或為中共崩潰先兆

中共官員的辭官潮也早就引起了國際媒體的關注。

2014 年 9 月 5 日，美國《華爾街日報》網站刊文稱，習近平上台後掀起反腐運動，讓部分中共官員和國營企業高管紛紛辭官，或跳槽到私營企業，或乾脆下海做生意。

報導稱，自 2013 年以來，中共當局不斷出台措施，從宴會、商務艙座位到免費商學院課程，官員原有特權都被取消；他們不能到旅遊點出差，還取消海外休閒旅遊。接著是國企高管全面降薪，減薪幅度最高七成；且由於紀檢部門嚴查，官員難再獲得灰色收入，收入大減，腐敗面臨的風險在上升。

許多中共官員因此萌發去意，特別是一些原來掌管實權與私營企業有關聯的官員，紛紛跳槽「應邀」加盟私企，成為私企高管；或乾脆創業經商。

報導稱，有關中共官員和國企高管轉投私營部門的例子甚多，如從中國銀監會轉任安徽蕪湖市副市長的劉振華於 2014 年 3 月辭職，成為南京零售和房地產企業集團三胞集團的副總裁；時任中國建設銀行投資理財總監兼投資銀行部總經理王貴亞，在 3 月成為萬達集團的副總裁；時任銀監會消費者保護局局長劉元，則出任招商銀行監事長一職、杭州市金融辦前副主任俞勝法去幫阿里巴巴籌建銀行等，即是例證。

有經濟學家分析，中共官員難以再獲得灰色收入，腐敗所面臨的風險上升，許多官員已離開政府部門，預計該種趨勢會持續下去。

美國華府中國問題專家石藏山認為，當前中南海習近平陣營和江澤民集團鬥得非常厲害，中共內部的分裂越來越公開，中共的統治搖搖欲墜，很多中共官員感到很難在江、習之間選擇站隊，中共官場也越來越呈現出一種「大難來時各自飛」的情景。

石藏山表示，按照中共原來的潛規則，當官就是為了發財撈好處，現在反腐把官員的特權都取消了，官員們就不幹了。上面卡嚴了，下面就辭職了，這種現象似乎已經成為中共官場的一個新趨勢。而如果中共體制內的大面積消極怠工狀態繼續延續下去，說不定哪一天會演變成官員們更大規模的辭職潮。這將成為中共政權崩潰的一個先兆。

第三節

人民幣是否會像
金圓券一樣崩盤？

　　最近，人民幣貶值引發的國際市場動盪至今餘波未了，並引發美國等超級經濟體的擔憂。市場人士預測，美聯儲加息可能也會受到影響。中國經濟可能成為世界經濟危機之源的擔憂甚至寫進國際清算銀行的報告之中。

　　從中共官方公布最新經濟數據來看，中國經濟依然下行，製造業通縮已經超過 42 個月，投資數據降至 15 年來最低點，外貿數據也不景氣。2015 年中國經濟增長速度極有可能跌破 7%。

　　對中國經濟繼續惡化的擔憂，促使投資者、中國富裕階層加速將資金撤離中國。為堵塞資金外流通道，中共實施了諸多新的措施，包括對遠期售匯徵收 20% 的風險準備金，加強對個人購匯的管制以及對地下錢莊的打擊。

　　然而，這次人民幣貶值引發的風險似乎並非技術層面的問題，也不單純是經濟層面的問題，而是市場信心問題。

　　對於關注中國局勢的人士而言，一種預感逐漸加強：中國即將發生一場巨變。在這場巨變發生之前，人們都在踟躕觀望，不敢對中國市場貿然投資。

　　或許，人民幣貶值會成為這場巨變的一個引線。

市場信心崩潰

　　8 月 11 日，人行突然宣布引導人民幣中間價貶值的決定。市場對人民幣的貶值迅速作出反應，引發全球資本市場和亞太各國貨幣連鎖下跌。

　　這樣的結果是北京當局始料不及的。分析認為，人民幣貶值釋放重要信號，也就是中國經濟健康狀況堪憂，這使外界對中國經濟放緩的擔憂有所加強。

　　國際清算銀行（BIS）9 月 13 日發表的報告認為，中共當局 2015 年 8 月引導人民幣貶值的決定震動了市場，投資者加劇了對中國及新興市場經濟體增長前景的擔憂，並擔心中國經濟、金融危機最終將波及全球。

　　BIS 指出，對中國和新興市場的擔憂持續打擊著投資者情緒。2015 年上半年，新興市場經濟體融資放緩已經暗示了未來將有進一步市場動盪。新興市場經濟體的銀行貸款規模在 2015 年一季度下降了 520 億美元（經匯率調整後）。

　　BIS 說，「全球金融市場過去幾個月來遭遇了多次打擊，其中許多來自中國。」中國市場的脆弱性越來越成為投資者聚集的焦點。

　　法國經濟部長馬克 8 月在柏林表示，中國近期的市場動盪可能會使中國在未來 6 到 8 個月的處境非常艱難。RP Tech 代表董事倉都康行認為中國經濟困境或持續 10 年以上；日本經濟新聞編輯委員吉田忠則也說，人行誘導人民幣貶值的背後原因是中國經濟面臨嚴峻的局面，依靠刺激舉措僅能勉強避免中國經濟進一步惡化。

英國《金融時報》報導認為，市場更深層次的擔憂是對中共當局實現經濟轉型、掌控經濟的能力產生懷疑，如果中共不能主導經濟從投資驅動到消費驅動的轉型，可能發生經濟和政治動盪。

美國金融危機專家、哈佛大學經濟學教授肯尼斯·羅格夫（Kenneth Rogoff）認為，中國有潛在的金融危機風險，而金融危機可能導致社會崩潰，發生政治危機，這才是最可怕的事情。他說，近期天津發生的爆炸危機將是給中國金融帶來麻煩的一種因素。爆炸摧毀了中共政府的公信力。

市場對中共政府可以說信心全失，或許有些人可能預感到中國將會發生一個巨大變化，在這個變化出現之前，誰也不願意對中國市場投資，都在等待和觀望。一個備受懷疑和令人止步不前的市場，應該說是毫無動力的，中國經濟活動可以說處於極其疲弱的狀態，勉強維持不倒而已。

經濟增速很可能會破 7

中國經濟是以投資為主導而驅動。然而，從中共官方 9 月 13 日公布的數據來看，2015 年前 8 個月投資增速降至 15 年來最低。

許多外媒報導認為，新公布的投資數據表明，中國經濟的許多領域持續疲弱，加上股市震盪衝擊金融業增加值，2015 年中國經濟經濟增速破 7% 概率增大。

《華爾街日報》報導稱，由於外界擔心中國經濟放緩的情況比預期更嚴重，近幾周有關中國經濟健康狀況的疑問令全球市場感到不安，影響很可能更大。

不少投資者對中國的擔心是其經濟要比GDP數據顯示得更弱。

中國資本加速外流

中國持續疲弱的經濟，令投資者對中國市場失去信心，資金也因此加速流出中國。

國際清算銀行（BIS）的數據顯示，2015 年第一季度，中國銀行業出現了 1090 億美元的資本淨流出，並預計這一趨勢有可能繼續。

花旗集團的數據顯示，在截止 2015 年 6 月底的四個季度裡，中國資本外流總額超過 5000 億美元（不含債務償還部分）。中國的外匯儲備一度達到接近 4 萬億美元，現在則下降到 3.7 萬億美元以下，而且預計年末將進一步降至 3.3 萬億美元。

《華爾街日報》報導稱，人民幣貶值令國內一些高淨值人士後悔沒有早些將資本轉移出去。

英國《金融時報》旗下機構調查發現，在接受調查的中國富人中，六成有在短期內向海外轉移資產的計畫。而這也讓中共警方忙於徹查地下錢莊。據國內一些專家學者分析，中國每年通過地下錢莊流出的資金至少達 2000 億元人民幣。

《華爾街日報》報導稱，如果人民幣進一步貶值，抑或中國經濟顯示出新的疲弱跡象，則未來幾個月資本外逃現象可能加重。

中共加緊資本管制

人民幣貶值增加了投資者對中國經濟放緩的擔憂和對中共當局管控經濟和金融能力的懷疑，在濃郁的避險情緒催促下，資金加快了出逃的速度。

分析師和知情人士透露，為干預人民幣匯率，北京方面已投入多達 2000 億美元，但效果似乎並不明顯。為此，中共只好採取收緊資本管制的措施，堵截資本外流管道。

根據一份官方通知，隸屬人行、負責管理中國外匯的外匯管理局（外匯局）近期責令各金融機構加強對所有外匯交易的檢查和管制。

而新浪財經 9 月 9 日援引據知情人士透露，中共外匯局上海分局下發通知，要求加強銀行代客售付匯業務監管。其中被稱作「螞蟻搬家式」的個人分拆購匯被加強監管受到了廣泛關注，外管局要求各家銀行對可能的分拆交易提高警惕，必要時拒絕購匯申請。

專家認為，這主要是防範國內資本快速外逃。

根據外管局的規定，5 個以上不同個人，同日、隔日或連續多日分別購匯後，將外匯匯給境外同一個人或機構；個人在 7 日內從同一外匯儲蓄帳戶 5 次以上提取接近等值 1 萬美元外幣現鈔；同一個人將其外匯儲蓄帳戶內存款劃轉至 5 個以上直系親屬等情況界定為個人分拆結售匯行為。

人民幣離岸市場被干預

中共長期以來就對個人和企業購買或出售的外匯金額實行管制，但人民幣在世界各地的使用越來越廣，同時，隨著中共希望擴大經濟影響力，正在為人民幣加入國際貨幣基金組織儲備貨幣籃子而努力，也因此讓中共的外匯管制近年在一定程度上失效。

與資本交易存在限制在岸人民幣（CNY）不同的是，在離岸人民幣（CNH）市場上，中國本土以外的投資者可以自由買賣人民幣。人行8月11日將人民幣兌美元匯率中間價下調近2%之後，海外投資者加速拋售人民幣，CNY和CNH的匯率差出現擴大。

根據日本經濟新聞中文網9月14日報導，為阻止人民幣過度貶值，繼干預國內外匯市場之後，人行又在離岸市場進行買入人民幣、賣出美元的外匯干預，以牽制投機者拋售人民幣，阻止資金加速流向海外。

在人民幣貶值的背景下，中國企業為了避免因人民幣貶值而造成的匯差，大幅增加今後賣出人民幣買入美元的匯率預約，從而導致拋售人民幣的壓力加大。

不過，從市場收回大量的人民幣後，導致資金供需變得緊張，銀行間同業拆放利率上漲等，而因此抵消金融放寬效果的擔憂也浮出了水面。

分析認為，人行出手干預人民幣進一步貶值的舉動可能是為習近平9月下旬與美國總統歐巴馬舉行的首腦會談掃清一些阻力。

瑞銀首席中國經濟學家汪濤表示，外界早就預期中共會收緊某些外匯管制，不過，僅僅依賴這些管制來捍衛人民幣「不是長久之計」。

流動性枯竭的危險

　　中共對資金外流應該是非常擔心的，因為當局現在非常缺錢。中共為救樓市、地方債和股市消耗了很多資金，加上資金外流，中共外儲在快速縮水。由於外儲是中共發鈔之錨，外儲的縮水應該說限制了中共印鈔的能力，它不能再像過去那樣通過超發貨幣來應對流動性緊張問題。

　　現在中國出現的問題是生產領域的通縮和消費領域的通脹。製造業通縮顯示其資金緊張，活力不足，這使中國經濟創富和創匯能力大大降低；消費領域通脹是人民幣貶值帶來的相應後果。

　　股市泡沫的破滅使中共不可能通過股市為企業打通直接融資之路，而外儲的減少限制了其印鈔能力，所以它只有限制資金外流，盡量讓錢留在境內。

　　目前，中共的處境很難，一方面它的經濟活力非常疲弱，過去常規的刺激措施不再像當時那樣效果明顯；另一方面，由於外儲降低，它不能再像以前那樣可以肆無忌憚的超發貨幣了，那會使人民幣貶值更加嚴重，並進一步加劇資金外流。在經濟嚴重失血下，印鈔只能使經濟加速惡化，通貨膨脹一發不可收拾，那樣的結果不僅是經濟全盤崩潰，更將是社會和政治危機。因此中共只好堵塞資金外流通道，以此避免全社會面臨流動性枯竭的危險。

金圓券故事

　　人民幣會重蹈金圓券覆轍的說法並不是新聞。

2014 年一篇題為《2016 年人民幣將重演 1948 年民國金圓券的故事》的文章在網路流傳。

9 月 7 日，人行公布外儲數據的同時，也公布了黃金儲備。從公布的數據看，人行黃金儲備有所上升。

有人認為，中共之增加黃金儲備，意圖可能是在必要時動用黃金儲備穩定貨幣。然而，從民國政府在大陸統治晚期金圓券崩盤的事實來看，黃金儲備並非萬靈丹。當時金圓券崩盤，國民黨政府並不缺少黃金儲備，而是民眾對國民黨政府的信心已經崩盤。

因此，動用黃金儲備穩定貨幣的假設，是建立在該國國民對政府依然信任的基礎上。

美國經濟學大師米爾頓・佛利民在《貨幣的禍害》一書中曾說，紙幣之所以具有價值，是因為所有參與交易的人相信，別人在交易時會接受它。說白了，貨幣之所以值錢，是因為人們相信它有價值。這在信用貨幣時代尤其如此：貨幣是建立在一個國家以其綜合實力做信用擔保的基礎上。

目前，中共早已將國家信用透支殆盡，對中共行將滅亡的預期，越來越成為社會的主流。因此，市場對人民幣貶值的預期心理所透露出的信號實際上是對中共的不信任。

中共這次因人民幣貶值引發的危機不僅是經濟、金融危機，更是中共政權的危機。一旦中共政權危機降臨，無論是外匯儲備還是黃金儲備，也無論採取何等措施阻止資金外逃，都救不了中共的命。

金圓券故事是為前車之鑑。

第十一章

政經危機四伏
走投無路

習的肅貪反腐直搗了江系核心，江派血債幫及既得利益者的反撲，造成社會動盪、資金外流。種種阻力突顯習李王的改革方案，在中共現行體制下毫無出路。而時間是不等人的，一旦經濟危機爆發，中共政體也就不推自垮了。

天津大爆炸使中國社會長期存在的問題爆發出來，突顯習李王的改革方案在中共現行體制下毫無出路。（大紀元合成圖）

第一節

習江閱兵後　江派拚命反撲

2015 年 8 月 12 日發生的天津港口大爆炸案，可謂是人類歷史上重大的一次火災事故，同時也是至今為止中共政壇上一次驚人的「政治炸彈」：炸出了當今中共官場最大的祕密：「江澤民不顧一切地要置習近平於死地」。

當時天津大爆炸一發生，外界尚不知事故原因如何，實際災情如何，親江派媒體就在海內外高調放話：「這是江澤民派系幹的，目的就是要威脅習近平，讓習服軟」。分析認為，這與中東的恐怖分子行徑相同，不管事件是否是他們所為，一旦災禍發生，一概攬過來聲稱是自己幹的，目的就是恐怖威脅，讓人對恐怖分子心生畏懼。

全球最早報導江習鬥的是《新紀元》，但如今調門最高的卻是江派媒體。當時很多人難以置信，認為江澤民已經退休十多年了，江習都是中共黨魁，怎麼可能一家人打一家人呢？但經過這

3 年來的事態發展後，香港眾多大公司的老總們紛紛表示，《新紀元》報導的江習鬥是準確的，很多事件背後都有一個習江鬥的主線。

《新紀元周刊》從 2012 年 2 月重慶市副市長、前公安局長王立軍出逃美國駐成都總領事館不久就開始分析報導：中共政壇矛盾的主線就是習江鬥，原因是江澤民在 1999 年鎮壓法輪功，欠下了上億人的血債，而且活摘上百萬法輪功學員的器官，犯下了反人類罪，世界多國都在暗中調查和處理，海外法輪功也把江澤民和其血債幫成員（包括薄熙來、周永康、徐才厚等），告上了國際法庭。為了不被後繼者清算罪行，江澤民從 2000 年就開始布署如何把持權力，寧願死也不願丟權，因為江明白，一旦自己喪失權力，等待他的就是審判和處死。所以才有了中共 16 大政治局常委人數從 7 變成 9，17 大也硬是把周永康這個政法委書記塞進了 9 人政治局常委，這才有了 18 大哪怕只有 7 人也是江派占了多數。

分析：習訪美後 或拿下江

自從 8 月 12 日天津發生大爆炸，有消息說，習近平幾天沒睡好覺，思前想後難以定奪，等到 9 月 3 日天安門大閱兵時，據說習又是四天沒睡。

9 月 3 日，人們意外地看到江澤民、曾慶紅、李長春等江派人馬，和習近平等人並肩出現在天安門城樓上，好像天津大爆炸案沒有發生一樣。此前各種管道都在傳：曾慶紅被習軟禁，江澤民被習內部控制等等。人們評價中共高官都是第一流演員，無論心中多少仇恨怒火，表面上都是笑眯眯地。

有人說習近平讓江澤民同台出現，是為了防止有人搞爆炸、搞暗殺，那段時間北京的鴿子都倒楣了，因為害怕有人利用鴿子或無人飛機搞爆炸；也因為害怕有人利用天安門廣場的地下通道搞爆炸，中共派出排雷士兵一步一步地檢查；還有人說，天津爆炸後李克強第四天才到現場，是因為中央辦公廳不讓去，因為他們害怕還有第二輪的爆炸在等著前來視察救災的總理；還有人說李長春在天安門城樓上拿出日本產的長鏡頭照相機，為了就是羞辱習近平，言外之意，習近平想藉閱兵宣示自己掌控了軍權，但我李長春就不買你的帳。不過，關於李長春的醜聞隨即一一曝光。

目前各種分析和情報還有很多，不管如何，人們也已識破北京營造出的一個「團結」的中南海假象。

回顧 2014 年 9 月 29 日，在令計劃、徐才厚、郭伯雄等人落馬之前的那次所謂「國慶聯歡會」上，這些籠子中的江澤民與其江派「死老虎」們，也是一個個被拉出來上演「團結大戲碼」。另外周永康落馬前還笑顏逐開地回母校、東走西看。熟悉習近平、王岐山打虎程式的人都知道，這次曾慶紅、江澤民等人能上天安門與習並肩閱兵，是經過習的允許。

有消息說，習近平真的要動手抓捕江澤民，一定會事先和美國總統奧巴馬商量，因為外界認為習的個性保守，不會在沒有得到美國暗中支持的情況下，貿然抓捕江澤民，因為一旦局勢失控，各種可能性都會發生，不和「世界警察」美國打好招呼，習是不會行動的。

於是有人預測，習要等訪美回來之後才動江澤民。為了防止江派趁他出國一周訪美時幹壞事，先用共同閱兵的方式安撫穩住江派，等以後時機成熟了再抓捕江。

不過也就在這段時間內，江派成員紛紛露面。

吳邦國、賈慶林、李嵐清、李長春露面

據中國國家博物館網站消息，「原中央政治局常委、全國人大常委會委員長吳邦國、原中央政治局常委，11屆全國政協主席賈慶林、原中共中央政治局常委李嵐清、原中共中央政治局常委李長春近期前往中國國家博物館，參觀『丹青傳情——趙丹、趙青父女繪畫聯展』等。」

而上文中的「近期」指的是從9月4日李嵐清參觀中國國家博物館，到9月7日上午的賈慶林、下午的李長春，再到9月9日的吳邦國，江派在北京的人馬基本都出動了，現身中國國家博物館。也許有人會問，為什麼江派人馬不一同露面，更顯勢力猶存？

原來習近平上台不久就對這些退下來的老人們定了很多規規矩矩，除了「習八條」，還有專門針對中共中央政治局常委，規定他們的出行必須由中共中央辦公廳安排，言外之意就是要經過習近平的批准，而且不得兩個以上常委同時露面。也就是說，江派這些魚貫而出，其實也是習辦同意和安排的。

賈慶林出國旅遊申請被拒

就在賈慶林於國家博物館露面的同時，海外的《動向》雜誌9月號報導說，「前政治局常委、政協主席賈慶林在7月申請今

秋到東南亞泰國、馬來西亞、印尼、新加坡旅遊，探老朋友。其在 9 月初已被通知：暫時不宜外出旅遊，原因：一是沒有先例及規則，二要考慮環境安全。」

外界認為，中辦的這個回覆包含了很多信息。第一，賈慶林提出要去探訪老朋友，也就是因私出國，按理說，一個普通百姓都具有的權利，為何一個中共正國級高官反而沒有這個人身自由呢？第二，習辦拒絕的理由也頗奇怪，把環境安全放在了次要原因，而把「沒有先例及規則」放在了主要原因上。賈慶林必須遵守什麼規則呢？沒有什麼先例呢？中共高官到處遊玩，先例很多，不過這裡習辦暗示的是，在接受調查期間的被查人員，想要出國遊玩，這是沒有先例的，也是沒有規則的。

2015 年 3 月 31 日，賈慶林曾現身貴州省。陸媒報導稱，當地「千人迎接」。當時時事評論員李林一表示，賈慶林明顯違反了「習八條」出行從簡的規定。就在習李王要動刀江派時，這些江派前常委拋頭露面，顯然是挺江之舉，有意挑釁習近平。

賈慶林是中共前黨魁江澤民一手提拔。2000 年廈門遠華集團董事長賴昌星案發，牽扯了一大批中共外貿和海關高官，其中包括時任福建省委書記的賈慶林。儘管福建數百官員落馬，但深度涉案的賈慶林卻在江澤民的包庇下，不但安然過關，還被提拔到了北京，直至進入中共最高決策層。

其實，賈慶林在 2015 年已經多次去國家博物館了，比如 5 月初、6 月 8 日、還有這次的 9 月 7 日，如此密集露面，被認為其實就是想抱個平安，表明自己還沒被抓，因為此前海內外媒體紛紛報導，賈慶林是周永康之後的另一個常委級別的大老虎，外界形容稱，滯留加拿大快 20 年的賴昌星，不是被胡溫歷經千辛萬苦地抓回去了嘛？不就等著要拿下賈慶林嗎？

賈慶林家族的腐敗醜聞很多。比如 2015 年 7 月，有報導稱，當年賈慶林的兒子因洗錢在澳洲被判刑 5 年，而賈慶林的女兒涉嫌空手賺得數億元。

賈慶林兒子被澳洲判刑 5 年

據澳洲《悉尼晨驅報》1993 年 9 月 3 日的報導說，一名在澳洲的中國女學生郭江玲（音譯）因涉嫌一宗金額達 4,000 多萬美元的洗黑錢案而被澳洲聯邦警察起訴，這筆巨款是從中共軍方一個海外帳戶中詐騙套取而來的。

9 月 2 日，在悉尼的一名 35 歲的中國男子任鵬（音譯），也被以洗黑錢罪名起訴，任鵬是在北京的中國匯通集團公司的前職員，他被控非法將 4000 多萬美元從中國通過澳洲而轉往美國。任鵬承認，這筆錢是從中國轉入他在澳洲的帳戶，他再把這筆錢轉往美國一名叫孫明的男子，孫明幾日前已被美國聯邦調查局逮捕。任鵬招供後，因非法洗黑錢罪名成立而被判入獄五年。任鵬當時是持旅遊簽證到澳洲。而郭江玲據說堅稱不知內情，只是被朋友借用帳戶而已，最後被釋放。

根據悉尼的不少福建人士指稱，任鵬的母親就是賈慶林的太太。她們母子倆到澳洲都沒有使用真名。

還有報導稱，賈慶林主政福建當時提拔了大批腐敗官員，其中兩人最出名：一個是福建省委常委、省委宣傳部長荊福生，涉上億元大案，2005 年 10 月 11 日被「雙規」。第二個就是福建省工商行政管理局局長周金夥，2006 年 6 月潛逃。

周金夥任職寧德市長時，正值福寧高速公路上馬建設，他將大量工程發包給賈慶林女兒賈薔承包，賈薔交由賈慶林司機的兒子具體轉包倒賣，空手掙了數億元。周金夥還涉及荊福生億元腐敗大案，卻在 2006 年中紀委準備對他進行雙規前三天，竟然有人通風報信，使周金夥成功出逃，至今未歸案。

北京消息人士稱，當年賈薔確實利用父親賈慶林的關係在福建搞項目。當時賈薔的丈夫李伯潭在香港搞些投資，並沒有賺到多少錢。後來，李伯潭和賈薔一起聯手在福建搞工程項目，「空手套白狼」賺了好幾個億。這也是李伯潭搞到的第一桶金，隨後才在北京「名正言順」地創建了昭德投資公司。

此外，賈慶林還被曝涉及多起大案，河北「小官巨貪」馬超群案背後可能有賈慶林的影子、向徐才厚行賄買官的中共軍頭案也牽涉賈慶林。同時賈慶林家族被曝捲入中共央視千萬美元黑金舞弊案等。

李長春與宋祖英關係被曝光

「九三」閱兵時，李長春在天安門城樓上高調的拿著長鏡頭照相機拍照，閱兵後，有關李長春的醜聞不斷被曝光出來。

首先是一本在香港出版的《「母老虎」宋祖英》一書，書中披露，李長春是江澤民一手提攜起來的，是掌控中共輿論的幹將。李長春靠取悅宋祖英而獲得江信任。

宋祖英大紅大紫的年代，正是李長春掌控宣傳口的時期。中共中宣部、文化部、中國新聞總署、中央電視台這些輿論工具都是由李長春直接掌控。

　　李長春十分清楚宋祖英不僅是江澤民的情婦，還被曾慶紅、曾慶淮力捧，因此其看中了這一點，任由中宣部、文化部、中國新聞總署、中央電視台這些機構為宋祖英提供種種特權。宋祖英連續 18 年上央視「春晚」，所上的節目都享有免檢權，而且在「春晚」必須是壓軸戲。這些都是李長春默許的。

　　該書還表示，宋祖英幾次到國外演出，中宣部和文化部都劃撥了贊助經費，這沒有李長春的批准是不可能的。

江綿恆受媒體冷落的處境

　　閱兵後江派不但在北京密集露臉，還在上海也有所動作。9 月 18 日，江澤民的兒子江綿恆因參加開學典禮而出現在網站新聞中。此前消息人士告知《新紀元》，面對大陸強大的控告江澤民、逮捕江澤民的輿論大潮，有人提出，保住江澤民不動，讓王岐山抓江綿恆來平息民憤。

　　據大陸澎湃新聞網報導，9 月 18 日，上海科技大學成立以來的第二批 299 名本科生和第三批 385 名研究生出席了開學典禮。在首段點名錄取人數後，新聞第二段講述的是由各院系負責人宣讀新生名單以及同步展示學生個人介紹，時間持續了 30 分鐘。第三段介紹上科大和一名院長的發言，最後一兩段提到校長江綿恆做的報告。

　　一提「上海科技大學」，不知情的人以為是個很大很有地位的學校，畢竟江綿恆曾由其父江澤民安排當上中國科學院當院長。不過，實際上這所「上海科技大學」只是一個只招生幾百人的、名不見經傳的無名小學校。

　　《大紀元》評論員周曉輝分析說，從新聞角度來說，最重要的先報到，放到最後的都是可有可無的內容，版面不夠了，就把最後一部分刪除。澎湃網可以說是習近平控制的新網路，他們故意報到江綿恆的露面新聞，真的讓人感覺到江家的被降格，因為此前 2013 年、2014 年的江校長的露面，都是放在新聞的最前面報導的。

　　對比這三年的報導變化，說明江綿恆與其父親一樣，已經被習近平鎖定，處境每況愈下。作為江澤民的長子，江綿恆不僅掌控著江家龐大的海內外資產，而且與江派曾慶紅、周永康、蘇榮、韓正等交集甚多，從某種程度上，他是其父的代言人和與外界的溝通者，甚至還是某些事情的知情者、主謀和執行者。而在 2015 年初他被免去中科院上海分院院長之職，也是在江澤民於海南發出「東山再起」信號後。

　　看來，無論江派如何露面反撲，他們「東山再起」的日子恐怕是遙遙無期了。

第二節

「別讓李嘉誠跑了」揭內幕

2015 年 9 月 12 日黨媒旗下的《瞭望智庫》發表署名文章「別讓李嘉誠跑了」，罕見拋出觀點。李嘉誠則回應賣出買進很正常。（大紀元）

就在北京不斷爭取外界認可其自由經濟體系的同時，卻發生了官方媒體刊登智庫文章，「規勸、教訓」投資者不能獲利後「一走了之」的奇談怪論。不過奇怪的不是文章本身，而且故意選中這篇文章放在官方新華網的「最高編輯們」。

新華社雜誌：「別讓李嘉誠跑了」

2015 年 9 月 12 日，新華社底下《瞭望智庫》發表了國資委商業科技質量中心研究員、智石經濟研究院副祕書長羅天昊文章，題為：《別讓李嘉誠跑了》。

據中金網盤點，從 2013 年以來的兩年時間內，李嘉誠已經拋售大陸地產套現的有：盈大地產出售北京盈科中心，套現 72 億港元；和黃與長江實業出售上海陸家嘴東方匯經中心，套現 71

億元；和黃與長江實業出售廣州西城都薈廣場等項目，套現 26 億元；長江實業 ARA 基金出售南京國際金融中心大廈，套現 30 億元。此外，長江實業與和記黃埔重組後專門把房地產業務剝離單獨成立了一家公司，其他業務全部轉移到註冊地為開曼群島的公司名下。據說李嘉誠還啟動了長江基建和電能實業的合併項目，合併完成後將退市。

李嘉誠的名字在大陸婦孺皆知，其經商理財的故事也成了時代傳奇，他 12 歲跟隨父母從廣東逃到香港，白手起家後成為香港首富，2015 年 3 月他在福布斯全球富豪榜排名第 17，坐擁資產 333 億美元。中共官方 20 多年來一直高調宣傳他的「愛黨愛國」，沒想到在習近平訪美前夕，官方卻發表文章稱《別讓李嘉誠跑了》，有學者評論說，「對於同胞李嘉誠，比毛著《別了，司徒雷登》對美國人司徒雷登的殺傷力還大」。

作者批評李嘉誠當年在大陸靠中共當權者的扶助獲得巨額財富，而今在大陸經濟衰退時卻持續大規模撤資，是過橋抽板，喪失了道義高度，他不應該一走了之。文章說：「李嘉誠最近 20 年在中國獲取財富的性質，不僅僅是商業那麼簡單，因為在中國，沒有權力資源，是無法做地產生意的。所以地產的財富，並非完全來自市場經濟，恐怕不宜想走就走。」

文章直言在中國的房地產市場要發家，全靠權力關係：「低買高賣，確實是市場經濟，但是，地產、港口等產業，恰恰是中國最不市場化的產業，沒有權力的扶助，哪裡來的機會？合作時借權力，賣出時說市場，似乎雙重標準，讓人難以淡定。」

其實這篇文章早在一個多月前作者就發表在其博客上，就在海內外學者議論紛紛之時，中共中宣部官員們卻允許把它轉載在新華網上。12 日當天晚上《瞭望智庫》刪除了此文，但第二天 9 月 13 日，新浪財經刊載了羅天昊的全文，隨後此文被大陸多家網站轉載。

靠大陸扶持成為香港首富

1989 年「六四」學生運動被武力鎮壓後，當時外資企業大舉撤資中國，中共非常孤立。在曾慶紅等上海幫的動作下，李嘉誠率先在上海圈地買地並搞實業投資，成為港商在大陸的最大投資者。儘管李嘉誠並沒有開發最早在上海購買的那塊地，但等他出售地皮時，價值也是增加了幾十倍。

江澤民當政時期，李嘉誠家族在大陸的生意一直紅火，胡錦濤上台後江澤民垂簾聽政，李家在大陸的商業也未受到影響，但習近平在 2011 年上任不久，李家就開始拋售大陸資產，並逐步將投資轉向歐洲。

文章分析了李嘉誠成長為香港首富的過程：「在英治時代，香港還算是一個健康均衡的社會，從香港的流行文化，即可知香港是一個市民化，平民化和多元化的社會。在經濟領域，香港雖然是全球知名的自由港，貿易發達，但是，實業亦非常發達，其精工製造，一度全球聞名。」

但是從上世紀 80 年代開始，確定香港「回歸」的《中英聯合聲明》簽訂後，大陸「精英治國的理念」亦被移植到香港。成為北京重點倚重對象的不是香港的升斗小民，而是香港的華商領袖。實際上形成了一種對於香港上層人士的「招安」政策。

李嘉誠就是其中最典型的代表。他雖然在 1958 年即進軍地產，但是一直以實業為主，直到 1980 年收購英資第二大銀行和記黃埔之後，才開始大規模擴張。李嘉誠在 1978 年受到當時的中共領導人接見後，在香港可謂通行無阻。政治地位的提高，亦使其商業擴張順風順水，特別是在地產領域，此後，李家財富大部來自地產行業。

文章說，在大陸，很多基礎設施建設亦有李嘉誠的身影，如深圳的鹽田港，大陸方面即交給了李嘉誠。還有「香港國際會議展覽中心」等眾多香港地標性建築物，無政府人脈，是絕對辦不到的。目前，香港前十名的商業大家族，過半從事地產行業，可見，其財富的來源，並非為香港創造了真實的財富，而是部分建立在權力經濟，土地經濟之上。

文章分析指出，香港富豪榜的前幾名竟然全部為地產商，顯示了香港產業的畸形。而這種畸形產業的背後，隱藏著香港社會結構的畸形，而豪族的出現，以及極端貧富分化，則嚴重危害了香港社會的活力。

作者還稱香港在回歸後其實是在後退：過度依賴房地產業，製造業衰亡，中產階級縮水造成社會失衡：「正是社會領域的失衡，導致香港經濟結構出現不平衡。而這種不平衡，不僅造成今日香港經濟低迷，更造成了香港社會生活和精神文化的整體退化。表現得最明顯的，就是香港電影產業，自從九七之後，香港的電影就乏善可陳了，變得嚴格的管制，使很多電影失去了風韻，而香港社會的崩潰，使香港電影失去了根基與活力，那種草根性的情懷，大眾性的娛樂，相容並包的氣度，是建立在平民文化和多元文化的根基之上的，失去了這兩點，也就是去了活力之源。」

文章最後部分對改變香港目前低迷狀態提出建議：再造大眾

社會，重塑平民精神，而非僅僅是經濟領域的努力。從國家對於香港的倚重程度的變化來說，亦需逐步削弱香港豪族地位。不客氣地說，大商人已經不再是社會穩壓器，失去了其利用價值。

作者總結說，北京方面需要對香港採取的新政策，說白了，經濟上，加大開放，政治上，打壓富豪，收買底層，擴大政權根基。在此大勢之下，此前的香港豪族，從被關照的對象逐步淪落為被疏遠的對象，李嘉誠乃人中豪傑，能見一葉落而知天下秋，提早行動了。

「別讓李嘉誠跑了」洩露三大祕密

按理說這還算是一篇資料收集得不錯的文章，只是觀點比較偏頗敏感，從而引發了各界熱烈的討論。第二天13日晚上長和發言人回應說，集團沒有撤資，屬正常的商業行為，李嘉誠也無奈地表示：不會跑，也不能跑。

一位海外學者調侃說，官方怎麼這麼賴皮呢？生意人就是趨利避害，尋求利潤最大化。當年你給了人家好處了，但人家也給了你很多好處。沒有李嘉誠帶頭到大陸投資，大陸最急需的資金從哪裡來呢？就好比妓女和嫖客的關係，當初你姿色好，有人來，現在你年老色衰了，人家要走了，你能哭哭啼啼地說你不要走嗎？

很多評論分析說，新華網刊登這樣一篇文章，暴露了很多北京高層的祕密。

第一，此文洩露了很多官場潛規則：比如該文毫不掩飾地說，地產商的財富並非來自完全市場經濟，而要得到官方在基礎設施，港口、地產等領域的大力扶持。這等於說，中國在基建等產業是完全不按市場經濟走，而是系統性、全面性、行業普遍性的官商勾結，與自由經濟的平等競爭背道而馳。

第二，香港如今的高房價、地產業的畸形發展，是因為當初北京提出的「港人治港」的港人，不是指「香港的升斗小民，而是香港的華商領袖」。也就是說，北京故意扶持一些港商，利用操控港商來操控香港。這種「招安政策」的實施，破壞了香港的社會結構平衡，導致貧富懸殊日益嚴重，中產階層受損日益嚴重。

第三，當初中共中央善待李嘉誠等港澳商人，是出於對其商界領袖身分的看重，而不是因為他「愛黨愛國」。如今香港迴歸快 20 年了，這些大商人已經失去了利用價值，於是官方要開始打壓富豪，換取民心。李嘉誠就是看穿了這一點，才撤離大陸和香港的。

第四，做生意講求的就是兩廂情願、買賣自由，如今官方如此害怕李嘉誠的離開以及由此加劇的資金外流大潮，這種擋人去路的作法，只能暴露中共面臨的經濟問題多麼嚴重，否則官方也不會「出此下策」，招來人罵。

「讓李嘉誠走」《人民日報》下屬打圓場

也許是為了補過，三天後的 9 月 15 日，中共的另一大喉舌《人民日報》旗下的《證券時報》，刊發了《讓李嘉誠大大方方走天塌不下來》的文章，然而文章只是從單個企業發展方向可能不斷調整的角度來談，而沒有進一步分析促使李嘉誠撤離大陸的深層經濟大環境和大氣候。

　　文章稱，李嘉誠頻繁重組旗下資產，在世界範圍內重新進行布局，意圖不外有三：產業調整、區域調整和家族財富傳承。人們應該理解李嘉誠，他只是在進行企業內部調查，加大歐洲投資，相應就得減少大陸和香港投資。「歐洲難有暴利機會，但勝在投資回報穩定，且法律風險極小。如果隨便編個理由不讓人走，其他房企是否會感到害怕？」為了顯示其大度，文章稱，「讓李嘉誠大大方方走，天塌不下來」。殊不知一葉知秋，走了一個李嘉誠，千千萬萬個小李嘉誠也會隨風而去，當撤資潮洶湧而來時，當權者該如何是好呢？

　　據摩根大通 2015 年 7 月公布的一份報告，在此前五個季度裡，中國資本外逃規模達到 5200 億美元，相當於抹去了自 2011 年以來中國吸收的全部外資。而 2015 年第二季度，投資者就從中國撤出 1420 億美元。

　　中共這幾十年的所謂經濟繁榮，大多建立在外資投入這種「輸血模式」上，一旦撤資，停止輸血，中共這具殭屍就會很快停擺。面對撤資潮，據說北京當局非常著急，下令嚴查地下錢莊，整頓外匯管制等，在某些經濟官員的眼裡，李嘉誠這樣的「帶頭跑路」，就像當年的「帶頭投資」一樣，一旦其示範效應放大展現，真的會讓某些人感到天要塌了一樣。

李嘉誠事件突顯中共的流氓匪性

　　回頭再看《瞭望智庫》的《別讓李嘉誠跑了》。文章的邏輯是，李嘉誠藉共產黨的權力發了財，現在共產黨需要錢，李卻跑了，能讓他跑了嗎？這是典型的共產黨邏輯，只要你沾上它，你就欠了它了，你賺的錢也就打上了中共權力的印記，這個錢雖然在你那裡放著，可中共要用的時候，你必須乖乖的雙手奉獻出來。

就好比大陸 80％以上的中國人，上小學時都戴過紅領巾，加入過「中國共產黨少年先鋒隊」。一旦你舉起拳頭宣誓：「為共產主義事業奮鬥終身」，這一句話就把自己賣給共產黨了，哪怕是 28 歲後所謂自動的退團退隊，但這句誓言不取消，在神靈看來，你還是共產黨的一部分，你的一生還是屬於共產黨的。凡是中共幹的所有壞事，都有你一份。於是，現在大陸有 2 億多民眾在《大紀元》網站上用各種真名、化名，宣布取消這個誓約，結束與中共的賣身契約，乾乾淨淨做人，做中華兒女，不做馬列子孫。

香港《大紀元》評論說，新華網喊出「別讓李嘉誠跑了」，這是一種殺氣騰騰的土匪邏輯，李嘉誠多年與中共打交道，憑他的聰明，不可能不了解中共的匪性、痞性、強盜流氓性，正是因為看透了中共的匪性，才讓李嘉誠從骨頭裡感到寒意，從而想及早脫身。

《九評共產黨》揭示了中共是嗜殺、嗜血的匪類，其對人命是從來不尊重的，只要威脅到它、或它覺得對其立威有幫助，中共會毫不猶豫殺人，幾位民營企業家的遭遇就能說明這點。

2013 年 10 月 21 日，從事風險投資的鼎輝投資創始人王功權，被以「擾亂公共場所秩序」被官方批捕。同年 7 月 12 日，湖南湘西民營企業家曾成傑以「非法集資」被長沙中級法院祕密處死。

這兩件事讓大陸的富裕階層看到中共的所謂法律，不過是為所欲為的迫害工具，在中共的統治下，人身安全都無法得到保障，財產安全更成為奢望。有評論說：「曾成傑之死吹響了民營企業家移民的號角，王功權被批捕開啟大規模移民的閘門」。

人們也許忘記了，1949 年之前那些留下來和中共一起建設中國的紅色資本家、地主、富農等，短短幾年內，重則槍斃，輕則抄家，家破人亡，幾乎沒有一個躲過厄運，今日中國富豪們似乎又面臨同樣的難題了：走還是留？不管個人如何選擇，看清中共的本質、看清當今的局勢，這是做好選擇題的第一步。

第三節

「萬萬想不到」的
國企改革阻力

2015 年 9 月 13 日，習近平當局發布《中共中央、國務院關於深化國有企業改革的指導意見》（被稱為《國企改革方案》）。

阻力大而數次拖延

追溯歷史，由於社會主義計畫經濟的因素，目前國有企業依然是中國經濟的主體。據中共官方最新數據顯示，2013 年期末，中國有超過 14 萬家國企，員工超過 6900 萬人。2012 年期末，國企的非金融資產總值達人民幣 55 萬億元，約為中國國內生產總值的 106％以上。

儘管國企是中國經濟的主體，但在過去十年中，國企不論屬於中共中央直接管轄的央企，還是歸屬地方政府的地方國企，其盈利能力皆是每況愈下。中央國企的經營情況直接涉及國計民生，因此被中共視為機密而無從查詢，但有統計顯示，地方國企的上市公司中，截至 2014 年 6 月，其平均股本回報率跌至13％，累積負債卻高升至 41％，經營績效年年敗退。

20 多年前，朱鎔基在 1991 到 2003 年任總理時，曾提出國企改革。當時對國企的股份制改造中，出現兩大問題：一是國有資產被掏空，二是改制後的國企被特定權貴資本幕後控制著官方股份，壟斷的國企並非沒有能力獲利，而是壟斷的獲利多數落入私人口袋。面對大鱷與蛀蟲，人們至今還記得朱鎔基當時曾說：「準備好 100 口棺材，99 個給貪官，1 個給我自己」。然而，即使朱鎔基退休多年了，中共的國企改革依舊窒礙難行。

2011 年 11 月，習近平上台即提出要深化改革，其中包含國企改革，為此習近平專門成立「深化改革領導小組」，自己當組長。2013 年 11 月中共 18 大三中全會上曾提出了 60 條改革意見，裡面多項涉及國企改革，然而兩年多過去了，這些改革措施幾乎全無落實，即使是習近平親自搞的《國企改革方案》，在 2014 年也遭遇多次拖延和否決，一直到 2015 年 8 月 24 日中共官方下達文件、宣布中共中央政治局常委已通過該方案後，還拖了 20 來天，新華社才刊出一萬多字的正式內容。

習近平當局的國企改革方案為何拖了這麼久，答案就四個字：阻力太大。

2015 年 8 月 12 日天津爆炸後，中共官媒《人民日報》發表屬名國平的文章，厲聲宣告：「不適應改革乃至反對改革的力量之頑固凶猛復雜詭異，可能超出人們的想像」。假如人們不太明白這個「反對改革的力量」有多麼「頑固、凶猛、復雜、詭異」，從國企改革方案的出台過程中就能看出一點端倪：由於各方既得利益集團的阻撓，一個紙面空洞的東西都推得這麼難，更別提具體實施中的阻力重重了。

這從官方新聞發布會上的消息即可印證。2015 年 9 月 14 日上午 10 點，國企改革頂層設計方案發布 13 個小時後，國資委、發改委、財政部、工信部、人社部，五部委在中共國務院新聞辦召開記者會。據微信「政知道」報導：財政部部長助理許宏才表示，財政部主要負責起草國企改革關於國有資產管理體制的改革方案，早在 2013 年 11 月 13 日，國資委就召開專題會議開始籌備，但由於各部位之間的爭論扯皮，直到快一年後的 2014 年 10 月國務院新成立了國有企業改革領導小組後，由副總理馬凱主導，才開始推進國企改革方案的制定。

做大國企 vs. 發展私企

簡單地說，這次習近平陣營公布的國企改革方案，基本上沒有超出朱鎔基在十多年前所推行的國企改革。據說這次官方在定方案時，還專門諮詢了朱鎔基的意見，請他談成功的經驗和失敗的教訓，其中失敗教訓是重點。

經濟學家何清漣在《國企改革方案的風，姓私還是姓公？》一文中寫道，「《國企改革方案》）出台，評論如潮水般湧動，有說此方案的目的是要將國企做大做強，也有人說政府要通過市場化推進私有化。同一個方案，居然引起兩極猜想，原因在於這個方案有極強的習氏色彩：意欲融合毛澤東、鄧小平兩人的治國特點，左右逢源，因此出現了許多互相矛盾的表述。」

她概況說，一、方案強調混合所有制：「積極引入其他國有資本或各類非國有資本實現股權多元化，國有資本可以絕對控股、相對控股，也可以參股，並著力推進整體上市。」二、方案稱，「既要培養國企的『市場化經營機制』，又要加強黨的領導。『黨領導一切』是毛澤東時代的政治經濟生命線，『市場化』是鄧小平執政以來國企改革的主旋律。趙紫陽當總書記期間，推出了政企分開，希望結束黨管企業的弊政，本來還打算在成功的基礎上推廣黨政分開，所有這些努力在 1989 年「六四」事件之後都付諸東流。」三、「發展潛力大、成長性強」的民營企業將會成為國企改革光顧的主要目標。

目前大陸的私企提供的就業機會早已超過國企。僅據官方數據，2007 年，在工業企業從業人員中，國企占 9.2％，私企占 44.4％；2011 年 1 月，全國工商聯發布報告稱，中小企業占全國企業總數的 99％以上，吸納了城鎮就業的 70％以上和新增就業的 90％；2014 年，國家工商總局公布，個體和私營企業新增就業人員約占全國城鎮新增就業人口的 90％。

保財政稅收成了保政權的重點

如今隨著外資撤退，農民工大量返鄉，逾半大學畢業生被迫在家「啃老」。按道理中共當局應當鼓勵發展私企，將提高就業率作為主要考量。為何當局卻要將吸納就業較少的國企「做大做強」，採取國進民退的策略呢？

何清漣分析說，一、隨著經濟下行，中共政府面臨極大財政困難。據官方數據，從公共財政貢獻看，目前在中國企業戶數、資產、主營收入占比中，私企已占多頭，國企皆處於劣勢，但在

向國家繳納的稅金占比中，2012 年私企僅為 13.0％，國企高達
70.3％。在原有的稅源日趨枯竭的情況下，國企是公共財政支柱
這一條理由就足以讓政府傾力扶持。

　　二，她認為方案中「整體上市才是最終目的」。20 多年以來，
國企脫困的主要辦法是朱鎔基提出的：讓國企上市圈錢，圈百姓
的錢。如今股災之後，藉國企改革，與民企實現混合所有制後，
「著力推進整體上市」。因為資產重組之後，企業可以用新名目
到股市上 IPO（首次公開募股）。

官方智囊曝七類既得利益者

　　值得注意的是，就在國企改革方案出台之前，「中國貿易金
融網」等大陸媒體重新刊發 2 年前原中共中央黨校周刊《學習時
報》副主編鄧聿文的文章《如何打破利益集團對改革的阻礙？》
彷彿是要告訴人們，誰在阻撓改革。文章列舉了大陸七類人是真
正的既得利益者：

　　一是有很大審批和管制權的部門中的一部分人，即所謂的
「強力」政府部門中的部分官員。（如劉鐵男發改委的官員等）。

　　二是一些地方政府及相關官員，形成了一個個與全國利益有
別的獨屬於地方小集團的利益。（如山西腐敗窩案）

　　三是部分國有壟斷企業特別是央企和地方重要國企中的一些
高管。如中石油、中石化等壟斷國企巨頭，還包括一些銀行、金
融等機構。

　　四是一部分跨國資本及其國內代理人，如江澤民的孫子江志
成等。

　　五是一部分房地產開發商。沒有房地產提供的財稅和土地收入，一些地方政府恐怕連生存都成問題。正因如此，一部分開發商也就有挾持政府的力量。

　　六是大的民營企業和民營資本中的一些人，包括一些民營房產商、煤老闆等實業資本家和金融資本家。

　　七是依附上述各類利益集團的部分專家學者和專業人士。

「三桶油」逾 300 貪官被查

　　如今習陣營要整肅國企，有外國學者把習近平的國企改革稱為「習近平經濟學」的主要部分，不過從時間點來看，2011 年上台後，習面對的首要問題是先坐穩位置，於是，清理政變集團成了習政府開門的第一件事。於是人們看到，接下來 3 年中，習近平的主要精力用在了清理「新四人幫」，前中共重慶市委書記兼中央政治局委員薄熙來、前中共中央政治局常委周永康、前中共中央軍委副主席徐才厚（郭伯雄）、前中共中央辦公廳主任令計劃，這四大老虎相繼落馬。

　　正如《新紀元》在「中國大變動」系列叢書第 15 本、2013 年 12 月出版的《習李王三權聯盟時代》所預測的，習上台首先必須藉反腐來清除反對集團，清除既得利益集團這些攔路虎。不少讀者當時也許沒有意識到，《新紀元》的預測兩年後成為了現實。

　　習李王在拿下前中共國家能源局原局長劉鐵男、周永康、中共國務院原國資委主任蔣潔敏以後，自 2014 年迄今，在能源領域的國企中石油、中石化、中海油這「三桶油」，超過 300 個貪官被查。在江澤民大兒子江綿恆掌控的電信領域，自從掀起反腐風暴後，各地方的中移動窩案頻發，有消息稱，至今中移動集團總部內部名單上的人還沒抓完，究其震源可朔及至江綿恆的頭號馬仔、網通前董事長、原中移動副總裁張春江落馬後。

李克強在 2014 年總理報告首提加強環渤海及京津冀地區經濟協作，有關於此的系列政策，其中京津冀長途漫遊費若取消後，媒體稱三大運營商將「損失巨大」，光是中國移動通信集團公司（中移動）一家一年起碼短少 30 億元收入，說明壟斷有暴利。

國企除了壟斷市場，還可以操縱股市。A 股及 H 股市場皆以國企為主，「百大股票」中國企占逾 65％，江澤民利益集團掌握絕大部分，曾多次在反腐關鍵時刻利用國企交叉持股的複雜股權結構，以及監管單位難以有效勾稽查核的大量附屬公司作空股市，引發恐慌性賣壓、製造暴跌，威脅習近平政權。

據《大紀元》時事評論員周曉輝分析，據一份不完全統計顯示，國有資產流失在 2003 年達到高峰，很重要的原因是江澤民假公濟私以此大量酬庸緊跟他參與迫害法輪功的腐敗官員。曾負責國企改革的朱鎔基應該清楚這段歷史的。投資者憂慮中國經濟前景的原因，其中最大的非經濟因素貪污腐敗，實際上還是跟江澤民這場對法輪功的迫害密切相關。

國企改革《意見》首發後，9 月 15 日習近平主持深改組會議隨即表示：堅持擴大開放、深化改革，針對的重要對象就是最大既得利益者江澤民集團。

巡視組到央企 遭遇五個「萬萬沒想到」

目前大陸國有企業主要分隸屬於中共中央的央企，和隸屬於各省市的國企，央企一般是大型企業，對當局而言，央企改革也就成了國企改革最重要的部分。

2015 年 9 月 18 日，據《北京青年報》主辦的微信公眾號「政知局」報導，截至 9 月 16 日，有 21 家央企公布了 2015 年中央巡視組第一輪專項巡視的「整改」情況。中央巡視組到央企碰上了至少 5 個「萬萬沒想到」。報導稱，這要不查不糾，你都想不到，當個央企高管得有多舒服！

「政知局」將一些央企公布的整改材料中披露出的腐敗問題歸納為如下 5 個方面。

一、違規用人

許多企業「團團伙夥」、「小圈子」、「任人唯親」。「超職數、超職級、超權限」配備官員也是不少央企的通病，其中武鋼的 32 家單位超配的管理層人員整改完畢後，一共減少了 454 人，令人咋舌。此外，中石油為提拔官員，造假檔案；大唐集團則利用臨時籌建機構提拔官員。

國家電網的二線官員和退休官員到年齡不退，並在外兼職、經商辦企業。

二、巨額福利

在國家電網，企業負責人的個人所得稅由企業支付。此外，在其「整改」新規定中，還聲稱嚴禁「領導幹部兼職領取報酬，領導幹部及其親屬『吃空餉』」。

說到吃空餉，大唐集團浙江分公司總經理妻子在下屬企業借調，無崗位、不坐班，領取高額薪酬。

中石油存在為離退休或調離本單位的人員提供專用車的情況。

中國核工業集團總部的離退休企業負責人超標使用辦公室。另外，該央企還發放了大量的違規薪酬福利，該企業聲稱目前已清退了 6174.43 萬元。

三、謀利輸利

部分中國電信供應商支付在職學習費用、資助子女留學。已有 61 人通過資助完成了在職的博士和碩士學習。武鋼還被司法機關審查的人員說情「撈人」。

武鋼在一些集體企業以掛靠方式從事經營和以個人名義承包經營情況，「整改」報告聲稱，截至 8 月 10 日，共清查出以掛靠方式從事經營的單位 665 家，以個人名義承包經營的單位 33 家。武鋼還被發現有 42 名高層官員親屬圍繞武鋼做業務。

報導中提到的還有，中海油「靠油吃油」；中石油官員為了個人職務升遷「靠大樹」，利用權力為他人攫取國家油氣資源打開方便之門；五礦集團被發現向民企輸送利益，而且在對方屢次違約的情況下仍陸續投入資金。

四、國資流失

採購低出高進、國有資產無償給他人用。例如，武鋼在銷售給武寶聯公司的礦石中，有 2.41 萬噸在礦石價格大幅下跌後又原價回購，致使武鋼損失 1500 餘萬元。

在武鋼與河南永煤集團建立合作關係的情況下，原物資供應公司仍通過不具備供應資格的私營企業作為中間商採購無煙煤，使中間商獲取不當利益 1.03 億元。

中國電子科技集團的官員授意工作人員簽訂虛假合同將大筆資金轉入關聯公司，將國有資產無償提供給特定關係人使用。

五、違規決策

招標過程的不規範也是各企業普遍存在的問題。華能集團通過邀標方式簽訂設備採購合同，定標隨意性大；五礦集團的五礦置業有關項目先開工、後招標，在招標前就支付了工程款。

武鋼在 2010 年到 2014 年間公司 68 個重大項目中有 41 個沒有經過集體決策，比例高達 60％。在巴西 MMX 項目決策過程中，先拍板後論證，後續風險沒有控制，境外投資管理制度缺乏。

大唐集團亦承認因隨意決策造成重大損失，並宣稱目前正在清理處置 118 項低效無效資產，占項目總數的近四成。中國國電集團也同樣皆因決策問題而造成了國有資產的損失。

習李王面對江派血債幫之亡命徒

其實，老百姓都能想到這五個官方說的「萬萬沒想到」，中共整套系統都貪腐得爛掉了。台灣大學政治學教授明居正表示，相比於鄧小平 30 年前的改革，如今習李王面臨的環境更惡劣。

明居正認為，鄧小平當年的省委書記中至少還有趙紫陽、萬里等開明派人物，而如今習李王不得不面對以江澤民為核心的血債幫亡命徒，以及遍及各省市的地方諸侯，還有在江澤民時代吃慣了、拿慣了的太子黨集團。這三大力量都在給習李王的改革增添阻力，改革就是要從這些既得利益者手中奪取乳酪，其阻力之大，可想而知。特別是一旦這三方聯合起來，習李王的處境就非常艱難。

習李王的國企改革方案如何實施，紙面上定的方案再好，但在中共體制下，一如既往地無法實踐。然而，時間卻不等人，一旦經濟危機爆發，那時的中共政體也就不推自垮了。

第四節

因搞國企改革 兩人疑被暗殺

9月13日，大陸國有重點大型企業監事會主席時希平休假期間落水失蹤，時兼任中共中央第三巡視組副組長；9月18日，上海家化董事長謝文堅被人刺傷。外界揣測兩人或因職務所致，觸動甚至打破部分既得利益者格局，而遭受暗殺。

巡視組副組長落水失蹤

據大陸財新網9月18日報導，9月13日前後，國有重點大型企業監事會主席時希平在湖北休假期間落水失蹤，具體原因不明，至今仍未找到。

時希平現年58歲，於2011年1月被任命為國有重點大型企業監事會主席，為副部級官員。國有重點大型企業監事會由中共國務院派出，負責監督重點大型企業的國有資產保值增值狀況。

一般每名監事會主席負責監督數家國有重點大型企業。時希平分管監事會 07 辦事處，負責監督中國國電集團公司、中國中化集團公司、中國北方機車車輛工業集團公司、中國民航信息集團公司履行監事會。

報導稱，時希平還擔任中共中央第三巡視組副組長，參與 2015 年第一輪和第二輪央企巡視工作。根據中央紀委監察部的消息，26 名巡視組副組長有 10 人為國有重點大型企業監事會主席。

在查江綿恆和江的行宮

2015 年 2 月底和 3 月初，時希平隨中央第三巡視組分別到國家開發投資公司和中國東方電氣集團有限公司進行巡視，他在公開報導中最後一次露面是 7 月 3 日隨中央第三巡視組到中國航太科技集團公司和中國航太科工集團公司巡視。按當時的消息，巡視組將在這兩家航太央企工作兩個月至 9 月 2 日。時希平出事時，應該是巡視組剛剛完成這一輪專項巡視後不久。

中國航太科技集團公司在上海有一個航天局，與江澤民的長子江綿恆有關聯。江綿恆曾參與過衛星的發射，擔任過中國載人航太工程副總指揮。有舉報材料說，江綿恆利用這個名義在上海閔行區圈地搞了一個航太城，把上海航天局全部搬到閔行區；而在航太城裡面又建了江澤民的行宮。據說該行宮奢華至極，面積甚至大過毛澤東當年在上海的行宮上海西郊賓館。

時希平曾任中共中組部研究室副主任、中組部企業幹部辦公室副主任、中組部幹部五局副局長、國務院國資委企業領導人員管理一局局長、國務院國資委人事局局長等。

時希平失蹤引發網路熱議

對於時希平的落水失蹤，網民紛紛猜測：他知道太多了，被殺、被害了？有人對中紀委巡視組的人動手了？他抓住了太多人貪腐的把柄，被利益集團處理了？據說中紀委已經進駐證監會了，被證監會那幫貪官給滅了？

有網民分析，時希平被人謀殺機率是 99％，一可能被人推下水；二可能被人在車上做手腳，車輛失控落水；三是被人謀殺後，推入水中；四是可能被人謀殺，屍體被掩埋，謊稱落水失蹤。

一些網民表示時希平失蹤與時局有關：時希平失蹤得蹊蹺，對欽差動手了；改革進入關鍵時刻，水很深啊；欽差大臣都敢滅，貪官膽子太大了，喪心病狂了；反腐鬥爭激烈到白熱化地步了；敢動中紀委王書記（王岐山）的人，利益集團瘋狂反撲；這鬥爭開始慢慢公開化了；報復巡視組，惡勢力肆無忌憚，赤裸裸垂死掙扎；這說明反腐形勢嚴峻，高層有人有問題。還有網民指向江澤民：老蛤蟆膽子也太大了，太囂張了。

上海家化董事長被刺傷

無獨有偶。據財經網 9 月 21 日報導，上海家化董事長兼總經理謝文堅於 9 月 18 日傍晚在公司辦公樓門前，被一名身分不明的男子刺傷。分析人士猜測，作為上海市國企改制的帶頭人，謝文堅遇襲可能是與其推進各項改革，觸動甚至打破了部分既得利益者格局所導致。

上海家化新聞發言人當天表示，謝文堅傷情並不嚴重，可以繼續正常工作，該公司已於當晚向公安部門報案，公安部門已經介入調查。

針對謝文堅遇襲一事，有分析指這是國企市場化過程中各項利益衝突的縮影。而這一說法從一接近家化人士口中得到證實。作為大股東——平安信託推薦的美籍職業經理人，謝文堅自上任後，規範了大額採購和供應商管理，清理了不少不符合公司治理及企業發展要求的基建項目供應商、OEM 代工廠、以及部分關聯企業，可能招致了其中一些利益受損人員的報復。之前已經發生過公司高管遭遇人身威脅，車輛被圍堵的情況。

國企改革中的職業經理人

2013 年 11 月，經大股東平安信託推薦，上海家化股東大會選舉，原強生醫療中國區董事長、美籍華人謝文堅當選為上海家化的董事長。據說此前謝的妻子和家人都反對他參與國企改革。

謝文堅早年畢業於復旦大學化學系，此後留美，先後在波士頓大學和紐約大學獲得生物化學碩士學位和工商管理碩士學位。謝具有二十多年大型跨國企業綜合管理、市場營銷和科學研發方面的豐富經驗。供職強生達 13 年之久，從業務部門總監、區域總經理，直至掌舵強生醫療整個中國區，成為大型跨國公司中少有的華人高管。在謝文堅掌舵期間，強生醫療持續保持了業務額年均 20％以上的增長，並發展成為中國最大的醫療及診斷器材公司，在全國擁有超過 3000 名員工，年營收超過 10 億美金。

第十二章

王岐山暗示中國大革命

9月22日，習近平啟程出訪美國當天，王岐山密友、大陸地產名人任志強在微博上論證「共產主義接班人」其實是騙人的鬼話。分析認為，習陣營藉任志強發聲，探測民意。此前的9月9日，王岐山已公開談及中共執政合法性問題。

（Getty Images）

第一節

習訪美 有人要「黑」王岐山？

中共的合法性討論引發了共產主義合法性的討論，王岐山打出第一桿，密友任志強（圖）接著打第二桿，拋出的信息是：「我們不是共產主義接班人」。（大紀元資料室）

2015 年 9 月 22 日，習近平啟程出訪美國，就在當天，中共共青團中央重提「要做共產主義接班人」的口號，遭到北京政協委員、大陸地產名人任志強的公開反駁。任志強在微博上撰文，描述了「自己被這句口號騙了十幾年」的痛苦經歷，得到民眾的大量贊同，同時招來網路五毛的圍攻。當晚任志強撰寫長微博《我們是共產主義接班人？》論證這句口號其實是騙人的鬼話。很快這篇文章被數百萬人閱讀。

9 月 23 日上午，共青團中央官微發表了署名團中央宣傳部長景臨寫的《與任志強先生商榷》，回擊任志強。當晚 10 點左右，任志強再撰長微博回應稱，「千萬別讓團中央用愚昧再去欺騙年輕的一代。千萬別讓改革開放退回到改革之前。我不在乎別人罵我，但團中央不能用無知欺騙社會！」

《環球時報》連夜盜取民意發社論稱《共產主義沒有欺騙我

們》，不點名批任志強，共青團中央下面的地方共青團也集中火力攻擊任，而更多的網民則站在任志強一邊，為他打氣，網路大戰不斷升溫。

隨後，據任志強微博暗示，這場大戰後來有高官出來「關照」了。他在刪帖時說明：「領導指示說：景臨（共青團中央宣傳部部長）已經將指責我的微博主動刪除了。希望我也能自行刪除有關指出團中央錯誤的微博，以避免爭論繼續升溫。我說：『這次看領導面子刪了，但下次再有類似情況仍會堅持反擊』。」

就在任志強「聽命」降溫之際，人們本以為這場「共產主義」爭吵就要停止了，哪知這時突然殺出個程咬金，論戰的矛頭從任志強轉到了王岐山。

江派五毛攻擊王岐山

9 月 24 日，自稱「獨立學者」的知名毛左杜建國，重發其 2015 年 3 月發過的長微博稱：「我對任志強的輔導員有不滿」。此前任志強曾公開他在北京 35 中讀初中時的輔導員就是王岐山。杜建國稱任志強「惡行累累」，在諷刺王岐山的同時，杜建國還攻擊與王關係密切的財新總編胡舒立。

文章稱，「任志強的輔導員是誰，大家都清楚。我對他有幾處不滿。第一，2008 年 6 月他作為副總理出訪美國，小布希單獨接見了他半小時，事後接受記者採訪時，他竟然說：自己第一次單獨見小布希，很是緊張。小布希有什麼了不起？一副受寵若驚的樣子。」

有網友評論說，中共五毛哪裡知道中共這爛攤子支撐起來多麼難。比如中國當初在加入世貿組織時的承諾，幾乎全部都沒做到，中共欺騙了國際社會，美國要想制裁中共是很容易的，如今想要維持中美關係的不破裂，王岐山能不緊張嗎？

「第二，亂吹捧托克維爾的那本《舊制度與大革命》。《舊制度與大革命》在中國走紅，是右派或『自由派』刻意炒作起來的，用以製造『再不深化改革就要爆發顏色革命』的輿論。他竟然跟著起哄，製造恐慌氣氛。」有學者回應說，中國的現狀與當年法國大革命爆發前非常類似，提醒中共官員們看這本書，當然很有必要，否則「死到臨頭都不怎麼死的」。

杜建國的文章還稱王岐山包庇任志強和胡舒立。文章說，「胡舒立是什麼人？她是美國的狗。就憑她公開鼓吹『危機倒逼改革』、『美國不行了中國更應該向美國學習』，以及一貫造謠詆毀中國的重大科技進步如高鐵、4G 等等，就該下大獄了。紀委跟胡舒立到底是什麼關係？」從這些文字中人們不難看出，五毛除了罵人還是罵人。

文章還列舉了胡舒立的罪行：「財新胡舒立的記者陳寶成，左手匕首右手汽油瓶子，非法拘禁他人，都刑拘了，最後卻被放了出來。是誰在給他撐腰？……胡舒立的紅人劉勝軍，公開撰文鼓吹要實行『選擇性反腐』，聲稱誰阻礙『改革』就辦掉誰。劉勝軍的『改革』具體指的是什麼？就是讓中國崩潰。」

不過查查網路不難發現陳寶成案的真相。陳寶成畢業於中國政法大學，在財新傳媒任法制記者。2013 年 8 月 10 日下午，陳寶成在老家因幫助拆遷維權的村民，被山東平度警方逮捕關押，起因是 8 月 9 日村民扣留了一名被派來強拆的挖掘機司機，陳寶成以挖掘機司機「涉嫌參與 7 月 4 日破壞公民私人財物罪」，報警多次，但警方一直不理不睬。村民們給司機吃的喝的，好好待他，但幾天後警方反而誣告陳寶成非法監禁。

杜建國提到的劉勝軍是中歐陸家嘴國際金融研究院執行副院長，新自由主義學者，他曾多次上書稱，面對無官不貪的中共官場現實，現階段中國必須「選擇性反腐」，「『選擇性』的標準是：對積極推動改革的官員應該降低反腐力度，對阻撓改革的官員應該加大反腐力度。」劉的主張與後來中紀委公開強調的打擊重點一致：對 18 大後還不收手的貪官要嚴懲。

任志強呼應王岐山 炒熱共產黨話題

有人也許對五毛突然轉向攻擊王岐山所有不解，其實這是雙方早就安排的。

兩周前的《新紀元》周刊封面故事《獨家：揭習訪美的最絕密話題》就談到，9 月 9 日，王岐山在「2015 中國共產黨與世界對話會」上公開談及中共執政合法性問題。中國有句俗話叫「哪壺不開提哪壺」，不具執政合法性的中共，此時卻拋出這個話題，似乎等於變相引導人們去認清中共沒有執政合法性。

執政合法性一向是中共的禁忌話題，就如同 2004 年《大紀元》發表系列社論《九評共產黨》以來，中共隻字不提《九評》，《九評》成了互聯網上被封鎖最嚴密的信息。因為該書詳盡剖析中共的邪教本質，也詳述中共如何以暴力及謊言竊取政權，嚴密的論證被認為徹底否定中共執政的合法性。

果然，中共的合法性討論引發了共產主義合法性的討論，王岐山打出第一桿，半夜兩人都能聊聊天的密友任志強接著就來打第二桿，把這球拋得很高很遠，拋出的信息是：「我們不是共產主義接班人」。

作為遠華房地產公司的老總，任志強在2100多字的博客中只是簡單表達自己的感受，並沒有深入分析，畢竟這個話題太複雜，沒有幾十萬字是很難說清的。國民黨與共產黨打了幾十年交道，最後也沒看清中共，目前世界上唯一一本把共產黨分析透徹的只有《九評共產黨》。很多人推薦說，凡是在大陸生活過的人，每個人都應該讀讀這本奇書，才會對自己的未來有所把握。

任志強表示，當年他成為中共少先隊中的小鼓手，曾很自豪自己是共產主義接班人，1964年10月1日，他還參加了天安門前的慶祝遊行，沒想到幾個月後文革開始，他的父母就成了走資本主義的當權派，他也因此成為黑幫子女，還有個「狗崽子」的稱號。1951年出生的任志強，父親任泉生曾任商業部副部長。

在經歷文革的痛苦後，任志強說：「我們被欺騙了十幾年。文革讓我知道只有無產階級專政下的階級鬥爭再革命。而沒有共產主義接班人！」

他在文章中表示，從接受貧下中農的再教育，到「九一三」（林彪）事件，鄧（小平）的下臺，周（恩來）後的天安門事件等引發了社會更多的思考。

「共產主義不能在一個國家實現」

按照馬克思的構想，「共產主義是一種共用經濟結合集體主義的政治思想，主張消滅私有產權，並建立一個各盡所能、按需分配的生產資料共有制，而且主張一種沒有階級制度、沒有國家和政府的社會。」

任志強說，「馬克思告訴我們共產主義是不能在一個國家實現的。這就必須是個世界普世價值觀的共識。一個不分東方西方，沒有敵視的共容。至少目前這個前提是不存在的。歷史也告訴我們靠暴力革命是不行的，靠公有制經濟是不行的，靠計畫經濟也是不行的。沒有民主與法治更是不行的！」

「從封建社會到資本主義社會用了上千年，中國改革後的社會主義初級階段還不到 40 年，就想讓共青團員們接共產主義的班，豈不是天大的笑話？」

最後他建議：「先要讓法律真正能保護人民的生命與財產的安全，先要讓中國人能容入世界共同的價值觀。」

民間力挺任志強 痛斥五毛

此文一出，引起眾多網民的共鳴，很快點擊量超過百萬。很多人說，任總退休後，越來越敢說真話了。北京一家藝術中心的董事長榮劍表示，老任把他和幾代人被騙的道理講透了，「五毛」們大概聽不懂。

廣州一位網民表示：「那些拿錢發帖罵任總的，你們活該被奴役一輩子，做社會的最底層。自馬克思所謂共產主義提出到現在，北韓、古巴、蘇聯、越南、曾經的中國無一例外全部失敗。而同種、同文化語言的香港、臺灣政治成就的截然不同，亦已經證明所謂的共產主義根本就是個謊言，就是個錯誤！」

四川綿陽的網民回應：「融入普世價值，共產主義不僅行不通，而且還要垮臺。執政黨就是希望我們越不能普世越好，玩的是洗腦、控制思想。」

還有民眾說：「天天都有貪官下馬的消息，天天都有貪官通姦、艷照的新聞，我們真的很不服氣！統治我們的就是這幫窮奢極奢、色膽包天、紙醉金迷的狗屁玩意！我們納稅人憑什麼要用血汗錢養這幫貪財好色的垃圾！我們不幹！我們要自己選！你們選的都是垃圾！」

2015 年中共兩會之際，新浪社交網上推出話題：「小時候吹過的最大的牛是什麼」，在眾多的各種回應中，不管是工人、農民、律師，還是公司白領、企業高層都認同：「我們是共產主義接班人。」中共少將羅援此前也承認，現在民心向背：「你不罵共產黨，都不好意思上這個網。」

也有一些人跳出來罵任志強，說不要「端著碗時吃肉、丟了碗就罵娘」，有的還說，「時下有一個奇怪的現象是：社會名流、富豪很少存有一份感恩之心。他們靠共產黨致富，但他們也最敢罵共產黨」。還有人揭老底說，2013 年《南方周末》有篇採訪報導題目是《任志強：我信仰共產主義 我覺得這就是最好的社會》，2013 年 8 月 26 日在搜狐財經主辦的未來大講堂上，任志強稱《我每年交幾十萬黨費 始終信仰共產主義》，問怎麼解釋。

有人馬上回駁說，道理很簡單：任志強是在 2013 年 9 月以後才覺悟的。一個當初那麼積極的老黨員都敢公開站出來挑戰中共了，可見法輪功說的大陸有 2 億人退黨、退團、退隊是可信的。

也有學者問，為何王岐山要選在習近平訪美前挑起這個敏感話題呢？有分析認為，這是習陣營在探測民意：故意拋出中共合法性問題，故意讓「任大炮」出來點炮，看的就是民眾的反饋，當看到「倒共」成了民心的主體時，當權者也應該有所體悟吧。

第二節

習訪美談《常識》的背後玄機

9月22日，習近平在美國西雅圖演講時提到他閱讀過數部美國經典著作，包括：《聯邦黨人文集》、托馬斯‧潘恩的《常識》、海明威的《老人與海》，以及基辛格的《世界秩序》，年輕時還讀過美國作家梭羅、惠特曼、馬克‧吐溫與傑克‧倫敦的作品。

《常識》帶給人類的巨大影響

雖然托馬斯‧潘恩（Thomas Paine，1737年1月29日至1809年6月8日）的《常識》只有3萬6000字，但它卻成為「改變美國的20本書」中的經典著作，使無數身處英國殖民統治下猶豫不決的美國人，最終下定決心與英國決裂。一本呼籲美國人奮起抵抗英國殖民統治的小冊子，為何成為憲政經典呢？因為潘恩呼籲的不只是美國的獨立，而是建成一個全新的有別於君主制的共和制。

他說：「只要我們能夠把一個國家的政權形式，一個與眾不同的獨立的政體留給後代，花任何代價來換取都是便宜的。」於是，潘恩通過《常識》為美國社會埋下了自由的種子，也成就了《獨立宣言》；傑斐遜等美國建國者們，則通過《聯邦黨人文集》彙集了各種各樣的治國智慧，並凝聚成為後來者一直珍視的憲政原則。

《新京報》評論說，習近平列舉的這些書所體現的主權在民、民主自由的思想，以及展現出來的政治智慧，已經成為人類共同的文化財富，比如政治生活中如何洞察人性、如何防止權力濫用、如何提高政府效能、如何保障人民權利等，已經成為現代政府政治運作中的標準化原則。言外之意，中國也應該這樣做。

習近平獨生女同行 負責包裝策劃習

據說這次習近平夫婦訪美，他們的獨生女習明澤也同行，不過是以化名的方式出現在隨團翻譯名單上，參與對自己父母的形象包裝策劃，由於極為低調，以致連中方代表團也知之甚少。

習明澤中學就讀浙江外國語學校，大學英文翻譯專業後赴美國哈佛大學留學，直到 2014 年才回國。有人說，習近平列出的這些書名和作者，多是習明澤推薦的，能夠最大限度贏得美國民眾的認可。

臺灣大學政治學教授明居正表示，《常識》啟蒙了天賦人權的理念，政府的權力得經過被統治者的同意，若被統治者不同意，那政府就沒有權力，被統治者有權收回這種權力。民眾交稅了，就應該有發言權，若政府不給民眾發言權，那民眾就可以抗稅。

他解釋說，當時美國人分成三派，一種是維護英國統治的保皇黨，一種是不強調中央政府的「邦聯黨」，以及希望建成強有力的中央政府的「聯邦黨」，《聯邦黨人文集》就是第三派的觀點。結合中國的情況，習近平提到此書，很有些特別。

《常識》摘選：以自然天性為準則

托馬斯‧潘恩是美國開國元勛之一，受法國大革命影響，他撰寫的《人的權利》成為啟蒙運動的指導。以下摘選幾段潘恩勸說每個人起來反對英國殖民者的文字，如果在這些文字中把「英國」二字換成「中共」，不難看出這也是對中國人的很好啟蒙：

「有些逆來順受的人對於英國的罪行處之泰然，他們依然懷揣著美好的期待並呼籲：『來吧，讓我們在這一切都過去之後重建我們的友誼吧！』但是，審視一下人類情感並以自然天性為標準評判一下和解的觀點，然後請告訴我：你能愛戴、尊重並效忠一個曾在你的家園燃起戰火的政權嗎？如果你不能，那你的期待只是在欺騙自己，而你的猶豫不決會將災難遺留給我們的子孫。

如果你說，你面對這種種罪行依然可以泰然處之，那我問你：你的房屋是否曾被戰火燒毀？你是否曾眼睜睜看著自己的所有財產毀於一旦？你的妻兒是否曾經歷過無床可臥、無食可咽的境遇？你的家人是否曾在你的懷中離世？你自己是不是深受打擊的悲慘的倖存者？如果你的回答都是否定的，那你沒有資格評判經歷過這種種悲慟的人；如果你的回答是肯定的，但你依然願意與凶手握手言歡，那你不配為人夫、為人父、為人友或為人所愛；

而且，無論你處於何種階層，亦無論別人賦予你何種稱謂，你都只是一個懦弱的奉承者而已。

　　上文所言概無煽風點火或誇大其詞之處，而是以符合自然天性的情感加以評判；我並非為了挑起復仇的情緒而陳述恐怖之事，而是為了喚醒在致命的怯懦中沉睡著的人們，讓我們可以堅定地追求確定的目標。」

中共歪曲顛覆了人類的常識

　　常識就是一個正常人按照正常思維邏輯而做出的判斷，然而，近百年來，中共卻在不斷地消弱和混淆中國人的常識。比如，全世界都認為殺人是不對的，然而中共卻用所謂「辯證法」來混淆是非，稱：「殺階級敵人就是對的」；人類對香與臭、乾淨與齷齪、美與醜的判斷大多相同或相似，然而中共卻標榜：「滾一身泥巴、磨一手老繭，長一身革命蟲子」才是美的、好的，「腳上有牛屎」才是香的。

　　再比如，真、善、忍，是人類的美德，但在中共治下，修煉真善忍的法輪功學員卻被誣陷成了「頭號敵人」。也就是說，中共徹底顛覆了人類的常識。

　　一個不懂常識、沒有常識的政權，怎麼能在人間立足呢？

第三節

王岐山公開承認
中國社會難以繼續

　　大陸媒體報導，近日，清華大學當代國際關係研究院研究員、英國人馬丁・雅克披露，他有一次和王岐山會面時，王岐山承認，不解決不平等問題，中國社會已無法繼續。外界關注，大陸貧富分化嚴重，中共面臨嚴重的執政合法性和亡黨危機。

　　在研究東亞經濟多年後，馬丁・雅克將目光投向了中國。2009 年，一本《當中國統治世界》讓雅克在世界聲名大噪。在 TED 大會上，他的演講《理解中國崛起》被觀看了 200 多萬次。這讓他在中國很有名，也得到了中共政府的認可。9 月中旬，現任清華大學當代國際關係研究院研究員的雅克參加了由中共中紀委主辦的「2015 年中國共產黨與世界對話會」。

　　雅克在接受無界新聞記者採訪時表示，今天的中國社會已經成為了「錢錢錢」的社會，共產黨在解決腐敗問題上已經很晚了。他和王岐山見面時，王岐山講話給他最大的衝擊是，他多次強調了中國社會不平等問題。王岐山說，必須解決不平等問題，如果不解決，中國社會無法繼續下去。王岐山也強調，腐敗正在損害黨，他們必須做些什麼，如果不做，就很危險了。

世界關注中國貧富差距巨大

中國被稱為世界第二大經濟體，但中國社會巨大的貧富差距一直為外界所關注。僅北京大學中國社科調查中心發布的《中國民生發展報告 2014》稱，2012 年中國家庭淨財產的基尼係數達 0.73，頂端 1％的家庭占有全國三分之一以上的財產，底端 25％的家庭擁有的財產總量僅在 1％左右。2013 年 7 月 17 日，北京大學中國社會科學調查中心發布的「中國家庭追蹤調查」數據顯示，中國家庭收入兩極分化嚴重，貧富差距高達 234 倍。

基尼係數是衡量一國貧富差距程度的國際公認指標。國際上通常把 0.4 作為貧富差距的警戒線，大於這一數值表示貧富懸殊兩極嚴重，容易出現社會動盪。一般發達國家的基尼指數在 0.24 到 0.36 之間。而中國達到了 0.73，全球唯有中國達到這種不平等狀態。中國的低收入階層幾乎占人口的 60％左右。

王岐山提中共執政合法性問題

中共號稱是共產主義均貧富，但兩極分化卻成了全球之最。2015 年 9 月 9 日，王岐山在「2015 中國共產黨與世界對話會」上公開談及中共執政合法性問題，第二天《人民日報》微信公共帳號「學習大國」發表文章稱，王岐山提出中共執政合法性問題，蘊含著深刻的危機意識。

9月14日，中共黨校官員再度刊文談論中共執政危機。早在2013年3月中共政治局常委會擴大會議上，習近平稱今、明兩年是中共面臨生死存亡的關鍵，並表示「部分地區民怨到了沸點、民憤接近臨界點」。2013年6月18日，習近平再次拋出「失去人心將亡黨」等言論。

據《爭鳴》2015年7月號報導，6月中旬，中共政治局擴大生活會上發放的一份報告羅列了中共「亡黨」的六大危機，涵蓋政治、經濟、社會、信仰、前途等各個領域，並指局部政治、社會危機已經處於爆發、蔓延、惡化狀態，習近平講話中罕見表示「面對嚴峻事實」。據香港《動向》雜誌報導，2015年8月北戴河會議期間，退休高層痛斥中共「黨內腐敗、社會民怨民憤」，當說到中共「亡黨危機」時，出現痛哭場面，會議多次中斷。

此前，2012年王岐山擔任中紀委書記不久，曾推薦中共官員閱讀法國的政治思想家和歷史學家托克維爾所著《舊制度與大革命》一書。此書探討1789年至1799年的法國大革命的起因。

消息稱，當有人問王岐山讀此書有何感想，王岐山不語。當時《紐約時報》發表資深媒體人西堯的文章表示，王岐山向全黨推薦《舊制度和大革命》一書，正是中共對局面強烈不安和焦慮的流露，也是中共第五代對當前改革局勢憂慮所在。

2015年中共已經到了崩盤的臨界點，政權可能隨時崩潰。

外界關注，2004年底《大紀元》發表的系列社論《九評共產黨》，深刻揭示了中共的邪惡本質和歷史罪惡，引發了大陸民眾洶湧的退黨大潮，迄今退出中共黨、團、隊人數已超過2億1500萬，中共的解體已經為期不遠。

第十三章

腐敗反腐交替
中共翻版蘇共

從史達林、毛澤東的貪腐特權，到赫魯曉夫、鄧小平的改革，再到勃列日涅夫、江澤民時代的腐敗治國，最後到戈爾巴喬夫、習近平的改革，歷史好像在重演，讓人清楚看到中共的改革也是沒有出路的。

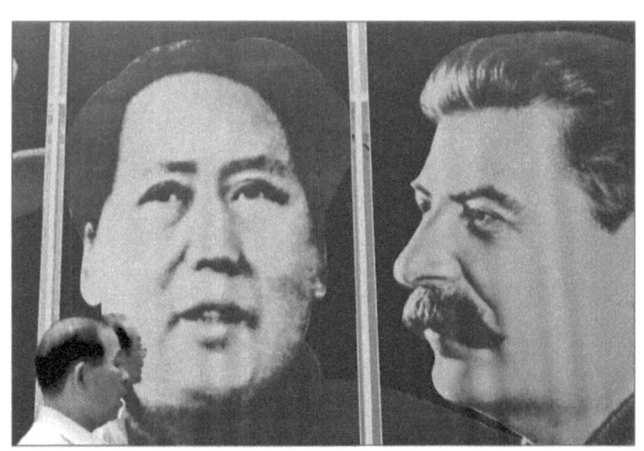

毛澤東曾說：「蘇聯的今天就是我們的明天。」如果把毛澤東（左）和史達林（右）比照，再一代一代地對照下來，可以發現，中共確實在走蘇共的老路。（AFP）

第一節

毛澤東搞的是史達林那套

毛澤東曾經說：「蘇聯的今天就是我們的明天。」如果把毛澤東和史達林比照，再一代一代地對照下來，可以發現，中共確實在走蘇共的老路：其政策常常是一緊一鬆循環變化，而在對待特權腐敗問題上，中蘇兩黨政策的相似性表現得尤其突出。

史達林將特權腐敗制度化

1924 年 1 月 21 日，列寧死亡，蘇聯共產黨總書記史達林在 1924 至 1929 年間動用政治手腕，先在 1924 年聯合季諾維耶夫和加米涅夫打倒托洛茨基，又在 1926年聯合公認的黨內右派（支援延續新經濟政策）布哈林擊敗黨內極左派——托洛茨基、季諾維耶夫和加米涅夫的「托季聯盟」，最終在 1929 年打倒布哈林，奪得最高權力並徹底結束新經濟政策自此，蘇聯進入史達林時期。

在史達林時代，蘇共公然將幹部的特權腐敗予以制度化、合法化。史達林建立起了一整套保證領導幹部層特權的制度。這個官僚特權階層主要享有如下特權：

1. 宅第權：從中央到地方各級官員均有一處或幾處別墅。凡是名勝地、風景區、海濱、避暑勝地，幾乎全部被大小官員的別墅所占據。

2. 特供權：各級黨政機關均有特設的內部商店、餐廳、冷庫等供應網路，按照官職大小、地位高低享受特殊供應。

3. 特教權：凡是高級官員的子女，從幼稚園到大學均有培養他們的專門機構或保送入學的制度。高級軍官的兒子則直接送軍事院校培養。

4. 特繼權：官員特別是高級官員可以免費為自己的子女留下豪華住房和別墅，供他們終身享用。

5. 特衛權：花在高級領導人身上的費用，達到無法核算的程度。

6. 特支權：位居金字塔頂端的官員在國家銀行有敞開戶頭，即戶主可以不受限制隨意提取款項的戶頭。

法國作家羅曼・羅蘭 1935 年到莫斯科訪問，驚訝地發現連「偉大的無產階級作家」高爾基也置身於深深的特權腐敗之中，在金碧輝煌的別墅裡，為高爾基服務者多達四、五十人。

毛澤東時代存在驚人的特權腐敗

1949 年，中共竊國，幹部進城後不久，官員貪污腐敗已相當普遍，並且相當嚴重。

　　據當時中央財政部、中央貿易部、中央水利部、中央輕工業部以及人民銀行總行等部門的黨組報稱，貪污人數約占機關總人數的 30 ～ 40% 左右。

　　而幹部的特殊階層也在中共進城後日漸形成。如同史達林時代，中共高級幹部享受著緊缺和優質商品的特殊供應（特供），並且多數因工作關係還享受著祕書、警衛、司機、勤務、保姆、廚師以及醫療和專車、住房等特殊待遇。這方面也照搬了蘇聯經驗，嚴格按照等級來劃分特殊待遇標準。比如幾級可配廚師，幾級可配勤務，幾級可配警衛，幾級可配祕書，幾級可配專車，包括不同級別幹部享受何種檔次和牌子的專車等都有具體規定。

　　1959 年至 1962 年，毛澤東發動的大躍進造成「三年大饑荒」期間，神州大地餓殍遍地。當年許多基層幹部強征糧食時，「藉機搜查和沒收群眾的東西」，在全國各地施用各種肉刑，殘害農民迫害致死。

　　《經濟觀察報》2012 年 4 月 9 日報導《躍進悲歌》，披露「達縣專區鄰水縣九龍區，在半年多時間內，共有 329 名幹部和 204 名社員違法亂紀，遭到非法捆綁的群眾達 206 名，其中 13 人被打死，12 人被逼死，還有 7 人致殘。950 戶人家被搜家、罰款，罰款金額高達 1 萬 5000 餘元，最多的一人罰了 400 多元——這在當時可不是小數字。」

　　除了藉機侵占百姓財產外，基層幹部憑藉特權在公共食堂分配口糧時，多吃多占。貪污腐化加劇了糧食分配不均，沒有權勢的普通農民被餓死。

　　另一方面，國家高級幹部卻是另一番景象。為了應對饑荒，中共中央特別批示對高級幹部和高級知識分子進行「特需供應」。

在計畫經濟年代裡，生活必需品都由掌握權力的人分配，人們為了滿足生活不得不動用各種各系「走後門」；在「三年困難」裡，基層幹部強征糧食，掠奪民眾財產，官員的貪腐已經關乎民眾生死。在饑荒之年，基層幹部的「特殊照顧」，可以救活一個垂死之人。

1966 年，文化大革命爆發。1968 年，毛澤東號召的上山下鄉運動大規模展開。在「上山下鄉」運動中女知青遭幹部性侵犯相當普遍，成為當時一個非常嚴重的社會問題。

毛澤東時代的腐敗與當今的區別只在於前者掠奪貧困之家，後者則是搶劫「小康」之宅。那個年代腐敗的普遍性，也說明了群眾運動並不能夠有效遏制腐敗。

第二節

鄧小平是中共的赫魯曉夫

赫魯曉夫上臺後，許多史達林一手建立起來的幹部特權被取消，最後，這些失去特權的官僚趕走了赫魯曉夫。（AFP）

　　1953 年 3 月 5 日，史達林死亡。蘇聯共產黨高層領導人之間進行了幾年的政治鬥爭，最後赫魯曉夫相繼擊敗了貝利亞、馬林科夫和莫洛托夫，成為了蘇聯最高領導人，與邁克爾揚、蘇斯洛夫等人形成了集體領導制度。此後，蘇聯進入赫魯曉夫時期。

　　在此期間，赫魯曉夫結束了警察恐怖，釋放了數百萬政治犯，為近 2000 萬人恢復了名譽。但赫魯曉夫通過蘇共 20 大上發表的祕密報告全面批判史達林。

　　赫魯曉夫上臺後，向史達林一手建立起來的幹部特權腐敗體系，發起了蘇共歷史上的第一次主動攻擊。在他的命令下，很多官僚特權被取消，如「信封制度」、免費早餐午餐、免費別墅、專用汽車等。官員們在史達林時代的高薪也被大幅度砍削。

但這些都不足以從根本上消滅幹部特權腐敗——列寧時代就是個例子，這些官僚特權在當時是非法的，但這些官僚特權仍然興盛不衰。所以，赫魯曉夫採取了另一種「釜底抽薪」的方式，即實行幹部任期制與輪換制。最後，這些丟掉特權的官僚們下決心要趕走赫魯曉夫，成了勃列日涅夫的「政治盟友」。

鄧小平治下「官倒」盛行

在鄧小平「不管黑貓白貓，會抓老鼠都是好貓」只求速效不求社會公義的錯誤綱領下，出現嚴重腐敗與通貨膨脹等問題，其中尤以「官倒」為最。（AFP）

1978 年，中共 11 屆三中全會召開，以改革開放為政策核心，經濟建設為發展主軸，標誌著毛澤東所確立的政治體系被鄧小平所替代。並在會議召開後，在全國展開平反文革時期的冤假錯案工作。雖然中共中央當時還撤銷前國家主席劉少奇在文革時期的種種罪名不過，鄧小平並沒有像赫魯曉夫批評史達林那樣批評毛澤東，也沒有試圖取消毛澤東時代的特權腐敗。相反，在鄧小平「不管黑貓白貓，會抓老鼠都是好貓」只求速效不求社會公義的錯誤綱領下，出現了較以往更為嚴重的腐敗與通貨膨脹等問題，其中尤以「官倒」為最。

2004 年 8 月，《北京之春》曾刊發吳庸的文章，揭露了當年中共官場上「官倒」盛行的驚人圖景。

1985 年開始，在計畫經濟的框架下，中共鼓勵國有企業用計畫外原材料增加產量，增產的產品不實行價格控制，直銷市場，產銷完全市場化。這樣就在計畫經濟之旁誕生了由計畫經濟派生的市場經濟，生產材料價格也就出現計畫價格與市場價格雙軌制。市場供應趨緊時，兩種價格形成的價差不斷擴大。

巨大的價差是巨大的利益所在。任何了解市場的人都會懂得，只要善於倒手，就是可觀的收入。利益驅動促使廠家向倒買倒賣、商業炒作傾斜。倒騰原材料買賣比利用計畫供應的原材料生產所獲利潤高得多。

1988 年上海噸煤市場價為計畫價的 1 至 2 倍，一噸煤轉手就獲益 100 至 140 元。當年全國計畫供應煤炭約 4.5 億噸，其計畫價較市場價低 270 億元。這樣形成的價差，僅煤炭、鋼材、電力、糧食四項即達 741 億元——多麼強大的誘惑力！

生產材料計畫供應指標是由政府審批的，這裡存在相當大的模糊空間。一是行政官員不可能準確計畫所屬企業對原材料的需求，二是行政對原材料的調撥權不受監督，三是各經濟部門年生產計畫可以相當機動。在這個模糊空間下，審批權就成了各大企業競相爭奪的目標，因為倒買原物料的獲利遠遠超出了生產所得，審批權也就順勢成了「有價」商品與市場哄抬的對象，進而讓握有審批大權的官員有機會「分享」企業利用生產資料雙軌制獲致的超額利潤。

以後，批文、指標也成為倒賣物件。比如，國有土地的使用存在批地價格與市場價格的差額，因而搶奪政府的土地批文成為獲致高額價差的關鍵，只要拿到批文，轉手即可獲得數十上百萬元批文轉讓費。在金融界，倒利差（市場貸款均衡利率與銀行貸款利率之差）、倒匯差（市場均衡匯率與官方匯率之差）成為熱點。

炒買炒賣的結果是，哄抬物價，擾亂金融，破壞生產，助長腐敗，成為蛀蝕經濟的漏洞，國有資產流失的暗道。官員與廠商勾結起來劫掠財富，構成嚴重經濟摧毀力量。政府官員以出賣審批權為管道，參與和助長倒買倒賣，因而被稱為「官倒」。

這種利益攫取方式很快被眾多掌權者參悟，他們認識到這是劫財大好時機，時不我待，於是，由權力機構直接支援和掌握的各種貿易公司紛紛成立，企圖霸占市場投機倒把的全部利益。用趨之若鶩形容官倒公司的成立是毫不誇張的。

1988 年底，中央及各地黨政軍群機關及附屬事業單位所辦從事倒賣活動的公司近 30 萬戶（包括分支機構則近 50 萬戶），從業人員達 4088 萬多人，占第三產業勞動者總數 43％。

這些如狼似虎的官倒公司以及大大小小倒爺劫奪國民財富的規模究竟多大，學者胡和立有一總體估算：1988 年全部控制商品價差 1500 億元以上，利差 1138 億元以上，匯差 930 億元以上，加上稅金流失、地租流失、進口許可證體現的價差等，共占當年國民收入 40％左右。

這就是權錢交易的總標的，其中相等部分流入官倒腰包，成為暴富！

第三節

江澤民腐敗更甚勃列日涅夫

勃列日涅夫時代 蘇共腐敗黃金期

勃列日涅夫時代被稱為蘇共腐
敗幹部們最幸福的黃金期。
（AFP）

　　1964 年，赫魯雪夫被以不流血政變方式被迫下臺，勃列日涅
夫出任蘇共中央第一書記，成為蘇聯最高領導人，他在解除了謝
列平等人的威脅之後，跟柯西金和波德戈爾內一起建立了「三駕
馬車」的集體領導體制。蘇聯進入勃列日涅夫時期（停滯時代／

集權主義的復辟）。

勃列日涅夫時代被稱為蘇共腐敗幹部們最幸福的黃金期。勃列日涅夫的上臺，很得力於「在赫魯雪夫手裡失去腐敗特權」的幹部們的支持；作為回報，勃列日涅夫為這些幹部們創造了蘇共歷史上前所未有的極好的腐敗環境。不但恢復了被赫魯雪夫取消的所有幹部特權，還增加了新的特權項目。

勃列日涅夫始終衝在腐敗的最前線。他任總書記之後，任用了大批親信，包括自己的許多親屬。如勃氏的女婿丘爾巴諾夫，僅 10 年時間就從一個普通民警一躍而成為內務部第一副部長，在 1976 至 1982 年間大肆貪污受賄，釀成震驚全國的「駙馬案」。

整個勃列日涅夫時代，「蘇共的許多書記、州委書記、邊疆區委書記、中央委員都捲入了骯髒勾當」。高級領導人彼此勾結、濫用權力、貪污受賄的案件層出不窮。除個別案例外，大多數腐敗案件都是勃氏去世後才被揭露出來。勃氏個人的貪婪在這場腐敗盛宴中起到了強烈的「示範」和「帶頭」作用。

江澤民造就中共最腐敗時期

江澤民當政時，以腐敗治國，江澤民、曾慶紅、周永康

江澤民以腐敗治國，被中國網民封為中國的「腐敗總教練」，意指江不僅自己「悶聲發大財」，還引導、縱容中共各級官員貪腐。（Getty Images）

三大家族被稱為中共「三個代表」家族，它們帶頭貪腐、淫亂，並以縱容中共官員們貪腐來換取中共太子黨及特權階層的政治支持。每年被逼上訪維權多達數百萬人次，受害者遍布中國社會各個階層。

江澤民被中國網民封為中國的「腐敗總教練」，意指江澤民不僅自己「悶聲發大財」，還引導、縱容中共各級官員貪腐。

「悶聲發大財」這句話據說是江澤民在一次接待外賓，嫌港澳臺記者不斷追問時，理屈詞窮後勃然大怒、漲紅了老臉、置一切於不顧後衝口而出的一句揚州土話。

中共黨史專家阮銘認為：「江澤民時代是中共最腐敗的時期」。

江澤民之子江綿恆被稱為「中國第一貪」，江綿恆涉及多起中國重大貪污要案。案發於 2007 年的中國證券市場「招沽權證案」（招商銀行認沽權證）是有史以來第一大案，涉案金額高達 1.2 萬億人民幣，直接將江澤民、江之子江綿恆、江之外甥吳志明，以及中共高層賈慶林、黃菊等捲入其中。此案使得約 50 多萬大陸股民傾家蕩產、血本無歸，直接損失 228 億元人民幣，間接損失 500 多億元人民幣。

外界認為，江澤民家族貪腐所牽涉的金額，數量之巨大，可謂登峰造極，其中很多都隱藏在江氏家族控制的企業中。

曾慶紅被認為是江澤民的「大管家」，中共官員和商人想升官發財或擺平醜事，會以錢鋪路與曾慶紅建立關係，並得到他的「蔭庇」，曾慶紅家族趁機上下其手，曾慶紅兒子曾偉就以經商為名大撈特撈。據說，曾偉當時做生意的格言是：一筆項目的進項少於 2 個億，免談！

周永康是「三個代表」家族中的「鐵血打手」，在用暴力迫害民眾時，也在「悶聲發大財」。據 2009 年因中國首富黃光裕案被查辦的中共公安部部長助理鄭少東披露，周永康兒子周濱利用其父的影響力，在周永康曾任職的地方或部門，大搞權錢交易。比如插手四川大型工程項目，通過國土資源部大肆盜賣土地。

尤其是利用其父在政法系統的影響力，收取巨額「保護費」，替一些不法商人「鏟事撈人」等。最高法院有這樣一個案子，警察用開水從頭到腳的澆嫌犯致其被活活燙死，但周濱在拿到一億元好處費後，擺平此事，涉案警官沒有受到任何懲罰。

據報導，周濱還在原重慶市委書記薄熙來的幫助下積累了 200 億元人民幣的財富。周濱僅在北京就擁有 18 處房地產，其中一處價值高達 2500 萬歐元。而所有周永康家族聚斂來的財富，大部分都隱藏在其家族控制的企業中或是通過這些企業清洗乾淨。

江澤民從 1989 年到 2004 年任中共軍委主席，為了拉攏軍心，讓軍隊聽命於自己，實行腐敗治軍，導致軍隊的貪腐達到頂峰。

江澤民想的是這些人在中飽私囊、貪得無厭時依賴自己，對自己感恩戴德。至此，中共軍隊出現了前所未有的腐敗，東南沿海軍隊走私比海盜還倡狂，北方軍隊走私比響馬還厲害。

據《江澤民其人》描述：江澤民領導下的軍隊走私物品無所不有，甚至包括毒品。據 BBC 2001 年 3 月 28 日消息，菲律賓國家安全顧問戈萊日表示，在中國東部五個省內有些非法毒品製造廠由身兼二職的中共軍隊人員經營，他們每年向菲律賓走私價值約 12 億美元的「冰毒」。

1998 年 7 月 26 日，北海艦隊四艘炮艦、兩艘獵潛艇、一艘

4000噸運輸艦，對四艘來自北歐的裝滿7萬噸成品油的走私油輪，進行保駕護航。

1998年7月13日中共中央開會，朱鎔基證實統戰部走私汽車一萬輛，與政協黨組合夥分贓23.2億元人民幣。軍隊走私，是走私隊伍中的大戶。

1998年9月全國走私工作會議上，朱鎔基講：近年每年走私8000億，軍方是大戶，至少5000億，以逃稅為貨款的三分之一計，便是1600億，全未補貼軍用，八成以上進了軍中各級將領私人腰包。

徐才厚被稱為「江澤民在軍中最愛」。徐才厚還被曝與落馬的周永康、谷俊山、薄熙來等有著割捨不清的利益交往，並捲入薄、周政變。

2015年中共兩會前夕，軍方權威部門公布，郭伯雄的兒子郭正鋼被立案調查。郭伯雄也被拘查的消息再次傳出。

2014年，一封在網上流傳的據稱為軍方將領給中共軍委主席習近平和政治局常委的公開信表示，徐才厚、郭伯雄在任短短十餘年，軍隊風氣敗壞，貪腐嚴重，買官賣官盛行，前所未有。如果追根溯源，是誰選拔任用了郭伯雄、徐才厚這樣的軍委領導人？他們又是如何怠忽職守、相互勾結、狼狽為奸，造成軍隊腐敗之風盛行的呢？

在江澤民的領導下，中共軍隊不僅貪腐嚴重，更涉及活摘法輪功學員器官的驚天黑幕。海外「追查迫害法輪功國際組織」（簡稱「追查國際」）的報告稱，中共軍隊醫院、武警醫院及其總後勤部是執行江澤民屠殺命令、活體摘取法輪功學員器官做移植的核心機構。中國成為器官移植大國，中共軍隊從中牟取暴利。

　　2014 年 9 月，「追查國際」已獲取原中共解放軍總後勤部衛生部部長白書忠的口供錄音，其供認中共前當權者江澤民親自批示摘取法輪功學員器官做移植。

　　2013 年 8 月知情人鮑光（化名）向海外媒體曝光，2006 年時任商務部長的薄熙來訪德期間也曾親口承認是江氏下令活摘法輪功學員器官，證實了中共活摘法輪功學員器官牟利的暴行是由原中共當權者江氏直接下令，操縱國家機器在全國範圍內對法輪功學員進行的群體滅絕性的大屠殺。

第四節

習會成為戈爾巴喬夫嗎？

在戈爾巴喬夫改革過程中蘇共垮臺

在戈爾巴喬夫時代，全面腐敗下的經濟改革只能是悲劇。在他辭職、解體蘇聯後，經歷幾年改革陣痛，如今的俄羅斯已跨入經濟發達國家的行列。（AFP）

1982 年，勃列日涅夫死去，其後繼任蘇共中央總書記的安德羅波夫及契爾年科皆在上任不到兩年便病逝。1985 年，戈巴契夫上臺，蘇聯進入戈巴契夫時期。

在戈巴契夫時代，全面腐敗下的經濟改革只能是悲劇。蘇聯歷史上著名的「共青團經濟」，就是在戈氏的改革中利用特權腐敗發展起來的；國家職能部門被取消變成股份公司後，部長們大都成了公司的總裁，股份則大都在部門領導人之間被瓜分……

總而言之，改革前誰是管理者，改革後誰就成了占有者和所有者。結果是，「國家官員、黨的職能人員、共青團積極分子成為最初類型的俄羅斯企業家、20世紀90年代初的第一批百萬富翁和『新俄羅斯人』」。

1986年，戈巴契夫在經濟改革受挫，進展緩慢的情況下轉向政治改革，戈巴契夫提出「民主化」、「公開性」和「輿論多元化」的口號，戈巴契夫高度評價赫魯雪夫時期召開的蘇共20大「是對極權主義體制的第一次衝擊，是朝社會民主化邁進的第一次嘗試」。

不過，戈巴契夫認為赫魯雪夫在揭露史達林方面還有局限性。1990年7月，蘇共第28次代表大會的報告清楚地寫道：「極權的史達林體制給國家、人民、黨、社會主義思想本身造成了巨大損失，這一體制正在被消除，蘇聯正在走向人道、民主的社會主義。」

隨著東歐劇變，蘇聯的加盟共和國政府也紛紛效法東歐諸國，意圖脫離蘇聯而獨立。1991年8月24日，蘇聯第二大加盟共和國烏克蘭宣布獨立。蘇聯開始走向解體。

之後，俄羅斯總統葉利欽下令宣布蘇聯共產黨為非法組織，並限制其在俄羅斯境內的活動。在1991年年底，他聯同白俄羅斯及烏克蘭的總統在白俄羅斯的首府明斯克簽約，成立獨立國家聯合體，從建立一個類似英聯邦的架構來取代蘇聯。蘇聯其他加盟國紛紛回應，離開蘇聯，蘇聯在此時已經名存實亡。

1991 年 12 月 25 日，蘇聯總統戈巴契夫宣布辭職，將國家權力移交給俄羅斯總統葉利欽。12 月 25 日晚，蘇聯國旗從克里姆林宮上空緩緩降下。12 月 26 日，最高蘇維埃自我解散，標誌著蘇聯不再存在。

蘇聯解體後，在經歷了幾年改革陣痛後，如今的俄羅斯已經跨入經濟發達國家的行列，人們生活大幅提高。

習近平「打虎」　中共亡黨危機突顯

習近平效仿當年赫魯曉夫反腐、改革舉措，但是，中共的亡黨危機如此巨大，連中共高層也經常談及這個問題。（Getty Images）

2002 年 11 月，中共 16 大在北京召開，胡錦濤當選新一屆中共中央總書記。在胡錦濤時期，江澤民利用曾慶紅、羅干、李長春、周永康、徐才厚、郭伯雄等人架空胡錦濤的實權。

同時，為了逃避清算，江澤民集團還多次暗殺胡錦濤。在 2006 年的黃海暗殺未遂之後，胡錦濤拿下了江澤民隔代選定的中共接班人、上海市委書記陳良宇。

2012 年 11 月，中共 18 大在北京召開，習近平當選新一屆中共中央總書記、中共中央軍委主席，中共進入習近平時期。

習近平上臺後，持續 10 年的江、胡鬥迅速轉變為江、習鬥。習近平在中紀委書記王岐山的幫助，推行反腐「打虎」運動，大力清洗江澤民集團，一大批中共副省部級高官落馬。

被查處官員中，中共黨內機構、國家機關與政協官員（副部級及以上）共 80 人，中共軍隊軍官和武警警官（副軍級及以上）共 41 人（不重複計入徐才厚、郭伯雄），合計 121 人。

其中，2012 年共查處官員 1 人；2013 年共查處官員 18 人；2014 年共查處官員 58 人；2015 年，截至繆貴榮落馬，共查處官員 44 人。

正國級高官一名，即 2014 年 7 月 29 日被立案審查的中共中央政治局原常委、中央政法委原書記周永康，其最終於 2015 年 6 月 11 日被判處無期徒刑。

副國級高官包括中共政協副主席蘇榮，中共軍委原副主席徐才厚，中共政協副主席、統戰部部長令計劃和中共軍委原副主席郭伯雄。

習近平的舉措實際是在效仿當年赫魯曉夫反腐、改革舉措，但是，中共的亡黨危機如此巨大，連中共高層也經常談及這個問題。

2015 年 8 月 26 日，中共官媒報導習近平新書出版發行。27 日，中共《人民日報》海外網旗下微信公號「俠客島」發文對習近平新書解讀。文章提到，在談到黨群關係時，習近平反問：「經濟發展了，人民生活水準提高了，不等於黨同人民的聯繫就更加密切了、必然密切了，有時候反而是疏遠了。我說的是不是事實？」並且說：「經濟總量無論是世界第二還是世界第一，未必就能鞏固住我們的政權。」

習近平關於「經濟提升未必能鞏固政權」的亡黨危機言論引外界關注，許多港媒直接在文章標題中突出。

據香港《動向》雜誌8月號報導，北戴河會議於8月2日召開，會議長達12到15天。期間，專門召開了中共退休高層的座談會。會議進行了兩個上午，近5個小時，會上提出了80條意見建議。會上，退休高層都做了「自我批評」，痛斥中共「黨內腐敗、社會民怨民憤」，當說道中共面臨「亡黨危機」時，出現痛哭場面，會議多次中斷。

據《爭鳴》雜誌7月號報導，6月中旬，中共政治局舉行了擴大生活會，歷時兩天，共長達11小時。在會上發放了一份關於中共黨建和對黨員幹部巡視、考察的調研報告。據稱，報告中毫不隱諱羅列了中共「亡黨」的六大危機，涵蓋了政治、經濟、社會、信仰、前途等各個領域；並指局部政治、社會危機已經處於爆發、蔓延、惡化狀態。

報導還披露，根據該調研報告，中共地方基層單位、縣級黨委不合格及表現差、需改組的「領導班子」高達90％以上，這實際上反映了中共黨組織的根已經徹底爛掉。

報導並指，習近平在該次會議講話中罕見表示：「面對嚴峻事實，承認、接受黨蛻化變質」、「走上亡黨」危機的事實。

中共官媒新華社旗下的《半月談》雜誌去年9月30日發表文章承認，最近中共一些地方政府發生系統性、塌方式腐敗，地方黨政一把手腐敗「失控」是對基層政治生態的致命打擊。

大陸民眾也普遍意識到中共政權自上到下已經「爛透了」，並用實際「三退（退黨、退團、退隊）」行動唾棄中共。

2004年底，《大紀元》發表系列社論《九評共產黨》深刻揭示了中共的邪惡本質和歷史罪惡，引發了大陸民眾洶湧的退黨大潮，迄今退出中共黨、團、隊人數已逾2億1500萬。目前，每個月至少有300萬人退出中共相關組織。

第十四章

逮捕江澤民
是穩定中國的關鍵

江派勢力仍不斷給習當局製造動亂的主因在於江澤民還沒倒。中國需要穩定，公開抓捕江澤民，成為目前穩定中國社會的關鍵。「擒賊先擒王」，公開拿下腐敗大軍總頭目江澤民，可促使習近平迅速打贏反腐戰役，也能使中國局勢進入新的時期。

習近平訪美期間，多次距離親睹「法辦江澤民」訴求。（新唐人）

第一節

法輪功之友
紐約致習主席公開信

An Open Letter to President Xi Jinping

Dear President Xi: Now that your visit to the United States is drawing to a close with your speech to the United Nations General Assembly, we invite you to take a moment and consider what your legacy will be as the president of China.

Please allow us to introduce ourselves. We are the Friends of Falun Gong. We represent the many millions in the United States and around the world who support the practitioners of the belief system known as Falun Dafa or Falun Gong. Although we ourselves may not be practitioners of this spiritual discipline, we understand that its tenets of truthfulness, compassion, and forbearance belong to all of humanity and can have a positive influence on the world.

We also recognize that Falun Dafa has become one of the most significant spiritual and moral movements in the world today.

For more than 16 years now, Falun Dafa adherents have been waging a large-scale, courageous, and nonviolent resistance against perse-

Of course, the person to blame for initiating these atrocities was not you. As you are well aware, it was former CCP General Secretary Jiang Zemin who started this brutal campaign back in 1999, targeting the 100 million Chinese citizens then estimated to be practicing Falun Dafa.

It is not entirely clear why Jiang did what he did, perhaps he felt threatened by reports saying Falun Gong was "the largest voluntary organization in China, larger even than the Communist Party." Jiang retired in 2002, but he has been working behind the scenes to perpetuate the violence against practitioners.

Now, if you allow the persecution to continue unabated during your term, much of the blame can, and very likely will, fall on you. Surely you

used to monitor and track tens of millions of practitioners and dissidents.

What about reducing the police agencies and prisons that have been tyrannizing practitioners for more than a decade? And how much does it take to keep up the Great Firewall each year in an attempt to stop the Chinese people from accessing information on the Internet? How much of that could be freed up to aid the economy or take care of the Chinese citizenry?

How much has this cruel campaign cost the PRC in terms of losing the trust of the people and the respect of the international community? Is it worth it? The people of the PRC are becoming more and more cosmopolitan and interested in how other people live around the world. As

9 月 28 日星期一，習近平訪美的最後一天，法輪功之友在《紐約時報》以整版廣告形式刊登《致習近平主席的公開信》。

　　9 月 28 日星期一習近平在聯合國大會發言，這也是他此次訪美的最後一天。法輪功之友當日在《紐約時報》以整版廣告形式刊登《致習近平主席的公開信》。以下是全文翻譯。

致習近平主席的公開信

　　尊敬的習主席：鑒於您在聯大發表演講後將結束對美國的訪問，我們請您花些時間思考一下，作為中國國家主席，您將在歷史上留下怎樣的足跡。

　　請允許我們自我介紹一下。我們是法輪功之友，代表在美國和全世界數百萬支持法輪功信仰的人們。儘管我們自己並非是法輪功的修煉者，但是我們認為「真、善、忍」是屬於全人類的普世價值，並會對世界產生積極的影響。

我們也注意到法輪功已經成為當今世界最有影響力的精神和道德運動之一。

在過去 16 年的時間裡，法輪功修煉者一直針對在中國大陸發生的迫害進行著大規模、勇敢和非暴力的抵抗。自由之家在 2015 年的一份報告中指出，僅僅在 2002 到 2012 這十年間，「數十萬（法輪大法）修煉者被判入勞改營和監獄，使之成為這個國家最大的良心犯群體」。

在這 16 年中，這個氣功打坐團體的修煉者生活在持續的恐怖之中。我們看到報導說有超過 3800 名無辜的男女修煉者已經確認死於拘禁場所的酷刑。數千人被毀容或致殘。實際上，由於從中國向國外傳遞消息很艱難，無人能夠得知真正的數據。但我們深知無數人被拘留和逮捕後就失蹤了。我們擔心他們的命運比我們想像的更糟。

在 2006 年，國際人權律師大衛·麥塔斯和前加拿大亞太司司長大衛·喬高完成了一份關於活體摘取器官的調查報告。基於調查結果，他們得出結論說：在 2000 年到 2005 年之間，法輪功修煉者是中國 4 萬 1500 例器官移植手術中唯一可能的器官來源。

專家們認為，今天的中國仍在強制活摘法輪功學員的器官，儘管眼下的死亡人數不詳。

一個人不需要具有宗教或精神信仰也會認同這一點：任何政府介入這樣的未經本人同意的、從無辜者身上活摘器官的行為是超越了所有人類尊嚴的底線。大衛·麥塔斯將其描述為「人類歷史上一種前所未有的邪惡。」

　　我們不禁捫心自問：誰實施了這樣無法用語言形容的反人類罪？這一切怎麼竟然會被允許發生？這樣的政權憑什麼還能存在於一個有良知的蒼穹之下？

　　習主席，您是一個來自富有豐富文化遺產的國家的元首。這塊土地曾經見證過榮耀以及動亂。在過去的六十年中，信奉無神論的中國共產黨認為中國古代的精神和道德信仰沒有什麼用處。

　　但是現在中共必須明白：正是這些傳統的道德，比如善良、榮譽、正直、忍讓，才讓中國的文明如此偉大，而任何針對這些價值觀的挑戰，顧名思義，也絕不會是正義的。當一個社會沒有了這些價值觀，那還能剩下什麼？不過是空虛的物質主義、惡意相向、欺騙和恐懼。

回應

　　習近平主席，今天，您面臨一個選擇。法輪大法修煉者長期以來一直經歷著勞改營、酷刑屋和手術室裡的恐怖。現在的問題是您將如何回應。

　　當然，您並非是這些暴行的始作俑者。如您所知，是前中共總書記江澤民早在 1999 年發動了這場殘酷的鎮壓，其目標則是人數估計上億的修煉法輪功的中國公民們。

　　至於江為何要這麼做以及如何做的，目前尚不完全清楚，也許他對法輪功「成為規模超過共產黨的最大民間團體」感到威脅。江在 2002 年退休，但仍在幕後繼續實施對修煉者的暴行。

　　現在如果您在您的任期內放任迫害的持續進行，很多罪責可能將歸咎於您身上。當然您不會樂於選擇去背負這筆沉重的血債。這畢竟將是一個人名譽上永遠無法洗淨的污點。

習主席，看來您已經為結束這場噩夢做了鋪墊。您已經關閉了整個國家龐大的「勞教系統」，據報導其中一半被關押人員是法輪功修煉者。雖然大量的修煉者目前還依然被關押在其他不同的囚禁地點，您已經從迫害者手中奪走了他們最有力的武器之一。

允許民眾自由修煉法輪功，您將看到一種使未來中國更美好的力量。

由於您的巨大努力，甚至可能冒著某些個人安全的威脅，您已經清理和關押了若干江澤民派系中負責推動鎮壓的最高級官員。如果您現在向前再走一步，徹底結束迫害，您就會順應了歷史的潮流。

如果您選擇結束迫害，您會發現您並非在孤軍奮戰。根據人權組織和媒體的報導，中國的領導階層從未一致認同江澤民對法輪功的血腥鎮壓。

有消息說，一些位高權重的政治局常委及其家屬也曾經修煉過法輪功並閱讀過法輪功的著作。在 90 年代，幾乎每個家庭都有人練過各種各樣的氣功，而法輪功由於其顯著的改善身心的功效而一度被政府所推崇和褒獎。

實際上，在 1998 年，即迫害開始的前一年，全國人大常委會委員長喬石做過廣泛調查，得出的結論是「法輪功於國於民有百利而無一害」。

1999 年 2 月，《美國新聞與世界導報》援引中國國家體育總局一位官員的話說：「法輪功和其他氣功為每人每年節省 1000

元醫藥費。如果一億人煉功，就會節省 1000 億元醫藥費。朱鎔基總理為此很高興。國家現在就可以把這筆錢作為它用。」

或許您的國家本來可以使用這筆錢——哪個國家會不願意用呢？但是江澤民對法輪功的鎮壓不僅增加了健康支出，而且在其他方面也是代價沉重的。我們請您考慮一下，如果廢除用於監控數千萬法輪功修煉者和異議人士的金盾工程，中國每年可以省掉多少億的資金？

那麼減少十多年來用於迫害法輪功修煉者的警力和監獄又會節省多少資金呢？每年花費在防止中國人民自由上網的長城防火牆的錢又有多少？這些錢又有多少本來可以用於經濟建設和改善民生呢？

中國大陸這場迫害在失去民眾的信任和喪失來自國際社會的尊重方面又付出了多少代價呢？這一切值得嗎？中國民眾越來越全球化，也對世界其他地區的人們如何生活越來越感興趣。同時他們對共產主義的壓迫也越來越失去耐心。如您所知，近年來超過兩億中國人宣布與中共及其附屬組織斷絕關係，因為中共所能提供的並非中國人民所需要的。

最近，十幾萬受害者向中國法庭提交對江澤民迫害他們罪行的控告。如此大規模的中國民眾要求對一個中共最高領導人進行依法審判，這是史無前例的。只要正義不得到伸張，他們的控訴看來就不會停止。

選擇

習主席，您現在有一個選擇。您可以因下述行為而名垂青史：

結束共產主義暴政，將民主帶給中國，建立獨立的司法系統，真正保障言論、出版和思想自由，讓中國人民自己當家作主。

您會因根除腐敗，將江澤民集團最高成員們——也就是迫害的策動者繩之以法，而被歷史銘記。

您會因結束大規模監禁、洗腦、酷刑和強摘器官而被歷史銘記。您會因拯救無辜的生命而名垂史冊。

選擇這樣一條道路會贏得國際社會的掌聲，以及各國與中國建立起基於互信和尊重的友誼。由此，中國人民也會世代記住您。

允許民眾自由修煉法輪大法，這會讓中國的明天更加美好。

您或許知道人權律師高智晟。他是這麼描述法輪功的：

「（在這次的與法輪功修煉者群體的持續的接觸，我發現了另一個使人欣喜的真相是，較一個時期以來，）我們整個社會的人性、良知、道德、仁愛及責任方面頹廢的現狀比，這些修煉者在含上述幾個方面在內的，整個心靈、精神和道德方面完全給人以是從舊民族中脫胎換骨出的新群體的全新影響！讓人感到一種信仰對人心靈世界改造的強大功能，確讓我真正看到了拯救我們民族頹廢現狀的希望及現實出路。」

讓這希望之光照亮前面的道路。讓人們自由地修煉法輪功，中國就會有希望。將江澤民繩之以法，讓中國成為自由世界裡的一員。

走出這一步，您會青史留名。

誠摯的，
法輪功之友

第二節

擒賊先擒王
抓江澤民穩定中國

2015 年 5 月以來，超過 18 萬的大陸法輪功修煉者和家人向兩高遞交控告狀。圖為澳洲部分法輪功學員在悉尼舉行聲援訴江遊行集會。（大紀元）

　　習近平在中共 18 大之後執政，開始在黨內展開反腐打虎，其主要的目標是江澤民集團。兩年多來，包括周永康、徐才厚、郭伯雄、令計劃、蘇榮等在內的江派高官不斷落馬，從軍隊到地方省市、從國安系統到政法系統，中共內部的江派勢力都在不斷被清除，中共官媒也開始發出影射曾慶紅和江澤民的聲音，習近平權力逐漸穩固。但是，中國社會的現實情況並不樂觀。

　　江澤民派系的官員沒有束手待斃，頑固分子一直在動用所有資源，並採取「超限戰」的手段對抗習近平。從 2014 年春夏各地發生的恐怖襲擊血案，到 2014 年 9 月利用人大白皮書製造的香港危機；從 2015 年 6 月中國股市的股災到 9 月的天津大爆炸，都有江派勢力在其中運作的痕跡。江澤民集團為避免罪惡被清算，不惜毀掉中國的經濟和民眾的生命，中國社會處於動盪之中，中國民眾生活在恐懼之下，中國社會難以穩定。

香港《爭鳴》雜誌指出，2015 年上半年中國發生群體遊行、示威抗爭事件 8435 件，涉及 128 個地區，有 142 萬 6700 多參與人次。習近平指斥背後有地方黨政部門領導幹部懷著政治動機，唆使、支持職工、社會人士搞街上政治運動，把問題的矛盾、要害轉向中央，給中央施壓、添亂。

習近平當局在明處，江派黨羽在暗處，他們曾經遍及黨政軍和全國各地。江派勢力不斷能夠給習當局製造麻煩的一個主要原因，就是江澤民這個集團的代表和總後臺，還沒有倒。江澤民這個頭目不倒，一直給江派殘餘勢力帶來希望和繼續犯罪的動力。

中國需要穩定，民眾需要穩定，中國社會到了一個最為關鍵的時刻，公開抓捕江澤民，成為了目前穩定中國社會的關鍵。

「擒賊先擒王」的八大理由

杜甫有詩曰：「射人先射馬，擒賊先擒王。」「擒賊擒王」也是兵法三十六計中的第十八計，意為在兩軍對戰中，如果把敵人的主帥擒獲或者擊斃，其餘的兵馬則不戰自敗。現代戰爭中，美軍也常用「斬首行動」通過精準打擊，首先消滅對方的首腦和首腦機關，徹底摧毀對方的抵抗意志。相應的，中國也有「捨勝而不摧堅擒王，是縱虎歸山也」的名句。如今，公開抓捕江澤民也正是處於這樣的情況，並且公開抓捕江澤民的條件也已經完全成熟。

　　「擒賊先擒王」，公開拿下腐敗大軍總頭目江澤民，可以使習近平迅速打贏反腐這場驚心動魄的戰役，理由有以下八點。

　　1. 在人類歷史上，從中國到外國，很少有皇帝或是國家元首像江澤民那樣，還沒有下臺，就已經賣國淫亂的醜聞傳遍天下，成為民眾嘲諷和咒罵的對象，可謂獨夫民賊。公開逮捕一個讓天下人唾罵的民賊，是一件大快人心的事情，必將獲得絕大多數人的支援。此前周永康落馬，舉國民眾額手相慶就是明證。

　　2. 江澤民的「二奸二假」，不僅在中共高層盡人皆知，同時也在中國民間廣為流傳。「第一奸」是江澤民本人和親生父親都是日本漢奸；「第二奸」是江澤民為俄羅斯間諜機構效力出賣大片中國領土；「第一假」是江澤民謊稱自己是 1949 年加入中共地下黨的假黨員；「第二假」是他冒充是「烈士」江上青的烈士子弟。逮捕一個造假欺騙全國民眾、出賣國土的漢奸與間諜，是每一個當政者都應該做的事情。

　　3. 江澤民無德無能，沒有治理國家的能力，辦正事的能力還不如一個地方部門的科長，但是卻憑藉溜鬚拍馬、見風使舵那一套官場的小人手段，竊取國家權柄十幾年。小人得勢，禍害國家，殘民以逞，把其小心眼、妒嫉心與殘暴淫邪施於國家民眾，暴露於國際社會，丟盡了中國與中國人的顏面。公開逮捕這樣一個欺世盜名的小丑和戲子，天下人都會舉手相慶。

　　4. 江澤民由於無德無能，在位時期放手腐敗，以貪腐治國，利用金錢利益來收買官員、聚集人馬，讓官員共同參與犯罪。江澤民是中共家族貪腐的總代表，江澤民家族也是中共內部最大的貪腐家族。江澤民集團中的大部分人都是貪官污吏，完全都是因為利益投靠江澤民，江澤民一旦被抓捕，這些嘍囉立刻會作鳥獸散，所謂樹倒猴孫散，江澤民的餘黨基本不會再對習近平造成太大威脅。

5. 江澤民迫害法輪功，實行活摘法輪功學員器官的政策，傷天害理，犯下了滔天大罪，江澤民與數億人為敵，也與全世界的正義力量為敵。因此，在未來，中國和世界上的任何人，能夠公開逮捕江澤民，都將得民心。

6. 2015年5月以來，中國大陸法輪功學員發起了控告江澤民的大潮。江澤民發動和維持的這場群體滅絕性的迫害，給上億法輪功修煉者和他們的家人帶來巨大的苦難。從5月底到9月13日，明慧網已收到總數17萬7688名（14萬9618案例）法輪功學員及家屬遞交給中共最高檢察院、法院的控告狀副本。13日一天，超過586人（541案例）遞交訴狀控告江澤民。由於網路封鎖和信息傳輸的不便，實際數字不止於此。短短4個多月時間，超過17萬人控告江澤民，體現了巨大和真實的民意，這都是公開抓捕江澤民的民意基礎。

7. 江澤民是中共家族貪腐的總代表，江澤民家族也是中共內部最大的貪腐家族，江澤民寢食難安擔心家族貪腐的資產被清算。江澤民是反對和抵抗習近平反腐敗的總後臺，公開抓捕江澤民，可以使得中共內部的貪腐勢力潰散。同時，江澤民還是江派針對習近平政變計畫的總後臺，公開抓捕江澤民，可以使得江派針對習近平持續進行中的政變行動徹底終結。

8. 習近平針對江澤民集團的反腐戰役，是一場你死我活的鬥爭，自抓捕薄熙來後，就處於「開弓沒有回頭箭」的狀態，立刻公開抓捕江澤民，習近平的反腐戰役將會勢如破竹取得速勝，這是決勝的關鍵。

在這個關鍵的時刻，江澤民衰而不倒，造成體制內外許多人都在觀望，無法做出正確選擇。一旦公開抓捕江澤民，將使中共內部和外界都可以看到習近平的決心，可以振奮軍心、民心。拿下最大的老虎江澤民，也能夠使得中國局勢進入新的時期。

結束最大人權迫害 穩定中國社會

只有公開抓捕江澤民，才能結束對法輪功的迫害，才能使中國社會走向正常軌道。外界看到，江澤民發起的對法輪功的這場迫害，已經持續了 16 年，迫害法輪功的元凶薄熙來被判刑、周永康落馬，大量參與迫害法輪功的官員被抓捕，但是，迫害仍然沒有結束，主要原因是迫害的發起者和最大元凶江澤民，仍然逍遙法外，中共這部殺人機器仍然沒有解體。

江澤民迫害法輪功造成的一系列後果，如今正在中國顯現和發酵。法治是維持社會經濟發展的基本條件，在不停止迫害法輪功的前提下，中國不可能實現法治，中國社會的經濟和一切，都不可能正常運作。同時，迫害法輪功是如今全世界最大的人權迫害，全世界正義力量都在譴責和呼籲停止迫害，習當局受到的國際壓力越來越大。江澤民如不被抓，當局將繼續為江澤民背黑鍋，退路越來越窄。公開逮捕江澤民，停止迫害法輪功，是當局擺脫困境的關鍵。

「擒賊先擒王」，迅速公開逮捕江澤民，是目前穩定中國社會的關鍵之舉，中國社會的政治、經濟等問題都將會逐步得到解決。習近平不僅將完勝江澤民為代表的腐敗大軍，同時中國社會將迎來巨變，走向光明未來。

中國大變動系列 **039**

習江同臺閱兵 中國亂局升級

作者：王淨文／季達。**執行編輯**：張淑華／黃采文／韋拓。**美術編輯**：吳姿瑤。**出版**：新紀元周刊出版社有限公司。**地址**：香港荃灣白田壩街5-21號嘉力工業中心B座3樓25。**電話**：886-2-2949-3258 (台灣) 852-2730-2380 (香港)。**傳真**：886-2-2949-3250 (台灣)／852-2399-0060 (香港)。**Email**:mag_service@epochtimes.com。**網址**：www.epochweekly.com。**香港發行**：田園書屋。**地址**：九龍旺角西洋菜街56號2樓。**電話**：852-2394-8863。**台灣發行**：高見文化行銷股份有限公司。**地址**：新北市樹林區佳園路二段70-1號。**電話**：886-2-2668-9005。**規格**：21cm×14.8cm。**國際書號**：ISBN978-988-13959-8-6。**定價**：HK$128／NT$400／KRW$20,000／US$29.98。**出版日期**：2015年11月。

新紀元
NEW EPOCH WEEKLY